国家社科基金
GUOJIA SHEKE JIJIN HOUQI ZIZHU XIANGMU
后期资助项目

"中期鲁迅"研究

A Study on Lu Xun in His Middle Period

邱焕星 著

上海交通大学出版社
SHANGHAI JIAO TONG UNIVERSITY PRESS

内容提要

既往的鲁迅研究坚持前期思想启蒙、后期共产革命的两阶段论,遮蔽了中间的"国民革命时期的鲁迅"活动。实际上,鲁迅在1922—1928年先是通过重启思想革命,后是通过参与国民革命,走出了新文化运动因为"不谈政治"以致知识阶级和民众、文学和政治隔绝的困境,最终在反思国民革命的基础上,创造了"文学政治"的新模式和"革命同路人"的新形象。因而有必要提出"中期鲁迅"的命题,构建独立的"鲁迅革命传统"。

图书在版编目(CIP)数据

"中期鲁迅"研究 / 邱焕星著.—上海:上海交通大学出版社,2023.8
ISBN 978 - 7 - 313 - 28946 - 9

Ⅰ.①中… Ⅱ.①邱… Ⅲ.①鲁迅研究—文集 Ⅳ.①K825.6 - 53

中国国家版本馆 CIP 数据核字 (2023) 第 115478 号

"中期鲁迅"研究
"ZHONGQI LUXUN" YANJIU

著　　者:邱焕星

出版发行:上海交通大学出版社　　　　　地　　址:上海市番禺路 951 号

邮政编码:200030　　　　　　　　　　　电　　话:021 - 64071208

印　　制:苏州市越洋印刷有限公司　　　经　　销:全国新华书店

开　　本:710 mm×1000 mm　1/16　　印　　张:15.25

字　　数:264 千字

版　　次:2023 年 8 月第 1 版　　　　　印　　次:2023 年 8 月第 1 次印刷

书　　号:ISBN 978 - 7 - 313 - 28946 - 9

定　　价:78.00 元

国家社科基金后期资助项目
出版说明

　　后期资助项目是国家社科基金设立的一类重要项目，旨在鼓励广大社科研究者潜心治学，支持基础研究多出优秀成果。它是经过严格评审，从接近完成的科研成果中遴选立项的。为扩大后期资助项目的影响，更好地推动学术发展，促进成果转化，全国哲学社会科学工作办公室按照"统一设计、统一标识、统一版式、形成系列"的总体要求，组织出版国家社科基金后期资助项目成果。

全国哲学社会科学工作办公室

目　录

绪　论

第一节　必要性：从"两阶段论"到
　　　　"中期鲁迅"

　　既往的鲁迅研究，一般以 1928 年的"革命文学"论争为界，将鲁迅分成前后两个时期，前期的主题是"思想启蒙"，后期的主题是"共产革命"。这个看法最早是由瞿秋白在 1933 年提出的，他将鲁迅道路概括为"从进化论最终的走到了阶级论，从进取的争求解放的个性主义进到了战斗的改造世界的集体主义"①。这个判定实际依据鲁迅 1932 年所作的《三闲集·序言》：

　　　　我一向是相信进化论的，总以为将来必胜于过去，青年必胜于老人，对于青年，我敬重之不暇，往往给我十刀，我只还他一箭。然而后来我明白我倒是错了。这并非唯物史观的理论或革命文艺的作品蛊惑我的，我在广东，就目睹了同是青年，而分成两大阵营，或则投书告密，或则助官捕人的事实！我的思路因此轰毁，后来便时常用了怀疑的眼光去看青年，不再无条件的敬畏了。……

　　　　……我有一件事要感谢创造社的，是他们"挤"我看了几种科学底文艺论，明白了先前的文学史家们说了一大堆，还是纠缠不清的疑问。并且因此译了一本蒲力汗诺夫的《艺术论》，以救正我——还因我而及于别人——的只信进化论的偏颇。②

　　瞿秋白的两阶段论之后经过毛泽东的权威认定，最终被表述为"从民主

---

① 何凝（瞿秋白）：《〈鲁迅杂感选集〉序言》，载中国社会科学院文学研究所鲁迅研究室编《1913—1983 鲁迅研究学术论著资料汇编（第一卷）》，中国文联出版公司，1985 年，第825 页。
② 鲁迅：《三闲集·序言》，载《鲁迅全集（第四卷）》，人民文学出版社，2005 年，第 5、6 页。

主义到共产主义,这是鲁迅思想发展的根本方向、根本规律"①。后来以王富仁为代表的启蒙范式和以汪晖为代表的主体范式,虽然在鲁迅前后期的核心观念和价值判断上有分歧,但在鲁迅总体分为两个阶段这个判定上是一致的,都延续了革命范式的看法。

但众所周知的是,五四启蒙终结于 20 世纪 20 年代初期。1923 年胡适在致高一涵等人的信中说:"《新青年》的使命在于文学革命与思想革命。这个使命不幸中断了,直到今日。"②学界一般都接受了胡适的这个看法,认为"1923 年,创办于 1915 年而作为启蒙之思想路标的《新青年》杂志,在上海改刊为中国共产党的机关刊物。同年,知识界发生'科学与人生观'论战,凸显了现代中国自由主义、文化保守主义和马克思主义对立冲突的意识形态格局。这两个事件,表征着启蒙运动的分裂和历时八年的新文化运动的落幕"③。不过鲁迅本人对这个时间点的感知,是从更早的《新青年》编辑权的争夺开始的,此事给了他沉重的精神打击,他说:"后来《新青年》的团体散掉了,有的高升,有的退隐,有的前进,我又经验了一回同一战阵中的伙伴还是会这么变化,并且落得一个'作家'的头衔,依然在沙漠中走来走去。"④自此之后,"成了游勇,布不成阵"的鲁迅被迫开始了求索新战友之路,所以他眼中的新文化运动实际终结于他 1921 年 8 月最后一次给《新青年》投稿。

然而,随之而来就产生了一个关键性的问题,即如何看待 1922—1928 年的鲁迅。既往研究通常的定位,都是将这段时期视为鲁迅从前期转向后期的过渡彷徨阶段,因为鲁迅本人在文章里明确谈过《新青年》解体后他的消极落寞。不过,既往研究的几大范式对此的解释又同中有异,革命范式论者认为这是鲁迅"对于革命失败的一时的失望和悲观"⑤,而启蒙范式论者认为这种"苦闷、彷徨的心情"来自"不觉悟的群众和下层知识分子"⑥,主体范式论者则认为此乃鲁迅绝望与反抗交织的内面主体反应。

但是,如果仔细考察一下鲁迅这段时期的社会实践,就会发现它明明是鲁迅"出了象牙之塔"走往"十字街头","现了战士身而出世"⑦,大量参与

---

① 陈涌:《论鲁迅小说的现实主义——〈呐喊〉与〈彷徨〉研究之一》,《人民文学》1954 年第 11 期。
② 胡适:《胡适之的来信》,《努力周报》第 75 期,1923 年 10 月 31 日。
③ 高力克:《五四的思想世界》,学林出版社,2003 年,第 275 页。
④ 鲁迅:《〈自选集〉自序》,载《鲁迅全集(第四卷)》,第 469 页。
⑤ 何凝(瞿秋白):《〈鲁迅杂感选集〉序言》,载中国社会科学院文学研究所鲁迅研究室编《1913—1983 鲁迅研究学术论著资料汇编(第一卷)》,第 827 页。
⑥ 王富仁:《〈呐喊〉〈彷徨〉综论》,《文学评论》1985 年第 3 期。
⑦ 鲁迅:《〈出了象牙之塔〉译本后记》,《语丝》第 57 期,1925 年 12 月 14 日。

社会运动和革命活动(女师大风潮、三一八惨案、国民革命),进而不断更换居住地(北京—厦门—广州—上海)的时期。显然,既有的阐释体系明显不符合鲁迅 1922—1928 年的实际情况,而其根源就在于瞿秋白提出的"从……到……"的发展模式,这个两阶段论实际是一个断裂模式,特别强调 1927 年"清党"之于鲁迅思想的转折意义,其目的是想以鲁迅从五四走向左翼的转型来证明共产革命的合法性,以鲁迅的苦闷彷徨对应国民革命的失败,由此就遮蔽了鲁迅曾经对国民革命的欢迎和参与态度,尤其是国民革命之于鲁迅的积极影响。所以,我们很有必要在前期和后期两个阶段中,单列出一个"中期鲁迅"来进行独立研究。

既往研究里,庄文中就曾在 1978 年提出过"鲁迅中期"的概念,他将鲁迅思想的发展过程分成三期:"1881 年诞生到 1917 年俄国十月革命前为早期,1917 年俄国十月革命后到 1927 年初为中期,1927 年初到 1936 年逝世为后期。"[①]由于这个划分意在"显示出俄国十月革命和马克思主义对鲁迅的决定性的影响",致其和鲁迅自身历史出入较大,因而庄文中的看法并未产生太大影响。1997 年,徐麟在《鲁迅中期思想研究》中重提"鲁迅中期"概念和三期说,不过其理由和庄文中大不相同,他批评瞿秋白以"政治"这样"一个较为外在的诱发因素"把鲁迅一生分为前后两期是有问题的,应该以"最具心灵深度的哲学命题——绝望的抗战","把鲁迅的中期生命态与他的前、后期,作了判然区分",因而"设定了一个鲁迅'中期'的概念,以特指他文学生涯中最辉煌的时期,即《呐喊》、《彷徨》和《野草》的创作期。它始于《呐喊》首篇《狂人日记》的写作(1918 年),终于《野草》末篇《题辞》的完成(1927 年)"。在徐麟看来,"这是鲁迅一生中精神最痛苦、思想最复杂的时期",而其思想内核就是"绝望的抗战",文学形式则是"小说和散文诗"。可以看出,徐麟的《鲁迅中期思想研究》和汪晖的《反抗绝望:鲁迅及其文学世界》的思路基本是一致的,都是一种去政治化、存在哲学化的内面主体研究,反对唯物史观和政治决定论,认为"鲁迅不是一位政治家","中期的鲁迅正是一位哲学家的鲁迅","堪与任何一位西方现代存在主义哲学家相媲美"。[②]

较之庄文中的马克思主义视角,徐麟对瞿秋白两阶段分期论的批评和对鲁迅存在主义思想的把握,都非常具有洞察力,但不得不指出的是,

---

① 庄文中:《试论鲁迅中期思想及其转变》,《内蒙古大学学报(哲学社会科学版)》1978 年第 1 期。

② 徐麟:《鲁迅中期思想研究·序言》,湖南师范大学出版社,1997 年,第 1、2、6 页。

"鲁迅中期"的提法并没有得到学界的普遍认可。推究问题的根源,首先在于用"存在主义"来解释《野草》尚属恰当,但用来解释五四时期的鲁迅就非常成问题了,学界还是更倾向于此时的鲁迅思想是以启蒙主义为主导的,而更关键之处在于徐麟排斥"政治",视之为外在诱发因素,导致用存在主义哲学解释鲁迅"小说和散文诗"外的杂感创作及其在这一时期的革命参与时是失效的。正是因此,本书试图用"中期鲁迅"这个表征新形象的概念,来扬弃"鲁迅中期"这个表征阶段性的概念:一是主张三期说,增加一个"中期"来有别于瞿秋白的两阶段论,但将时间确定为 1922—1928 年,主要指涉鲁迅所参与其中的"国民革命"时期(1924—1927 年);二是基于鲁迅在"思想革命遭遇国民革命"的过程中所达到的"文艺和革命原不是相反的,两者之间,倒有不安于现状的同一"①的努力,从既往的文学与政治、启蒙与革命的"对立论",转向鲁迅"执两用中"、沟通前后期的"结合论",进而认为"中期鲁迅"不仅仅是鲁迅思想的一个发展阶段,更是一个全新的鲁迅形象。

对比一下鲁迅在不同阶段的言行,可以发现"中期鲁迅"不是一个从前往后过渡的低谷,而是一个兼容创造的波峰。由于国民革命的兴起,"中期鲁迅"第一次遭遇了"变革和文艺"能否"相容"②的问题,在这个问题上,它较之前后期的鲁迅各有其重要的突破:第一,"中期鲁迅"对前期启蒙鲁迅的突破,在于出了文学的象牙塔,积极参与社会运动和政治革命,而新文化运动则以胡适的"打定二十年不谈政治的决心,要想在思想文艺上替中国政治建筑一个革新的基础"③为前提,以致彼时文学和政治处于二元对立的状态④;第二,"中期鲁迅"又比后期的"左翼鲁迅"更早探究了文学介入现代政治革命的可能,它所处的国民革命阶段是"中国革命两步走战略"的第一步,"国民革命含有对内的民主革命和对外的民族革命两个意义"⑤,因而是第一场真正意义上的现代中国政治革命,它比之前换汤不换药的辛亥革命更彻底,也比 20 世纪 30 年代才全面展开的共产革命更早。也正因为如此,"中期鲁迅"就获得了与"前期鲁迅(或曰思想革命)"和"后期鲁迅(或曰共产革命)"对举的"国民革命"的理论支撑,从而成了一个极为重要的研究阶

① 鲁迅:《文艺与政治的歧途》,载《鲁迅全集(第七卷)》,第 115 页。
② 鲁迅:《在钟楼上——夜记之二》,《语丝》第 4 卷第 1 期,1927 年 12 月 17 日。
③ 胡适:《我的歧路!》,《努力周报》第 7 期,1922 年 6 月 18 日。
④ 鲁迅虽然在日本时期提倡文艺运动,探究文学与民族国家解放的关系,肯定摩罗诗人的反抗精神,但并未有真正意义上的现代文学创作,也并未有意识地将文学和政治结合起来。
⑤ 独秀(陈独秀):《中国国民革命与社会各阶级》,《前锋》第 2 期,1923 年 12 月 1 日。

段,并代表了鲁迅的新形象。

第二节　问题链:国民革命时代的
　　　　知识阶级使命

对"中期鲁迅"而言,贯穿始终的一大核心就是"知识阶级"问题。1927
年10月25日,鲁迅在上海劳动大学做了《关于智识阶级》的演讲,这是他在
经历了"清党"幻灭之后,对国民革命时代知识阶级命运的全面反思。他在
演讲一开头就指出"'智识阶级'一辞是爱罗先珂(V. Eroshenko)七八年前
讲演'智识阶级及其使命'时提出的"①。在这一让鲁迅深有共鸣的1922年
的演讲中,爱罗先珂毫不客气地批评中国的"智识阶级脱离了民众""文学
和民众完全隔绝"②,自此如何沟通二者以完成"智识阶级的使命",就成了
"中期鲁迅"思考的关键性难题。而总体来看,这个过程大致可以分成重启
思想革命阶段、参与国民革命阶段和反思国民革命阶段三个时期。

在第一个阶段中,鲁迅主要是在知识阶级内部进行反思批判。1925年
鲁迅在给《猛进》主编徐旭生的信中,认为"后五四社会"复古倒退的根源,
不是旧派而是新派引起的:

前三四年有一派思潮,毁了事情颇不少。学者多劝人踱进研究室,
文人说最好是搬入艺术之宫,直到现在都还不大出来,不知道他们在那
里面情形怎样。这虽然是自己愿意,但一大半也因新思想而仍中了"老
法子"的计。……只要掷去了这种尊号,摇身一变,化为泼皮,相骂相
打(舆论是以为学者只应该拱手讲讲义的),则世风就会日上,而月刊也
办成了。③

正是基于"新思想而仍中了'老法子'的计",也就是新派而非旧派才是
退步根源这个问题,鲁迅提出"只好从智识阶级……一面先行设法,民众俟
将来再谈","现在的办法,首先还得用那几年以前《新青年》上已经说过的
'思想革命'。还是这一句话,虽然未免可悲,但我以为除此没有别的法"。④

---

① 鲁迅:《关于智识阶级》,《国立劳动大学周刊》第5期,1927年11月13日。
② 〔俄〕爱罗先珂:《智识阶级的使命》,《晨报副镌》,1922年3月7日。
③ 鲁迅:《通讯》,《猛进》第5期,1925年4月3日。
④ 鲁迅:《通讯》,《猛进》第3期,1925年3月20日。

不难看出,此时的鲁迅还找不到其他社会变革路径,仍保留着一定的新文化运动的知识阶级的主体自信。正如"知识阶级"这个概念显示的,它以"知识"来结构一个"阶级"的存在,认为自己可与"无产阶级"和"资产阶级"并列,而基于"伦理问题不解决,则政治学术,皆枝叶问题"①的认识,他们更是试图以自身阶级为主体,取代之前的上层政治集团来领导中国变革。显然,20 世纪 20 年代前期的鲁迅仍旧认为思想革命是解决问题的路径,新知识阶级可以担当起引领社会变革的主体角色,只不过其内部出现了一些问题,需要将批判对象从守旧派转向英美派,联合对象从大学教授转向文学新青年,批判工具从启蒙小说转向杂文批评。也正因此,鲁迅联合高长虹等狂飙社成员创办了《莽原》,倡导"文明批评和社会批评",将批判的矛头直指"'特殊智识阶级'的留学生"②,号召青年们"创造这中国历史上未曾有过的第三样时代"。

但是,随着第二个阶段鲁迅经由学潮开始参与国民革命,他逐渐发现知识阶级和文学在新的政治革命之前面临着角色调整的问题。1924 年开始的这场国民革命,深受苏俄革命的影响,带来了新的历史主体(无产阶级)、意识形态(新三民主义和马列主义)、政党政治(列宁党)和革命方式(学生群众运动),在新式革命面前,五四时期的知识阶级及其文学从先进转为后进,面对曾是自己启蒙对象的青年和民众,以及曾经反对排斥的政党政治,它们该如何调整自己的位置就成了一个极为重要的问题。鲁迅一方面发现"'特殊智识阶级'的留学生"开始变质为政府的帮闲文人,另一方面发现自己也开始遭遇"文学家有什么用"③的意义危机,他在女师大风潮和五卅运动发生时,感叹"我现在愈加相信说话和弄笔的都是不中用的人,无论你说话如何有理,文章如何动人,都是空的。他们即使怎样无理,事实上却著著得胜"④,以至于"现在做'文学家'似乎有些做厌了,仿佛要变成机械,所以倒很愿意从所谓'文坛'上摔下来"⑤。

然而,由于国民革命的"打倒列强除军阀"的资产阶级民族民主革命性质,它需要一个"民主主义的联合战线","而知识阶级(即士的阶级)中之革命分子,在各阶级间连锁的作用,仍然有不可轻视的地位"⑥,因此就有了

---

① 陈独秀:《宪法与孔教》,《新青年》第 2 卷第 3 号,1916 年 11 月 1 日。
② 冥昭(鲁迅):《春末闲谈》,《莽原》第 1 期,1925 年 4 月 24 日。
③ 鲁迅:《忽然想到(十一)》,《民众周刊》第 25 号,1925 年 6 月 18 日。
④ 鲁迅:《250518 致许广平》,载鲁迅、景宋《两地书全编》,浙江文艺出版社,1998 年,第 434 页。
⑤ 鲁迅:《250729 致许广平》,载鲁迅、景宋《两地书全编》,第 461 页。
⑥ 独秀(陈独秀):《中国国民革命与社会各阶级》,《前锋》第 2 期,1923 年 12 月 1 日。

"在扫荡封建宗法思想的革命战线上"建立"思想革命的联合战线"①的号召。正是这个联合战线的存在,给了鲁迅式文学激进知识阶级在国民革命中既参与革命又保持文学独立的生存空间。而鲁迅也确实在学潮民运中开始和革命党走到了一起,并不断通过杂文来批判政府和帮闲,其影响也因此越出了文学领域,他本人也开始被称为"思想界的权威者"和"青年叛徒的领袖"。当鲁迅抱着国民革命的梦想南下广州后,他更是被视为代表国民革命的"时代的战士",他积极参与各种革命活动,批判革命精神浮滑和"奉旨革命"的现象,并不断呼吁青年"读书不忘革命",努力去做一名"革命人"。但是"清党"的发生,最终让鲁迅遭遇了"通共"流言,及身的恐怖让其革命梦破,他发现此时的国民革命已经"要打倒智识阶级,再利害一点甚至于要杀智识阶级了"②。

　　退往上海的鲁迅,进入反思国民革命的第三个阶段。他先是在《关于智识阶级》的演讲中提出了"智识阶级能否存在"的命题,一方面强调"知识和强有力是冲突的""变革和文艺之不相容",另一方面又强调"真的智识阶级是不顾利害的","他们对于社会永不会满意的,所感受的永远是痛苦,所看到的永远是缺点,他们预备着将来的牺牲"。③ 之后鲁迅又在《文艺与政治的歧途》中,将这个知识阶级的生存难题特别指向了"文学家",认为他们是"政治家的眼中钉,那就不免被挤出去",然而文学家又拒绝在革命的时代做一名"旁观者",他们提出"以前的文艺,如隔岸观火,没有什么切身关系;现在的文艺,连自己也烧在这里面,自己一定深深感觉到;一到自己感觉到,一定要参加到社会去!"最终在经过痛苦地思考后,鲁迅给出了自己的答案:

　　　　我每每觉到文艺和政治时时在冲突之中;文艺和革命原不是相反的,两者之间,倒有不安于现状的同一。惟政治是要维持现状,自然和不安于现状的文艺处在不同的方向。④

　　不难看出,经过国民革命洗礼的鲁迅,用"文学/政治/革命"的三元关系超越了五四时期"文学/政治"的二元对立关系,他既坚持了五四时期的文学和政治对立的思想,又提出了文学和革命同路的观念,同时也批判了国民革命从"在野革命"到"在朝政治"的退变,进而在"永远革命"的立场上,形成

---

① 　独秀(陈独秀):《思想革命上的联合战线》,《前锋》第 1 期,1923 年 7 月 1 日。
② 　鲁迅:《关于智识阶级》,《国立劳动大学周刊》第 5 期,1927 年 11 月 13 日。
③ 　鲁迅:《关于智识阶级》,《国立劳动大学周刊》第 5 期,1927 年 11 月 13 日。
④ 　鲁迅:《文艺与政治的歧途》,载《鲁迅全集(第七卷)》,第 115 页。

了"革命同路人"和"革命文学"的新理念。也正因为如此，瞿秋白才会认为鲁迅"是经历了辛亥革命以前直到现在的四分之一世纪的战斗，从痛苦的经验和深刻的观察之中，带着宝贵的革命传统到新的阵营里来的"①，而鲁迅这个"革命传统"就是他在反思国民革命阶段创造的"同路人革命传统"，从而为大革命失败后的文学激进知识分子继续参与新革命和介入社会变革提供了合法性支撑，而由此形成的新形象"同路人鲁迅"，更是可以与"启蒙鲁迅"和"革命鲁迅"鼎足而三。

不过，"革命同路人"的新定位虽然在沟通启蒙和革命、"变革和文艺"之时，一定程度上保留了文学的独立性和知识阶级立场，但是重新回到"在野革命"，不但导致"在朝政治"参与和制度建构的缺位，也带来了从"知识阶级"到"知识分子"的变化。后期鲁迅实际放弃了知识阶级作为主体领导社会变革的可能，只能以文学个体和知识分子的身份，采取与革命组织联合的方式，介入新的革命进程之中。

第三节　方法论：从"去政治化"到"文学政治"

纵观 1922—1928 年的"中期鲁迅"，可以发现他努力践行了"知识阶级的使命"，先是通过重启思想革命，后是通过参与国民革命，走出了新文化运动"不谈政治"以致知识阶级和民众、文学和政治隔绝的困境，最终在反思国民革命的基础上创造了以"革命同路人"和"革命文学"为中心的"同路人革命传统"。但是，"中期鲁迅"所做的重启思想革命、参与国民革命、建构同路人革命传统的这些行动，却长期处于历史的遮蔽状态。

推究问题的根源，首先与鲁迅本人有关。他先是在 1926 年和高长虹决裂后，针对高长虹借助"思想革命"为《狂飙》造势的行为，公开声明自己"既没有主义要宣传，也不想发起一种什么运动"②，最终这场重启的思想革命，"一般读者都难于认识它的真象。从事运动的人呢，大抵自己又都不明说，所以直到现在世间还像没有什么也者"③。而在"清党"之后，鲁迅又公开批评钟敬文在《鲁迅在广东》中塑造的"国民革命鲁迅"形象，认为"这些议论

---

① 何凝（瞿秋白）：《〈鲁迅杂感选集〉序言》，载中国社会科学院文学研究所鲁迅研究室编《1913—1983 鲁迅研究学术论著资料汇编（第一卷）》，第 828 页。
② 鲁迅：《写在〈坟〉后面》，《语丝》第 108 期，1926 年 12 月 4 日。
③ 长虹（高长虹）：《走到出版界》，《北新》第 5 期，1926 年 9 月 18 日。

是一时的,彼一时,此一时,现在很两样"①,后来更是对编选《集外集》的杨霁云表示"钟敬文编的书里的三篇演说,请不要收进去,记的太失真,我自己并未改正"②,不仅如此,他还重叙自己的赴粤历史,建构出一个"咬着牙关,背了'战士'的招牌"③的"被动革命鲁迅"形象。而随着鲁迅加入左联并成为左翼领袖,在斯大林路线的影响下,他也开始批判托洛茨基的同路人理论,认为"同路人者,谓因革命中所含有的英雄主义而接受革命,一同前行,但并无彻底为革命而斗争,虽死不惜的信念,仅是一时同道的伴侣罢了"④。

　　鲁迅的复杂态度无疑来自革命形势的变化。1928 年后,一些左翼人士开始利用各种方式重构这段历史,他们先是用"大革命"替换"国民革命"的概念,切断它和国民党的关系,然后再用两阶段论取代之前的三阶段论,遮蔽国民革命阶段的存在,认为鲁迅"由阿 Q 时代走到普罗时代"⑤,从"人道主义的立场"转向"无产阶级的立场"⑥。而对于鲁迅与自己的关系,左翼阵营既不认为是"联合战线",又不认为他是"同路人",在他们看来,五四小资产阶级的观念"现在已由鲁迅先生的自我批判把它扬弃了。我们现在都同达到了一个阶段,同立在了一个立场"⑦,在其死后更是逐步将鲁迅升级为"共产主义者"⑧,甚至是"党的一名小兵"⑨。不仅如此,为了消除"国民革命鲁迅"形象,某些研究者出版了一系列名为"鲁迅在广州"的论著,核心是突出鲁迅亲近共产党反对国民党,譬如沈鹏年将广州的鲁迅分为"鲁迅赴粤因缘——党的推荐""围绕'欢迎鲁迅'问题上的斗争""鲁迅和党的关系"三个部分⑩;张竞则分为"开辟新战线""胜利不忘进击""在血腥的屠杀中坚持战斗""英勇不屈""总结经验　继续前进"五个部分⑪,这显然都是关于"共产革命鲁迅"乃至"党的鲁迅"形象的有意建构。

　　共产革命范式不但抑前扬后,还以后观前,认为"鲁迅是从革命民主主

①　鲁迅:《270919 致翟永坤》,载《鲁迅全集(第十二卷)》,第 68 页。
②　鲁迅:《341211 致杨霁云》,载《鲁迅全集(第十三卷)》,第 290 页。
③　鲁迅:《通信》,《语丝》第 151 期,1927 年 10 月 1 日。
④　鲁迅:《〈竖琴〉前记》,载《鲁迅全集(第四卷)》,第 445 页。
⑤　周达摩:《中国新文学演进之鸟瞰》,《国闻新报》第 8 卷第 5 期,1931 年 1 月 26 日。
⑥　钱杏邨:《鲁迅(文学史论)》,《拓荒者》第 2 期,1930 年 2 月 10 日。
⑦　郭沫若:《"眼中钉"》,《拓荒者》第 4、5 期合刊,1930 年 5 月 10 日。
⑧　毛泽东:《新民主主义的政治与新民主主义的文化》,《中国文化》创刊号,1940 年 2 月 15 日。
⑨　许广平著,周海婴主编:《鲁迅回忆录(手稿本)》,长江文艺出版社,2010 年,第 155 页。
⑩　沈鹏年:《鲁迅在广州时期的若干史实》,载氏著《行云流水记往二记——电影〈鲁迅传〉筹拍亲历记》,上海三联书店,2011 年,第 445、448、456 页。
⑪　参看张竞:《鲁迅在广州》,广东人民出版社,1977 年。

义的角度、从被压迫的群众的角度来观察知识分子的问题的"，进而批判其"知识分子的脆弱性"以及作品的"沉重的阴暗的色彩"。① 由于革命范式被认为"与鲁迅原作存在着一个偏离角"，因而20世纪80年代之后启蒙范式和主体范式继起，分别建构出"思想革命鲁迅"和"存在主义鲁迅"的新形象，虽然二者的着眼点不同，但都反对"文学自觉地服从于政治、服从于中国的革命斗争"②，不认可"鲁迅研究肩负着党和国家的意识形态规范的沉重任务"③。二者的区别只在于，启蒙范式认为政治革命背离了鲁迅的反封建基点，因而无论是参与共产革命还是参与国民革命，都被视为"救亡压倒了启蒙"的一种倒退，而主体范式基于其"反现代性"立场，则认为无论是革命还是启蒙，都是需要被解构否定的历史宏大叙事。

　　自此，鲁迅研究逐渐进入一种"去政治化"的状态：一是向内转，重视探究鲁迅孤独绝望的主体意识和反现代性意识，割裂文学和政治、精神和实践的有机关联，夸大个人能动性，否定唯物史观，视之为政治经济决定论；二是学院化，拒谈革命的意义，远离国家政治和当代社会的变迁，进行一种纯学术和纯历史的研究，甚至汪晖本人都觉得"将鲁迅放置在一个孤独的知识分子的位置上来理解他是多么地狭隘"④。

　　正是在这种背景下，十年前我选择了"国民革命时期的鲁迅"作为博士论文的选题，试图以此为突破口，一方面"把'革命'重新带回鲁迅研究"，另一方面"走出'从……到……'的'突变'发展模式"，强调这一时期"鲁迅的关注重心明显有一个由文化到政治、从重启思想革命到支持国民革命的变化，他思想和文学的革命性一面开始凸显出来"。⑤ 其他学者也对国民革命时期的鲁迅给予了充分的研究关注⑥，但是总的来看，大家普遍没有跳出

---

① 陈涌：《论鲁迅小说的现实主义——〈呐喊〉与〈彷徨〉研究之一》，《人民文学》1954年第11期。

② 王富仁：《〈呐喊〉〈彷徨〉综论》，《文学评论》1985年第3期。

③ 汪晖：《鲁迅研究的历史批判》，《文学评论》1988年第6期。

④ 汪晖：《在历史中思考》，载《别求新声——汪晖访谈录》，北京大学出版社，2009年，第464页。

⑤ 邱焕星：《国民革命时期的鲁迅》，南京大学博士学位论文，2011年，第2、5、143页。

⑥ 参看王烨的《国民革命时期国民党的革命文艺运动(1919—1927)》(厦门大学出版社，2014年)、朱崇科的《广州鲁迅》(中国社会科学出版社，2014年)、程凯的《革命的张力——"大革命"前后新文学知识分子的历史处境与思想探求(1924—1930)》(北京大学出版社，2014年)、杨姿的《"同路人"之上：鲁迅后期思想、文学与托洛茨基研究》(上海三联书店，2019年)、张洁宇的《走出学院：一种反省与自觉——论广州时期鲁迅的思想轨迹及其意义》(《文艺研究》2017年第11期)、韩琛的《鲁迅1927：革命与复辟》(《鲁迅研究月刊》2018年第8期)、李玮的《再造新文学：国民革命前期的鲁迅》(《中国现代文学研究丛刊》2019年第6期)、张武军的《作家南下与国家革命》(《文学评论》2019年第4期)等。

"重写文学史"的思维框架,更多是颠覆旧说对国民革命阶段的遮蔽扭曲,并没有将其视为一个独立的时期,更没有找到新的鲁迅原点来建构新的鲁迅形象。譬如我就在博士论文初稿《从思想革命到国民革命——鲁迅1925、1926年的转向研究》里,认为"1925、1926年是鲁迅由前期向后期转向的重要阶段,对这个转型期的考察可以让我们看到鲁迅在转向共产党之前,实际有一个先左转向'国民革命'和国民党的时期",这个"从思想革命到国民革命再到共产革命"的新序列,虽然挑战了瞿秋白的两阶段论,多了一次国民革命的转向,但本质上还是将其视为一个过渡阶段。

显然,现在提出的"中期鲁迅"概念和此前的"国民革命时期的鲁迅"概念是非常不同的,这不仅仅在于它的时限更长(从1925—1926年扩展到1922—1928年)、范围更广(包括重启思想革命、参与国民革命、反思国民革命三个阶段),更在于"中期鲁迅"是一个"思想革命遭遇国民革命"进而创造了"同路人革命传统"的独立阶段,由此形成了一个可与"启蒙鲁迅"和"革命鲁迅"相对的"同路人鲁迅"的新形象。而如果跃出鲁迅研究本身,会发现"中期鲁迅"的更大意义在于回答了托克维尔提出的"文人何以变为国家的首要政治家"这个现代命题。托克维尔在法国大革命中注意到"政治生活被强烈地推入文学之中,文人控制了舆论的领导,一时间占据了在自由国家里通常由政党领袖占有的位置",这是一个"前所未有"的现代"文学政治"现象。[1]

而与托克维尔对"文学政治"和现代革命的否定不同,"中期鲁迅"正是以自己的杂文批评来介入国民革命。在革命青年看来,鲁迅"写下了不少精彩文章,道出了我们普遍的心声","其影响也决不比堂堂正正的政治辩论所发生者为小。人们以无限兴趣注意着围绕于文艺与私事的冷战,却在这些上面分清着新和旧,前进和倒退,非正统和正统,革命和保守"[2]。正是因为如此,鲁迅就从五四时期的一名"新文学家"逐渐升格为"思想界的权威者"和"青年叛徒的领袖",南下后更是被视为代表国民革命的"时代的战士",他也因此在"政党政治"和"街头政治"之外,创造了"文学政治"的书斋文人参与政治的模式。同时,也让我们看到了20世纪的中国并不是一些研究者所批判的"非文学的世纪",相反是一个"文学政治的世纪",它不仅具有"文学的政治化"一面,还有着"政治的文学化"一面,而恰恰是后者反映了鲁迅式文学激进知识分子的突破创造,"作家们不仅向进行这场革命的人民提供

---

① 〔法〕托克维尔:《旧制度与大革命》,冯棠译,商务印书馆,1992年,第179、182、180页。

② 王凡西:《双山回忆录》,东方出版社,2004年,第20、16页。

了思想,还把自己的情绪气质赋予人民……以致当国民终于行动起来时,全部文学习惯都被搬到政治中去"①。也正因此,竹内好才把鲁迅视为与毛泽东、孙中山同等重要的现代中国政治之父,他这样说:

> 从思想史来看,鲁迅的位置在于把孙文媒介于毛泽东的关系中。近代中国,不经过鲁迅这样一个否定的媒介者,是不可能在自身的传统中实行自我变革的。②

---

① 〔法〕托克维尔:《旧制度与大革命》,冯棠译,第 187 页。
② 〔日〕竹内好:《近代的超克》,李冬木、赵京华、孙歌译,生活·读书·新知三联书店,2005年,第 151 页。

第一章 "特殊智识阶级"批判
与重启思想革命

1921 年 1 月 3 日午后,鲁迅收到胡适的一封来信,此信本来是他寄给陈独秀的,胡适转来的目的,是征求同人对《新青年》下一步发展的意见。在信中,胡适批评陈独秀将《新青年》迁往上海改为中共机关刊物后,"色彩过于鲜明",以至于"北京同人抹淡的工夫决赶不上上海同人染浓的手段之神速",因而他提出了三个解决办法:

> 1. 听《新青年》流为一种有特别色彩之杂志,而另创一个哲学文学的杂志,篇幅不求多,而材料必求精。我秋间久有此意,因病不能做计划,故不曾对朋友说。
>
> 2. 若要《新青年》"改变内容",非恢复我们"不谈政治"的戒约,不能做到。但此时上海同人似不便做此一着,兄似更不便,因为不愿示人以弱。但北京同人正不妨如此宣言。故我主张趁兄离沪的机会,将《新青年》编辑部的事,自九卷一号移到北京来。由北京同人于九卷一号内发表一个新宣言,略根据七卷一号的宣言,而注重学术思想艺文的改造,声明不谈政治。
>
> 孟和说,《新青年》既被邮局停寄,何不暂时停办,此是第三办法,但此法与"新青年社"的营业似有妨碍,故不如前两法。①

正是胡适的这封信,拉开了《新青年》解体和五四落潮的序幕,鲁迅后来专门谈及此事对他产生的重大影响:

> 后来《新青年》的团体散掉了,有的高升,有的退隐,有的前进,我又经验了一回同一战阵中的伙伴还是会这么变化,并且落得一个"作家"

---

① 胡适:《胡适答陈独秀》,载水如编《陈独秀书信集》,新华出版社,1987 年,第 293、294 页。

的头衔,依然在沙漠中走来走去,不过已经逃不出在散漫的刊物上做文字,叫作随便谈谈。有了小感触,就写些短文,夸大点说,就是散文诗,以后印成一本,谓之《野草》。得到较整齐的材料,则还是做短篇小说,只因为成了游勇,布不成阵了,所以技术虽然比先前好一些,思路也似乎较无拘束,而战斗的意气却冷得不少。新的战友在那里呢? 我想,这是很不好的。于是集印了这时期的十一篇作品,谓之《彷徨》,愿以后不再这模样。

"路漫漫其修远兮,吾将上下而求索。"①

《新青年》为何会因为谈不谈政治而陷入分裂? 这个分裂为何给了鲁迅如此沉重的打击? 它对鲁迅产生了哪些影响? 如何开启此后的"中期鲁迅"之路? 这些就成了本章需要仔细分析并回答的问题。

第一节 《新青年》的分裂与国民革命的兴起

一、"新文化运动"与知识阶级领导权

《新青年》的创刊,其实是应对民初共和危机的产物。由于革命党人对于"革命"的理解非常狭隘,其目标在于"能尽扫专制之流毒,确定共和以达革命之宗旨"②,最终只是名义上实现了从君权神授到人民主权的立国原则,但这种单纯的上层变革,"在政治上是进步的,而在社会上是倒退的"③,因为没有进行相应的旧社会旧文化的改造,移植来的议会民主制很快水土不服,上层陷入政党纷争和强人政治,下层则"生民之涂炭如故也",于是"未及三载,而追念亡清,切齿共和者,又上自政府,下迄细氓"。④ 为了解决共和危机,当时出现了几种思路:一是孙中山发动二次革命乃至三次革命,不改国体但改政体,实行一党制,"国基确定之际,皆由吾党负完全责任"⑤;二是康有为倡导"虚君共和"和"孔教为国教",他认为法国的民主共和模式

---

① 鲁迅:《〈自选集〉自序》,载《鲁迅全集(第四卷)》,第 469 页。
② 孙中山:《临时大总统宣言书》,《临时政府公报》,1912 年 1 月 29 日。
③ 〔美〕周锡瑞:《改良与革命:辛亥革命在两湖》,杨慎之译,江苏人民出版社,2007 年,第 270 页。
④ 张东荪:《中国共和前途之最后裁判》,《正谊》第 1 卷第 3 号,1914 年 3 月 15 日。
⑤ 孙文:《中华革命党宣言》,载田晓青主编《民国思潮读本(第一卷)》,作家出版社,2013 年,第 232 页。

严重脱离了中国传统,因而倡导英国式的君主立宪和公民宗教,在不改国体的前提下改变政体;①三是袁世凯一派的"君宪救国论",认为共和党争终酿大乱,而"君主实较民主为优,而中国则尤不能不用君主国体"②,由此国体、政体皆改,实行专制复辟和强人政治。最终这三派都以失败而告终,这一方面反映了共和时代孔教和复辟不得人心,另一方面也印证了梁启超所言的"革命只能产出革命,决不能产出改良政治"③的看法。

在这种情况下,陈独秀开始将关注的重心从共和政治转向了文化道德,他虽然反对孔教和复辟,但康有为那"道德有定,教化有准,然后政治乃可次第而措施也"④的国教观,给了他新的启发:

> 余尝谓"自西洋文明输入吾国,最初促吾人之觉悟者为学术,相形见绌,举国皆知矣。其次为政治,年来政象所证明已有不克守缺抱残之势。继今以往,国人所怀疑莫决者,当为伦理问题。此而不能觉悟,则前此之所谓觉悟者,非彻底之觉悟,盖犹在惝恍迷离之境"(见本志前卷六号《吾人最后之觉悟》篇中)。盖伦理问题不解决,则政治学术,皆枝叶问题。⑤

但是不同于康有为的旧道德药方,陈独秀认为法国模式并无问题,根源只在引入了新政治制度却没有引入新道德文化,所以"根本问题,不可不首先输入西洋式社会国家之基础,所谓平等人权之新信仰,对于与此新社会新国家新信仰不可相容之孔教,不可不有彻底之觉悟,猛勇之决心"⑥。基于此,陈独秀创办了《青年杂志》,发起新文化运动,提倡西方的民主和科学,批判以孔教为代表的传统文化,以此来为共和政治赋予新的合法性基础,不过这些新思想最初在上海并没有产生太大影响,而是到了1917年才获得了三个关键因素:一是平台,北京和北京大学提供了新知识阶级的后盾;二是时运,张勋复辟使社会真正意识到了文化革命的迫切;三是工具,胡适的新文学革命提供了思想普及的利器。自此之后,切中了时代兴奋点的"新文化"才真正开始"运动"起来。

---

① 参看康有为:《共和评议(节录)》,载田晓青主编《民国思潮读本(第一卷)》,第355—364页。
② 杨度等:《筹安会发起词》,载田晓青主编《民国思潮读本(第一卷)》,第301页。
③ 梁启超:《革命相续之原理及其恶果(续)》,《协和报》,1913年9月6日。
④ 康有为:《以孔教为国教配天议》,《不忍》第3期,1913年4月。
⑤ 陈独秀:《宪法与孔教》,《新青年》第2卷第3号,1916年11月1日。
⑥ 陈独秀:《宪法与孔教》,《新青年》第2卷第3号,1916年11月1日。

　　总的来看,新文化运动开创了解决"共和危机"的新路径:一是从政治革命转向文化革命,认为"伦理的觉悟,为吾人最后觉悟之最后觉悟"①;二是从上层变革转向社会改造,"继政治革命而谋社会革命"②,"使吾国党派运动进而为国民运动"③;三是教民以德的启蒙运动,使变革的领导权从政治集团转向知识阶级,出现了李大钊后来说的"知识阶级的胜利"④;四是尤其给了文学家存在的重要意义,"今欲革新政治,势不得不革新盘踞于运用此政治者精神界之文学"⑤。而新文化运动的这些思路,如果从更长的历史时段来看,其实是对晚清梁启超开创的"中等社会"和"三界革命"思想的扬弃,陈独秀后来就曾强调"戊戌前后的变法自强运动,辛亥革命运动,'五四'以来国民运动,几乎都是士的阶级独占之舞台"⑥,他明确将自己放在了梁启超开创的知识阶级历史演进序列上。

　　鸦片战争之后,中国最先兴起的是官僚和皇权主导的洋务运动和戊戌变法,但是这些器物变革和制度变革都相继受挫失败,以梁启超为代表的士阶层开始意识到文化变革的重要性,他们为此提出"中等社会之革命"⑦的口号,试图"提挈下等社会以矫正上等社会","破坏上等社会以卵翼下等社会",其主体成员"惟自居于士类者成一大部分,而出入于商与士之间者附属焉,出入于方术技击与士类之间者附属焉"⑧。不难看出,"中等社会革命"是一个以居于民众和国家之间的知识阶级为主体,来领导晚清社会变革的新方案,知识阶级主要通过公共领域的思想革命来发挥自己的力量。为此梁启超倡导诗界、小说界、文界的"三界革命",将在古代社会处于边缘位置的"文学",推到了现代社会变革中心位置,他尤其重视小说与群治的关系,提出了"新小说/新民/新国"三者合一的主张——这一主张实际沟通了"文学/文化/政治",显示出 16 世纪以来的西方民族主义思想对他的影响。这些观念后来也影响了鲁迅在日本的弃医从文之选择,鲁迅提出了以"纯文学"撄人心以改造国民性,进而由立人而立国的主张。不过从"精神界之战士"的定位来看,日本时期的鲁迅更倾向于尼采的"超人"理论,相信一二先

① 陈独秀:《吾人最后之觉悟》,《青年杂志》第 1 卷第 6 号,1916 年 2 月 15 日。
② 陈独秀:《法兰西人与近世文明》,《青年杂志》第 1 卷第 1 号,1915 年 9 月 15 日。
③ 陈独秀:《一九一六年》,《青年杂志》第 1 卷第 5 号,1916 年 1 月 15 日。
④ 孤松(李大钊):《知识阶级的胜利》,《新生活》第 23 期,1920 年 1 月 25 日。
⑤ 陈独秀:《文学革命论》,《新青年》第 2 卷第 6 号,1917 年 2 月 1 日。
⑥ 独秀(陈独秀):《中国国民革命与社会各阶级》,《前锋》第 2 期,1923 年 12 月 1 日。
⑦ 中国之新民(梁启超):《中国历史上革命之研究》,载张枬、王忍之编《辛亥革命前十年间时论选集(第一卷下册)》,生活·读书·新知三联书店,1960 年,第 805 页。
⑧ 湖南之湖南人(杨笃生):《新湖南》,载张枬、王忍之编《辛亥革命前十年间时论选集(第一卷下册)》,第 615、629 页。

觉之士而非中等社会群体。

然而,晚清通过"中等社会"来建构现代民族国家的努力,不但在一个传统皇权官僚占主导地位的农业社会阻力重重,而且在古雅文学占主导的封建时代,用通俗文学作为工具开创的公共领域非常有限,通俗文学之繁盛更多制造的是市民世俗社会和职业作家群。而更关键的则是1905年科举制的废除带来的巨大影响,自此士阶层失去了与政统的制度依托,被迫让出四民之首的位置,而军绅党人趁机崛起,整个社会又重回"上等社会之革命"和制度变革路线,先是士绅发动了君主立宪运动,后是军人党人发起辛亥革命另建中华民国,但最终都收效甚微。

对比"中等社会之革命"主张,可以发现新文化运动吸收了梁启超等人的士类主体、文化变革和文学启蒙的思路,但又超越了中体西用的晚清思维,加入科学与民主的西方现代观念,而最关键的是放弃了士类居中联络的定位,转而强调拥有"文化"的知识阶级比占据"政治"的上层集团更具基础和先导性,所以这是一个"文学/文化/政治"的新三合一关系,其中文学是工具,文化是基础,政治是目标。而新文化运动不仅扬弃了晚清观念,也在随后发展中吸纳了五四时期传播的马克思主义,开始形成明确的"知识阶级"主体意识:

> "五四"以后,知识阶级的运动层出不已。到了现在,知识阶级的胜利已经渐渐证实了。我们很盼望知识阶级作民众的先驱,民众作知识阶级的后盾。知识阶级的意义,就是一部分忠于民众作民众运动的先驱者。①

"知识阶级"这个概念是1919年从日本传入的,从王光祈当时所说的"现代学者把世界上人类分作三种阶级:① 智识阶级,② 劳动阶级,③ 资产阶级"②来看,五四运动给予了"知识阶级"以特殊的位置,将"知识阶级"从资产阶级中单列出来,一方面认为它是一个独立的阶级,另一方面又不是从马克思主义政治经济学出发分类,而是突出了"知识"的重要性,显然其目的是想说明"知识阶级"可以充当普遍阶级,作为历史的主体来领导社会的变革。的确,在经过了晚清几十年的发展之后,五四时期的"知识阶级"既有

---

① 孤松(李大钊):《知识阶级的胜利》,《新生活》第23期,1920年1月25日。
② 王光祈:《少年中国学会之精神及其进行计画》,《少年中国》第1卷第6期,1919年12月15日。

了现代传媒和现代教育的新制度支撑,也有了西方的民主科学作为新的合法性基础,他们开始形成主体自觉和领导权意识,试图取代军绅党人等政治经济集团,重回社会中心,发动以文学革命和国民性批判为主要媒介的社会变革。

不过,新文化运动不同于以整个知识阶级为主体的"中等社会之革命",它以"新文化"认同为前提,由此就否定了旧派存在的合法性,所以"知识阶级的胜利"只是"新知识阶级"的胜利。不仅如此,对文化认同的执着也会导致新知识阶级进一步分化,实际上《新青年》内部就因为是否谈政治而分歧严重。最初是胡适的"二十年不谈政治"和文学改良主义暂时占据了上风。但是"文学"和"政治"分离的后果,就是新知识阶级让出了政治经济领导权,仅能凭借"文化领导权"而成了在野精英,这实际是英美自由主义理念带来的问题。自由主义者信奉"小政府、大社会"的"守夜人"理论,视国家政治为"必要的恶",在他们的心目中,政治是肮脏的政客游戏,所以他们既不积极参与又在道德上贬斥,但如此一来,知识阶级就和整个现代中国的民族国家建构以及民众的政治经济诉求脱节了。

二、《新青年》的分裂与鲁迅的彷徨

虽然陈独秀和胡适共同开创了解决"共和危机"的新文化运动路径,但实际上,二人对"共和危机"之根源的理解同中有异。陈独秀创办《青年杂志》是基于"吾国年来政象,惟有党派运动,而无国民运动也",他的真正意图是从"少数优秀政党政治,进而为多数优秀国民政治"①,在他的思路里,"新文化运动影响到政治上,是要创造新的政治理想"②,所以文化运动不过是政治运动的工具。但胡适参加《新青年》,则是因为"一九一七年七月我回国时,船到横滨,便听到张勋复辟的消息;到了上海,看了出版界的孤陋,教育界的沉寂,我方才知道张勋的复辟乃是极自然的现象,我方才打定二十年不谈政治的决心,要想在思想文艺上替中国政治建筑一个革新的基础"③,在他的思路里,"共和危机"不是政治问题而是思想问题导致的,所以文化运动才是根本。

也正因此,《新青年》内部实际形成了陈独秀和胡适两派,前者最初的支持者有李大钊和高一涵,后者的支持者则有钱玄同、刘半农和周氏兄弟等

---

① 陈独秀:《一九一六年》,《青年杂志》第 1 卷第 5 号,1916 年 1 月 15 日。
② 陈独秀:《新文化运动是什么?》,《新青年》第 7 卷第 5 号,1920 年 4 月 1 日。
③ 胡适:《我的歧路!》,《努力周报》第 7 期,1922 年 6 月 18 日。

人,双方开始时意趣相投,相安无事,表现在《新青年》的栏目写作上,就是文学文化问题占了主要篇幅。但如果仔细分析不难发现,陈独秀从一开始就在思想革命和文化批判的旗帜下,偷偷地谈论政治问题,以致引发了《新青年》同人和读者的质疑。对此,陈独秀是这样回应的:"本志主旨,固不在批评时政。青年修养,亦不在讨论政治。然有关国命存亡之大政,安忍默不一言。"①

事情最终随着1917年11月俄国十月革命的爆发而有了重大改变,李大钊和陈独秀对这场新革命产生了巨大兴趣,而1918年段祺瑞政府为了防止苏俄革命在中国的扩大,和日本秘密签订了《共同防敌军事协定》,由此引发了北京学生的抗议。在这种背景下陈独秀发表了《今日中国之政治问题》,明确提出"至于政治问题,往往关于国家民族根本的存亡,怎应该装聋推哑呢?"②不久之后,陈独秀更是联合李大钊在1918年年底创办了《每周评论》,摆脱《新青年》"不谈政治"的束缚,公开谈论政治问题,但是,此举也引发了与胡适等人的"问题与主义"之争,将同人内部的马克思主义与改良主义分歧公开暴露。最终在五四群众运动和被捕入狱的刺激下,陈独秀转而带着刊物前往上海组织建党,《新青年》成为中共的机关刊物,编辑权之争随之产生,自此"文化派"和"政治派"分裂,《新青年》解体了。

从1921年年初的复信来看,鲁迅的态度介于胡适与陈独秀之间,总体倾向胡适:

> 寄给独秀的信,启孟以为照第二个办法最好,他现在生病,医生不许他写字,所以由我代为声明。
>
> 我的意思是以为三个都可以的,但如北京同人一定要办,便可以用上两法而第二个办法更为顺当。至于发表新宣言说明不谈政治,我却以为不必,这固然小半在"不愿示人以弱",其实则凡《新青年》同人所作的作品,无论如何宣言,官场总是头痛,不会优容的。此后只要学术思想艺文的气息浓厚起来——我所知道的几个读者,极希望《新青年》如此,——就好了。③

可以看出,鲁迅不愿直接参与政治,而是坚持"学术思想艺文"之路,这点明显更认同胡适。而从鲁迅整个《新青年》时期的写作来看,他也以文化

① 独秀(陈独秀):《通信》,《新青年》第3卷第5号,1917年7月1日。
② 陈独秀:《今日中国之政治问题》,《新青年》第5卷第1号,1918年7月15日。
③ 鲁迅:《210103 致胡适》,载《鲁迅全集(第十一卷)》,第387页。

批判为中心,而不关注政治批判,这是因为他参与新文化运动的直接诱因和胡适是一样的:他最初并不喜欢《新青年》,觉得"这里边颇有些谬论,可以一驳",但是张勋复辟之后,"经过那一次事件的刺激,和以后的种种考虑,这才翻然改变过来,觉得中国很有'思想革命'之必要,光只是'文学革命'实在不够"①。正是在这种背景下,因《新生》失败而意识到自己"决不是一个振臂一呼应者云集的英雄"的鲁迅,开始接受《新青年》的思想革命路径,以及"几个人既然起来,你不能说决没有毁坏这铁屋的希望"的集团作战方式。②

　　而更关键的是,鲁迅"不谈政治"的根由也和胡适类似,都是基于自由主义的政治观,他赞赏"共和之治,人仔于肩,同为主人,有殊台隶"③,其五四时期的思想主要是"人道主义",五四之后才逐渐倾向于"个人的无治主义"④,直到"左转"之前,他都赞同民主共和主义,所以他并不接受陈独秀支持共产革命、推翻资本主义的主张。此时的鲁迅更看重兼具国民性批判和文明批判的启蒙小说,至于跟随陈独秀而作的"随感录",则认为"所评论的多是小问题,所以无可道","我的应时的浅薄的文字,也应该置之不顾,一任其消灭的"。⑤

　　不过从复信来看,鲁迅在坚持文化批判的同时,也反对胡适、周作人的"不谈政治"。作为一个文化激进主义者,鲁迅更看重思想革命的批判性和战斗性,自然对于反对势力的打压"不愿示人以弱",他此时的话中有一种强烈的自信,相信"学术思想艺文的气息浓厚起来",思想革命也一定会有"好"的发展。然而情况并没有遵从鲁迅的期待,他发现五四之后陈独秀"前进"到政治和革命,胡适"高升"为"好人政府"和"整理国故"的倡导者,周作人则"退隐"到宣称"不讨好的思想革命"和"教训之无用",鲁迅显然对这三种路径都不满意,但最初仍试图和他们保持《新青年》时期的关系:首先是陈独秀面对北京多数同人反对的情况,寄望于周氏兄弟的投稿,但鲁迅在《新青年》上发表了一篇小说、两篇翻译后,认为《新青年》已经"无甚可观"⑥,此后双方不再联系;其次是鲁迅和胡适有一个从密切到疏离的过程,他最初并不排斥"整理国故",甚至为胡适借阅过古籍资料,在通信中两人也

---

①　周作人:《知堂回想录(下)》,河北教育出版社,2002 年,第 383 页。
②　鲁迅:《呐喊自序》,《晨报附刊·文学旬刊》第 9 号,1923 年 8 月 21 日。
③　黄棘(鲁迅):《〈越铎〉出世辞》,载《鲁迅全集(第八卷)》,第 41 页。
④　鲁迅:《250530 致许广平》,载鲁迅、景宋《两地书全编》,第 437 页。
⑤　鲁迅:《热风·题记》,载《鲁迅全集(第一卷)》,第 307、308 页。
⑥　鲁迅:《210825 致周作人》,载《鲁迅全集(第十一卷)》,第 409 页。

有过多次探讨,但随着鲁迅在 1924 年年初公开演讲批评"整理国故",双方逐渐断了书信往来;最后是鲁迅和周作人在《新青年》解体后,本来一直密切合作,然而 1923 年 7 月 18 日的兄弟失和事件后,周作人趋于消极,"没有什么野心和奢望","姑且发表自己所要说的话,聊以消遣罢了"①。

　　后五四时代的鲁迅,最终陷入"寂寞新文苑,平安旧战场。两间余一卒,荷戟独彷徨"②的境地,同时他生活上不断遭受挫折,兄弟失和,夫妻不睦,事业上难以升迁,而政府欠薪成风,经济开始变得拮据。"成了游勇,布不成阵"的鲁迅,感觉自己"依然在沙漠中走来走去",而这种"在沙漠上的寂寞"感,实际来自此时住在鲁迅家的俄国盲诗人爱罗先珂——他既批评了北京人"住在沙漠里"③,也批评了中国"智识阶级隔离了民众""文学和民众完全隔绝"④,因而倡导"到民间去"和无政府主义观念。爱罗先珂不但影响了鲁迅的思想,使他出现了"'人道主义'与'个人的无治主义'的两种思想的消长起伏"⑤,而且其关于"知识阶级"的批评和未来使命的演讲,成了此后鲁迅思考的核心问题。

　　1924 年年初鲁迅开始创作《彷徨》,在短短几个月内写了《祝福》《在酒楼上》《幸福的家庭》《肥皂》,这些小说的共性就是不再像《呐喊》那样以乡村乡民为批判对象,而是将视野转回都市,批判新知识分子的退化苟安:他们坠入庸常,目标丧失,品行堕落,已经无意也无力担当启蒙者的角色,逐渐变成都市日常生活中的"孤独者"。不久鲁迅又将反思对象转向自身,开始创作《野草》,他指出此时的自己既失掉了"将来的黄金世界",又不满于现实中的肉身,最终"彷徨于无地",心灵中充满了"黑暗与虚空"。⑥ 在给李秉中的信中,鲁迅非常痛苦地自剖说:"我很憎恶我自己""我也常常想到自杀,也常想杀人,然而都不实行,我大约不是一个勇士""我自己总觉得我的灵魂里有毒气和鬼气,我极憎恶他,想除去他,而不能。我虽然竭力遮蔽着,总还恐怕传染给别人"。⑦

　　所以,尽管《彷徨》《野草》的创作技术"比先前好一些,思路也似乎较无拘束",还"落得一个'作家'的头衔",但鲁迅实际无意于此,这些文字在他眼中不过是"随便谈谈",他念兹在兹的第一要着仍旧是寻找"新的战友"、

---

① 周作人:《发刊辞》,《语丝》第 1 期,1924 年 11 月 17 日。
② 鲁迅:《题〈彷徨〉》,载《鲁迅全集(第七卷)》,第 156 页。
③ 鲁迅:《为俄国歌剧团》,《晨报副镌》,1922 年 4 月 9 日。
④ 〔俄〕爱罗先珂:《智识阶级的使命》,《晨报副镌》,1922 年 3 月 7 日。
⑤ 鲁迅:《250530 致许广平》,载鲁迅、景宋《两地书全编》,第 437 页。
⑥ 鲁迅:《影的告别》,《语丝》第 4 期,1924 年 12 月 8 日。
⑦ 鲁迅:《240924 致李秉中》,载《鲁迅全集(第十一卷)》,第 452、453 页。

继续思想革命。虽然此时的鲁迅逐渐退回个体独战和内心世界,知道"还得偷生在不明不暗的这'虚妄'中",但他也努力让自己相信"绝望之为虚妄,正与希望相同"。① 事实上,"希望"正在降临,一个激烈巨变的转型时代已经到来,鲁迅置身其中的文化环境和政治环境正在发生着重大的变化。

三、知识阶级的反动与国民革命的兴起

新文化运动的合法性,来自共和政治的乱象和科学民主的优越,但是随着第一次世界大战显示出的西方文明危机、苏俄社会主义革命和五四反帝爱国运动的相继爆发,新文化共识逐渐趋于破裂,最终在经过了"问题与主义"之争和编辑权之争后,《新青年》阵营在 1921 年解体了。其实"问题与主义"之争的实质,就是后五四时代将要转向政治革命的反映,等到了 1922年,即便是反对"主义"转向的胡适,也受够了北洋政府的"腐败政治","忍不住了","发愤要谈政治",他创办了《努力周报》并发表《我们的政治主张》,公开倡导"好政府主义"和"政治改良"。②

胡适此举引发了新文化阵营的不同反应,支持者认为"民国六年的时代从政治鼓吹到思想文艺是很正当的,现在却又应当转过来从思想文艺鼓吹到政治才行"③,反对者则认为"文化比政治尤其重要","'胡适之'三个字之所以可贵,全在先生的革新方法能在思想方面下手"④。然而还不等评论消停,胡适很快就被北洋政府的"猪仔政治"搞到"向壁",他再次意识到"我们还应该向国民思想上多做一番工夫,然后可以谈政的改革"⑤,因而重倡《新青年》的文化之路:

> 《新青年》的使命在于文学革命与思想革命。这个使命不幸中断了,直到今日。倘使《新青年》继续至今,六年不断的作文学思想革命的事业,影响定然不小了。
>
> 我想,我们今后的事业,在于扩充《努力》,使他直接《新青年》三年前未竟的使命,再下二十年不绝的努力,在思想文艺上给中国政治建筑一个可靠的基础。⑥

---

① 鲁迅:《希望》,《语丝》第 10 期,1925 年 1 月 19 日。
② 胡适:《我的歧路!》,《努力周报》第 7 期,1922 年 6 月 18 日。
③ 常乃惪:《常乃惪君来信》,《努力周报》第 7 期,1922 年 6 月 18 日。
④ 孙伏园:《晨报副刊孙伏卢君来信》,《努力周报》第 7 期,1922 年 6 月 18 日。
⑤ 胡适:《一年半的回顾》,《努力周报》第 75 期,1923 年 10 月 21 日。
⑥ 胡适:《胡适致高一涵、陶孟和等》,载中国社会科学院近代史研究所中华民国史研究室编《胡适来往书信选(上)》,中华书局,1979 年,第 217 页。

胡适在文化和政治之间的反复,让我们看到了自由主义者改良政治的困境,他们既不愿在共和范围内取孙中山派"革命原求政治之改良"①的办法,更不愿走陈独秀推翻共和的阶级革命之路,"因为不信根本改造的话,只信那一点一滴的改造,所以我们不谈主义,只谈问题"②,但现实政治堵死了改良之路,他们只能穿上旧鞋,重回《新青年》的文学革命和思想革命,具体表现就是鲁迅后来总结的"整理国故"的学者之路和"崇拜创作"的文学之路。前者意在通过"整理国故"来"再造文明",建构一个以学者和青年为主体的现代"学术社会",后者以创造社为代表,倡导"为艺术而艺术",重在表现作家"内心的要求"以及文学的"全"和"美",试图在丑陋的现实政治之外建立一个"艺术之宫"③。

但是纯粹文化和纯粹文学的追求,使人在获得自身独立性的同时,也丧失了应对社会现实的能力:首先是背离了《新青年》开创的以革新文学文化来革新政治的传统,"学者"态度有违五四平民精神,"美文"意识则丧失了批判性和斗争性;其次是对后五四社会现实走向的重大误判,胡适认为此时"新文化运动、文艺复兴运动就变了质啦,就走上政治一条路上"④,然而在革命者的眼中,恰恰是胡适们成了"与封建势力合流,——官僚化了的'新青年'右派","这以后,中国的文学革命,顿呈出一个反动局面来",具体表现就是:

第一,占领各官僚大学,各文化机关。

第二,鼓吹"好人政府",参加"善后会议"。

第三,提倡国故,标点儒林外史,做小诗,讲趣味。⑤

在20世纪20年代这个政治激变的年代,知识阶级这些依附政府、回归传统的"反向而动"的行为,实际已将自己放在了一个"反动"的地位。而此时的国共两党却提出了解决"共和危机"的更新的路径,他们先后效仿苏联组建列宁式先锋党,然后进行党内合作,用现代革命党取代了民初议会政党模式和五四知识阶级主导思路,试图重回政治革命道路,发起了新的"国民

---

① 黄兴:《致孙中山书》,载田晓青主编《民国思潮读本(第一卷)》,第230页。

② 胡适:《这一周》,《努力周报》第7期,1922年6月18日。

③ 成仿吾:《新文学之使命》,《创造周报》第2号,1923年5月20日。

④ 胡适:《"五四"运动是青年爱国的运动》,载沈寂、陆发春、武菁整理《胡适全集(第22卷)》,安徽教育出版社,2003年,第807页。

⑤ 李初梨:《怎样地建设革命文学?》,《文化批判》第2号,1928年2月15日。

革命"。"这是以列宁殖民地半殖民地国家民族革命运动的构想、共产国际远东革命战略的决策、中国共产党人的阐释,以及孙中山发展三民主义的内涵,确定联俄、联共、扶助农工的策略为基础而确立的"①,它的核心是认为现代中国是"殖民地或半殖民地"的性质,"所以无产阶级革命的时期尚未成熟,只有两阶级联合的国民革命(National Revolution)的时期是已经成熟了"②,基于此,"国民革命含有对内的民主革命和对外的民族革命两个意义"③,而其口号就是"打倒列强除军阀"。

由于国民革命的资产阶级民主革命性质,所以为了实现"各阶级合作",就需要"共同建立一个民主主义的联合战线"④,这其中资产阶级居于领导地位,工人、农民是"革命之主要的动力",而对于知识阶级,则从整体上否定了它作为普遍性领导阶级的可能性,批评"知识阶级没有特殊的经济基础,遂没有坚固不摇的阶级性,所以他主观上浪漫的革命思想,往往一时有超越阶级的幻象",只承认"知识阶级(即士的阶级)中之革命分子,在各阶级间连锁的作用,仍然有不可轻视的地位"。⑤ 为此,陈独秀进一步提出了"在扫荡封建宗法思想的革命战线上"建立"思想革命的联合战线"的口号。⑥

国民革命推行之初,国共两党忙于工农民众的组织与宣传,"在这一时期,中共并没有要领导文化或文学,使之承担起本党宣传工作的使命的确切想法,更没有具体的举措去启动这方面的工作。事实上,就当时中共的力量和影响,也实在无力开展这方面的工作",至于名义上作为领导的国民党,更是无暇顾及文学领域,当时出现的一些"革命文学"的倡导,都是个体性的,"不代表组织或集体的意志",而且也"不具备鲜明的阶级视野"。⑦ 正是因为国共两党忙于革命工作,以及"思想革命的联合战线"策略的存在,文学激进知识阶级就获得了在国民革命中既参与革命又保持文学独立的潜在空间。

不过双方的趋近有一个过程,最初北京知识阶级不但对国民革命缺乏

---

① 邓丽兰主编:《中国现代政治思想通史·现代卷》,中国人民大学出版社,2014年,第70页。

② 独秀(陈独秀):《造国论》,《向导周报》第2期,1922年9月20日。

③ 独秀(陈独秀):《中国国民革命与社会各阶级》,《前锋》第2期,1923年12月1日。

④ 《中共中央第一次对于时局的主张》,载中共中央书记处编《六大以前——党的历史材料》,人民出版社,1980年,第23页。

⑤ 独秀(陈独秀):《中国国民革命与社会各阶级》,《前锋》第2期,1923年12月1日。

⑥ 独秀(陈独秀):《思想革命上的联合战线》,《前锋》第1期,1923年7月1日。

⑦ 杨胜刚:《中国共产党的政治实践与左翼文学》,当代中国出版社,2016年,第33、34、56页。

了解,而且对孙中山也失去了信心,"一般都称他'大炮',说他只会吹牛放炮而没有什么了不起"①,实际上在一大改组前,"国民党作为一支有组织的力量已经完全不存在",甚至"广东人民对孙的政府持强烈反对态度"②。但是,随着1924年年底冯玉祥发动了号称"首都革命"的北京政变,推翻了曹锟的直系政府,他宣布"拥护中山先生主义"并"取名国民军"③,于是孙中山就借助段、孙、冯反直三角联盟的合作,获得了"在北京发起中央革命"④的好机会。国共两党为了宣传自己的新式革命理念,发起"国民会议运动"来和段祺瑞临时政府的"善后会议"竞争,但是段祺瑞拒绝让步,双方逐渐陷入对抗状态,这就为未来的各种冲突埋下伏笔,此后爆发的女师大风潮、第二次"首都革命"和三一八惨案就是这些冲突的反映。

不过,大家最初体会的还是革命带来的各种好处,以"革命"相号召不但赋予了各种变革以正义性,也让北京政变后的舆论环境有了很大松动。"首都革命"之前,"可以说是:文化界最黑暗的时期","当时,中国文艺的刊物,少到几乎没有,在北方,能容纳文艺作品,而为青年所爱好的,是孙伏园主编的《晨报副刊》。在南方,除了《创造》以外,便是商务印书馆以压倒一切姿势,发行的三大杂志:《小说月报》、《东方杂志》、《妇女杂志》等"⑤。"首都革命"之后,通过政变上台的段祺瑞为了获得法理性,也宣称自己是革命政府,"他们对民众运动采取消极不干涉的状态之下,民众本身在政治上的力量,总得遂其相当的发展,所以此刻的群众运动和社团活动都得着充分的自由而尽量作去"⑥,以致"国内短期出版物骤然风起云涌,热闹不可一世"⑦。高长虹对此有切身的感受:

于是,便到了双十节。北京政局起了剧变:即冯玉祥班师是也。

---

① 何柱国:《孙、段、张联合推倒曹、吴的经过》,载杜春和、林斌生、丘权政编《北洋军阀史料选辑(下册)》,中国社会科学出版社,1981年,第125页。

② 《鲍罗廷关于华南形势的札记(1923年12月10日)》,载中共中央党史研究室第一研究部译《联共(布)、共产国际与中国国民革命运动(1920—1925)》,北京图书馆出版社,1997年,第367页。

③ 冯玉祥:《我的生活(下)》,黑龙江人民出版社,1981年,第404页。

④ 孙中山:《在黄埔军官学校的告别演说》,载中山大学档案馆编《孙中山与中山大学——孙中山关于中山大学(原名国立广东大学)的命令、训令、指令、题词及演讲》,中山大学出版社,1999年,第46页。

⑤ 荆有麟:《〈莽原〉时代》,载鲁迅博物馆、鲁迅研究室、《鲁迅研究月刊》选编《鲁迅回忆录(专著)上》,北京出版社,1999年,第199页。

⑥ 《柏经狄三、四月份工作报告(1926年)》,载中共北京市委党史研究室编《北京青年运动史料(1919—1927)》,北京出版社,1990年,第406页。

⑦ 轩:《一年来国内定期出版界略述》,《京报副刊》,1926年1月18日。

应运而来的,一个老朋友所办的被曹政府封闭的日报复活了。我们在那里便又办起两个周刊:一,世界语周刊;一,即狂飙周刊也。狂飙因此也便再生,我同北京出版界的关系也便正式开始了。这一次的政变与北京的出版界是很有关系的,政变以后,定期刊物很出了几种,除五四时期外,怕没有再那样热闹过吧!①

"首都革命"给北京知识阶级传达的最重要信息,并非只是文化舆论环境的这些松动宽容,而是新的政治革命(国民革命)、新的意识形态(新三民主义和马列主义)、新的历史主体(无产阶级)、新的政党政治(列宁党)已经到来,国共两党借助反直三角联盟合作和冯玉祥的国民军的庇护,不但拥有了在北京乃至北方公开活动的合法性,也积极在学生民众和知识阶级中间进行组织宣传,他们一方面"意欲多延北大教授入党,以收荟萃人才之效"②,另一方面努力推动街头政治,尤其是学潮和民运。面对自己曾经贬斥否定的政党政治和曾是自己启蒙对象的学生民众,以文学和文化革命、科学和民主理念、知识阶级主体、同人社团组织为中心的五四群体,忽然从先进转为后进,他们在后五四的时代激变面前,必须努力进行观念的调整和角色的转型。

第二节 "青年必读书"事件与世界主义困境

一、《语丝》与《京报副刊》的创办

由于《新青年》的解体,鲁迅被迫寻找新的言论阵地,他开始在《晨报》《小说月报》《东方杂志》《妇女杂志》等刊物发表文章,其中"销路最广,影响最大的报纸,要算研究系所办的《晨报》了"③,而鲁迅在孙伏园主编《晨报副镌》的1921年10月到1924年10月期间,以其为主阵地先后发表了近六十篇作品。虽然丧失了《新青年》这个重要的新文化运动阵地,但新平台的拓展也让鲁迅开始显露出独立的面目,正如梁实秋指出的:

---

① 长虹(高长虹):《1925,北京出版界形势指掌图》,《狂飙》第5期,1926年11月7日。
② 《汪精卫为北京党务致戴季陶、廖仲恺函(节录)(1924年4月17日)》,载中共北京市委党史研究室编《第一次国共合作在北京》,北京出版社,1989年,第89页。
③ 荆有麟:《〈语丝〉的发刊》,载鲁迅博物馆、鲁迅研究室、《鲁迅研究月刊》选编《鲁迅回忆录(专著)上》,第193页。

周氏兄弟之所以能为文坛盟主,一大半由于《晨报副刊》,而《晨报副刊》之所以成为文坛之要塞,则孙伏园先生之力为多。孙伏园先生卒业于北大国文系,主副刊笔政,俨然以北大派嫡系自居,同时采对"尊周"主义,周即周氏弟兄也。周氏弟兄是副刊特约的撰述员,经孙伏园先生的鼓吹,遂成文坛上之霸主,而伏园先生亦因副刊而起家了。①

"但《晨报》本身,是当时某一派系的机关刊物。它的增出副刊,登载进步文字,只不过借它做幌子,提高他们的地位,作为政治资本。"②具体来说,《晨报副镌》的创办是1918年皖系军阀改组国会的产物,由于研究系被段祺瑞排斥出局,梁启超等人只能"暂舍目前政权之直接争夺,而努力文化运动,谋植将来竞争之稳固地盘者也"③,于是他们推出了一个"中国的文艺复兴"计划,包括办报办刊、派人出国留学、成立共学社讲学社、翻译西方著作和邀请著名学者访华等措施。对了解内情的鲁迅来说,虽然他不满于研究系支持北洋、反对革命的政治立场,但言论阵地的稀缺让他也只能在《晨报副镌》暂时栖身。

情况到了1924年开始出现重大变化,4月中旬,泰戈尔接受梁启超的邀请访华,他基于欧洲一战的悲剧,鼓吹东方文明复活论,从而和梁启超的西方文明破产论呼应,在国内产生了强烈反响。鲁迅碍于自己与《晨报副镌》的投稿关系,当时没有公开批评,但他内心实则很不认同,此外他也看不惯担任泰戈尔翻译的徐志摩,后者作为梁启超的学生在此次事件中大出风头。鲁迅后来多次在文章中讽刺这两个人:

> 印度的诗圣泰戈尔先生光临中国之际,像一大瓶好香水似地很熏上了几位先生们以文气和玄气。(《论照相之类》)
>
> 那时的《晨报副刊》,编辑尚不是陪过泰戈尔先生的"诗哲",也还未负有逼死别人,掐死自己的使命。(《再来一次》)
>
> 印度有一个泰戈尔。这泰戈尔到过震旦来,改名竺震旦。因为这竺震旦做过一本《新月集》,所以这震旦就有了一个新月社……(《辞"大义"》)

---

① 徐丹甫(梁实秋):《北京文艺界之分门别户》,载黎照编注《鲁迅梁实秋论战实录》,华龄出版社,1997年,第47页。

② 李小峰:《鲁迅先生与〈语丝〉的诞生》,载鲁迅博物馆、鲁迅研究室、《鲁迅研究月刊》选编《鲁迅回忆录(散篇)上》,北京出版社,1999年,第287页。

③ 谢彬:《民国政党史》,中华书局,2007年,第178页。

　　而政治形势的变化开始激化这些文化分歧。1924 年夏天,国共两党发起了反帝废约运动和群众性浪潮,受到感召的孙伏园,频繁在《晨报副镌》登载讨论苏俄问题和批判时政的文章,这让一向反对国民党和苏俄的研究系老板非常不满,由此引发了编辑权的争夺:

> 　　因为《晨报》后台老板研究系人物,虽可在北洋军阀面前大谈科学与文艺,但中山先生的北上,及他所带来的政治主张与思潮,已使《晨报》老板有些恐慌了。于是他们不满于再起的青年运动。更不满于孙伏园所编的副刊。因为当时副刊上,不只是登些辛辣的文艺作品,有时还登载批评政治,批评社会的杂感与论文。在这种形势下,伏园被逼而离开《晨报》了。①

　　实际上,《晨报》的高层一直想用徐志摩换掉孙伏园,"他们向伏园进攻第一步骤是经常在副刊上做文章,逐渐把所占的篇幅扩大,而把伏园所约的稿子挤出去"②,先是 1924 年 7 月周作人在《晨报副镌》连载《徐文长的故事》,但不久被代理主编刘勉己以其讽刺叔叔刘崧山为由禁载,然后是 10 月 3 日鲁迅的打油诗《我的失恋》被刘勉己看出是讽刺徐志摩③,于是将其撤稿,此事直接导致孙伏园的愤然辞职。

　　《我的失恋》的撤稿成为决裂的触媒,确实存在偶然因素,但是"晨报馆的压迫伏园,伏园的愤而辞职,并不单纯为了《我的失恋》那首诗"④,双方本来就是基于《新青年》解体和新文化落潮而形成的暂时合作关系,如今随着北京文化政治形势的变化,一方渐趋革命激进,一方则保守反动,所以孙伏园的辞职就成了双方矛盾激化的必然结果。而此事也随即引发了连锁反应,"结果是孙伏园先生飘然引去,另办京报副刊,周氏弟兄也随之脱离晨报关系。晨报社改聘了徐志摩先生为副刊编辑。文艺界的门户之争,从此开始"⑤。具体情况据参与其中的荆有麟说:

---

① 荆有麟:《〈京报〉的崛起》,载鲁迅博物馆、鲁迅研究室、《鲁迅研究月刊》选编《鲁迅回忆录(专著)上》,第 183、184 页。按,文中的青年运动和革命风潮应是 1924 年夏天国共两党发起的反帝废约运动,因为孙中山 1924 年 11 月 3 日北上,孙伏园 10 月离开晨报。

② 李小峰:《鲁迅先生与〈语丝〉的诞生》,载鲁迅博物馆、鲁迅研究室、《鲁迅研究月刊》选编《鲁迅回忆录(散篇)上》,第 287 页。

③ 关于此事的具体讨论参看邱焕星:《鲁迅与徐志摩:新知识阶级的后五四分裂》,《中国现代文学研究丛刊》2021 年第 10 期。

④ 李小峰:《鲁迅先生与〈语丝〉的诞生》,载鲁迅博物馆、鲁迅研究室、《鲁迅研究月刊》选编《鲁迅回忆录(散篇)上》,第 286 页。

⑤ 徐丹甫(梁实秋):《北京文艺界之分门别户》,载黎照编注《鲁迅梁实秋论战实录》,第 48 页。

伏园辞职之后,第一感觉到的,就是非弄个事情作作不可。第二是:常写文章的人,忽然没有合适的发表地方,也有些个舒服。因为当时的北京,杂志是意外地少,《努力评论》,是胡适之先生发表政论的机关杂志,刚出版的《现代评论》,又是有政府靠山的宣传机关。至于报章,虽然已经都有了副刊,但《顺天时报副刊》,是为日本而说话,邵飘萍的《京报副刊》,是专捧女戏子,《黄报副刊》,就是专登那"阿呀呀,我要死了"的发源地。闹得当时原在《晨报副刊》上发表作品的人,简直没有插足的地方了,于是本来闲不住的伏园,在打听过报纸四开大的刊物,如印一千份,纸张印刷共总不要十元钱。①

孙伏园专门到鲁迅家里征求了他的同意,然后"邀集一些较为接近且曾为《晨报副镌》撰稿的作者担任撰述,以与晨报副刊相对抗,并给予他们一些打击"②,先是在 1924 年 11 月 17 日创办了《语丝》,然后又在 12 月 5 日创办了《京报副刊》,据孙伏园回忆:

> 《京报》听说我辞去了《晨报附刊》的职务,总编辑邵飘萍就来找我去办《京报副刊》。我觉得《京报》的发行数少(约三四千份,《晨报》有将近一万份),社会地位也不如《晨报》,很不想去。但鲁迅先生却竭力主张我去《京报》,他说,一定要出这一口气,非把《京报副刊》办好不可。一九二四年十二月五日,《京报副刊》就出版了。邵飘萍倒很能干,但帮忙的人不多,等于一个人办一个报,也没什么规章、制度,经济也很困难,有时连稿费都没有。但是鲁迅先生却不在意这一些,还是像支持《晨报附刊》一样地支持《京报副刊》……③

事情的发展出乎各方预料,本来"当时的《京报》,以消息灵通见长。故在政界上很有势力,但因编辑方法呆板,又少学术空气,所以在青年界,没有引起注意,可是伏园一进去,情景便大不同了。当时报纸的销路增加,连邵

---

① 荆有麟:《〈语丝〉的发刊》,载鲁迅博物馆、鲁迅研究室、《鲁迅研究月刊》选编《鲁迅回忆录(专著)上》,第 194 页。按,其中《现代评论》创刊于 12 月 13 日,晚于《语丝》,应是回忆错误。
② 李小峰:《鲁迅先生与〈语丝〉的诞生》,载鲁迅博物馆、鲁迅研究室、《鲁迅研究月刊》选编《鲁迅回忆录(散篇)上》,第 288 页。
③ 孙伏园:《鲁迅和当年北京的几个副刊》,载孙伏园、孙福熙著,章征天、张能耿、裘士雄编《孙氏兄弟谈鲁迅》,新星出版社,2006 年,第 64 页。

飘萍本人,都为之吃惊,他看出了文化的力量"①,但《晨报》的情况反过来了,其发行量迅速下降,"似乎也颇受些打击,曾经和伏园来说和"②,可见情形之狼狈。而这里最值得注意的问题是:"《京报副刊》一出版,为什么就会发生这样大影响呢?"荆有麟认为是后五四时代的政治激变所致:

> 当时正是民国十三年冬天,国父孙中山先生在北上,激起了北方青年界的行动,就是原是在苦闷中过生活的青年,听了中山先生的言论同主张,不特明瞭了现实的环境,是渐趋灭亡的漆黑一团。还更明瞭了要改造——甚至打破黑暗的环境,是非自己站出来领导群众,来做扫荡工作不可,于是青年们,三三五五,结社了,入党了。总之:不问思想上的目的如何,大家在冲破黑暗的现实这一点上,是需要集团的力量来发挥,开展。可惜的,是作为社会先导的报纸,在当时还没有一种能尽这种报导或指示的任务。③

正是在这种情况下,"《晨报》的渐趋灰色态度,已为青年所不满",所以他们"纷纷订阅《京报》","于是《京报》风靡北方了,终至发生'洛阳纸贵'现象"。④ 从这个角度看,鲁迅虽然丧失了《晨报副镌》这个长达三年的重要阵地,但也摆脱了研究系带来的各种言说不自由的束缚,进而在开拓《语丝》和《京报副刊》这些新阵地后,获得了更大的发展空间。虽然当时这是不得已而为之,却在无意中契合了北京正在蓬勃兴起的国民革命大潮。

不仅如此,鲁迅也开始和英美留学生、研究系和新月社产生矛盾,这其实延续了《新青年》解体以来的知识阶级分化过程,五四时期的新旧之争逐渐演变为此时新文化阵营的内部争斗。但与之前的五四之争不同的是,此时的分化不仅基于文化认同差异,还开始加入政治分歧,并且在国民革命的激化之下,双方的纷争不再和和气气,而是越来越尖锐激烈。

二、"少看中国书"与批判"整理国故"

虽然"首都革命"带来了北京政治环境和文化环境的剧烈变化,并且鲁

---

① 荆有麟:《〈莽原〉时代》,载鲁迅博物馆、鲁迅研究室、《鲁迅研究月刊》选编《鲁迅回忆录(专著)上》,第200页。
② 鲁迅:《我和〈语丝〉的始终》,载《鲁迅全集(第四卷)》,第171页。
③ 荆有麟:《〈京报〉的崛起》,载鲁迅博物馆、鲁迅研究室、《鲁迅研究月刊》选编《鲁迅回忆录(专著)上》,第183页。
④ 荆有麟:《〈京报〉的崛起》,载鲁迅博物馆、鲁迅研究室、《鲁迅研究月刊》选编《鲁迅回忆录(专著)上》,第187、189页。

迅也因时变而动了起来,但他的兴趣点仍在文化革命而非政治革命上,此时发生的林纾之死和溥仪出宫两件事,引起了他的强烈关注。

1924 年 10 月 9 日,以反对白话文著称的林纾去世,然而鲁迅发现《语丝》同人态度暧昧,周作人公开表示林纾"在中国文学上的功绩是不可泯没的","终是我们的师"①,而刘半农也从巴黎来信表示"经你一说,真叫我们后悔当初之过于唐突前辈"②。接着是 11 月 5 日冯玉祥将逊帝溥仪驱逐出宫,遗老遗少们得知"噩耗传来,无中外,无男女,无少长,均斥其荒谬绝伦"③,而"市民等大为惊异。旋即谣言四起,咸谓冯氏此举,既大背民国优待清室之信约,而夺取玉玺,尤属荒谬"④,最令人吃惊的是新知识阶级的态度,胡适竟然公开批评"堂堂的民国,欺人之弱,乘人之丧,以强暴行之,这真是民国史上的一件最不名誉的事"⑤,此信在《晨报》发表后,引起了轩然大波。

这些复古论调让鲁迅非常愤怒,他先是将之前批评胡适"整理国故"的演讲整理后,发表在《京报副刊》上,强调"若拿了这面旗子来号召,那就是要中国永远与世界隔绝了"⑥,然后他做了"咬文嚼字"系列杂感,批评传统思想的束缚,但没想到一开手就碰了个"大钉子",一些读者发来批评,认为这些都是"无聊"的"滥调"。⑦ 受到强烈刺激的鲁迅,"觉得有许多民国国民而是民国的敌人","民国的来源,实在已经失传了"⑧,而原因就在于"难于改变"的"国民性",它既包括"自诩古文明者流""诬告新文明者流",也包括"假冒新文明者流"。⑨ 正是在这种情况下,鲁迅参与了孙伏园在《京报副刊》举行的"一九二五新年本刊之二大征求"活动,填了自己心目中的"青年必读书",他一方面强调自己"从来没有留心过,所以现在说不出",另一方面又在"附注"中指出:

> 我看中国书时,总觉得就沉静下去,与实人生离开;读外国书——但除了印度——时,往往就与人生接触,想做点事。
>
> 中国书虽有劝人入世的话,也多是僵尸的乐观;外国书即使是颓唐

---

① 开明(周作人):《林琴南与罗振玉》,《语丝》第 3 期,1924 年 12 月 1 日。
② 刘复(刘半农):《巴黎通信》,《语丝》第 20 期,1925 年 3 月 30 日。
③ 陈夔龙:《梦蕉亭杂记》,山西古籍出版社,1996 年,第 136 页。
④ 《三百年清运昨日告终》,《顺天时报》,1924 年 11 月 6 日。
⑤ 胡适:《胡适致王正廷(稿)》,载中国社会科学院近代史研究所中华民国史研究室编《胡适来往书信选(上)》,第 268 页。
⑥ 鲁迅:《未有天才之前》,《京报副刊》,1924 年 12 月 27 日。
⑦ 江震亚:《"无聊"?"滥调"?》,《京报副刊》,1925 年 1 月 30 日。
⑧ 鲁迅:《忽然想到(三)》,《京报副刊》,1925 年 2 月 14 日。
⑨ 鲁迅:《忽然想到(四)》,《京报副刊》,1925 年 2 月 20 日。

和厌世的,但却是活人的颓唐和厌世。

我以为要少——或者竟不——看中国书,多看外国书。

少看中国书,其结果不过不能作文而已。但现在的青年最要紧的是"行",不是"言"。只要是活人,不能作文算什么大不了的事。①

实际上,孙伏园 1925 年 1 月 4 日发起的"青年爱读书十部"和"青年必读书十部"两大征求,是对 1923 年胡适和梁启超为清华学生开国学书目的模仿,而鲁迅的"少看中国书"也延续了当时吴稚晖的"不看中国书"主张。

1923 年 2 月,《清华周刊》邀请胡适和梁启超为即将留学的清华学生开一份"最低限度的国学书目",胡适开了《一个最低限度的国学书目》,梁启超则开了《国学入门书要目及其读法》,两人的分歧论争在媒体助推下,最终发酵成一个全国性的文化事件。其实,整个事件都是胡适 1919 年倡导的"整理国故"的延续,此举意在"研究问题,输入学理,整理国故,再造文明",因为"文明不是笼统造成的,是一点一滴的造成的。进化不是一晚上笼统进化的,是一点一滴的进化的"。② 不过新文化阵营内部颇有分歧,支持胡适的顾颉刚就认为"这虽然翻老古董,实于创造新文化上有极大的效力。我对于钱玄同辈的有新无旧一派有极好的譬喻:他们仿佛以为人类是可以由上帝劈空造出来的,不必由微小的生机而虫而鱼而禽而兽的进化来的。劈空造出来果然是很新鲜,不带着一些旧的色彩,没奈何只成一个弹指楼台的幻境罢了"③,但是周作人指出"我看现在思想界的情形,推测将来的趋势,不禁使我深抱杞忧,因为据我看来,这是一个国粹主义勃兴的局面,他的必然的两种倾向是复古与排外"④,胡适觉得周作人太过悲观,在他看来,即便国粹主义真在勃兴,"都只是退潮的一点回波,乐终的一点尾声"⑤。

然而周作人的担忧很快成了现实,随着 1923 年国学书目事件和科学与玄学论战的爆发,此前被打压的旧派开始抬头,"于是那班遗老遗少都想借此为护符,趁国内学者有研究国故倾向的机遇,来干'思想复辟'的事业"⑥,甚至"国立大学拿'整理国故'做入学试题;副刊杂志看国故文字为最时髦

---

① 鲁迅:《青年必读书》,《京报副刊》,1925 年 2 月 21 日。
② 胡适:《新思潮的意义》,《新青年》第 7 卷第 1 号,1919 年 12 月 1 日。
③ 顾颉刚:《顾颉刚遗札·与伯祥书》,载王元化主编《学术集林(卷一)》,上海远东出版社,1994 年,第 258 页。
④ 仲密(周作人):《思想界的倾向》,《晨报副镌》,1922 年 4 月 23 日。
⑤ Q.V.(胡适):《读仲密君〈思想界的倾向〉》,《晨报副镌》,1922 年 4 月 27 日。
⑥ 曹聚仁:《为"国故"呼冤》,《民国日报·觉悟》,1924 年 3 月 26 日。

的题目。结果是线装书的价钱,十年以来,涨了二三倍"①。正是在这种情况下,陈独秀公开撰文批评胡适和曹聚仁"妙想天开,要在粪秽里寻找香水"②,最激烈的则是吴稚晖,他倡导"不看中国书",批评"整理国故"是"洋八股""遮丑的西化国粹",主张把线装书"丢在毛厕里三十年,现今鼓吹成一个干燥无味的物质文明,人家用机关枪打来,我也用机关枪对打,把中国站住了,再整理什么国故,毫不嫌迟"。③

鲁迅最初对"整理国故"并未明显排斥,他自己一直在做古小说钩沉,1923、1924 年也先后出版了《中国小说史略》上下卷,他还为小说考证多次和胡适通信讨论。但是,鲁迅一直把国故当作"学术资源"而非"思想资源",随着"整理国故"带来的负面影响越来越明显,从 1924 年开始,他就在《对于"笑话"的笑话》《望勿纠正》等杂文中讥讽胡适,并在 1924 年 1 月 17 日北师大附中所做的演讲中,将批判矛头直指"整理国故",他说:"我总不信在旧马褂未曾洗净叠好之前,便不能做一件新马褂","老先生要整理国故,当然不妨去埋在南窗下读死书,至于青年,却自有他们的活学问和新艺术,各干各事,也还没有大妨害的,但若拿了这面旗子来号召,那就是要中国永远与世界隔绝了"。④ 到了 1924 年年底,鲁迅又将这个演讲以《未有天才之前》为名公开发表,显然是在宣告自己与胡适的决裂。本来鲁迅并不想参与"青年必读书"投票,但是在林纾之死、溥仪出宫、"咬文嚼字"论争的刺激下,他决定针对《京报副刊》"二大征求"中仍旧是国学占主导的情况,公开表明自己对"整理国故"的批判态度,因此提出"少看中国书"。

虽然鲁迅的"少看中国书"和吴稚晖的"不看中国书"都是对胡适"整理国故"的批评,但两人的提出语境有明显不同,因而所开药方也大有不同。吴稚晖批判"整理国故",主要基于当时的"科玄论战"大背景,其批判对象是"玄学鬼",表现出对精神文明理学化的轻视,所以他重视西方的科学技术和物质文明。但是鲁迅对"整理国故"的批评,具有内外双重向度,其"新中带旧"的批判除指向民众的国民劣根性外,更指向新知识阶级以及自己身上的"毒气""鬼气",因而在其逻辑里,必然要继续完成新文化运动的思想革命。与此相反,吴稚晖的思路是回到晚清的船坚炮利和富国强兵,他并不看重思想革命、人文精神和知识阶级的作用,因而罗家伦就指出"他的错处,在

---

① 西滢(陈西滢):《"整理国故"与"打鬼"》,《现代评论》第 5 卷第 119 期,1927 年 3 月 19 日。
② 独秀(陈独秀):《国学》,《前锋》第 1 期,1923 年 7 月 1 日。
③ 吴敬恒(吴稚晖):《箴洋八股化之理学》,《晨报副镌》,1923 年 7 月 23 日。
④ 鲁迅:《未有天才之前》,《京报副刊》,1924 年 12 月 27 日。

于认西洋文明只是工业文明","把科学的本体和精神,可以说是一笔抹杀"①,林语堂也批评"机关枪鬼"或"摩托精"迷住了吴稚晖,强调"急求实用的学问未必是最有帮助社会的学问;不肯做许多迂腐学问苦工的人不能于学术界有大发明;为学问而学问的精神比为实用而学问的精神到底于学问有益"②。

　　正是基于科学与玄学、物质与精神的对立,吴稚晖才提出了"不看中国书",甚至把线装书"丢在毛厕里三十年"的主张,但鲁迅并不持这种二元对立思维,他既看重科学又看重精神,既批判传统、学习西方,又知道自己活在明暗之间,所以他提出的办法是"少看中国书,多看外国书",这既不是相对于吴稚晖立场的退步,又不是对胡适"整理国故"斗争的不彻底性,而是对自己"彷徨于明暗之间""灵魂里有毒气和鬼气"的一种清晰自觉。

三、"多看外国书"与民族主义攻击

　　出乎鲁迅意料的是,他在《京报副刊》发表了自己的主张后,发现遭遇和之前的"咬文嚼字"系列一样,持续触碰"大钉子","署名和匿名的豪杰之士的骂信,收了一大捆"③。这让鲁迅非常困惑和愤怒,因为在此之前的古今中西之争中,譬如《新青年》与林纾、《新潮》与《国故》的论战,一向都是支持西化现代化的新派占据舆论优势,而支持国故和传统的旧派明显处于弱势。即便1923年罗家伦和林语堂等人批评了吴稚晖——可那也只是新派阵营内部的不同意见,他们在信奉科学、学习西方上与吴稚晖并无二致,区别只在于程度的差异,事实上吴稚晖当时风头无二,一度取代胡适成了意见领袖。按说鲁迅的"少看中国书"承袭了吴的"不看中国书"且有所缓和,并且他倡导的"青年最要紧的是'行',不是'言'",同当时青年们"差不多没有一个月不发生一两次风潮,不是罢课就是罢工"④的时代形势也很匹配,但为何1923年吴稚晖大出风头,而1925年却是鲁迅挨骂呢?

　　如果仔细看一下这些批评意见,会发现它们大多针对鲁迅提出的"多看外国书"而非"不看中国书",因此反复出现的一个核心词是"卖国":譬如郝广盛讽刺鲁迅两只脚"踏在外国",只会"说话俏皮"⑤;柯柏森斥责鲁迅是

①　罗家伦:《罗志希先生来信》,《晨报副镌》,1923年10月19日。
②　林玉堂(林语堂):《科学与经书》,《晨报五周年纪念增刊号》,1923年12月1日。
③　鲁迅:《华盖集题记》,《莽原》半月刊第2期,1926年1月25日。
④　蒋梦麟:《西潮·新潮》,岳麓书社,2000年,第137页。
⑤　瞎咀(郝广盛):《我希望鲁迅先生"行"》,载王世家编《青年必读书——一九二五年〈京报副刊〉"二大征求"资料汇编》,河南大学出版社,2006年,第230页。

"卖国贼"①和"醉心外国文明打洋人马屁的学者"②;熊以谦批评鲁迅"尊崇外国","贻误青年"③;袁小虚暗讽鲁迅是"一般会放洋屁,夜郎自大的洋奴"④。但是从鲁迅的反应来看,他把这些批评者归入国粹派,认为"这些声音,可以吓洋车夫,但是无力保存国粹的,或者倒反更丢国粹的脸"⑤,所以与批评者着眼于"多看外国书"不同,鲁迅反击时更多强调"中国书"之弊犹如酒精伤胃,自己提倡"少看中国书"是"纵酒"之人的现身说法⑥,而"多读外国书"也不会变成外国人,即便外国人真来灭了中国,"但是还要奖励你多读中国书"⑦。鲁迅的学生董秋芳在替老师辩护时,也认为这些批评者全是"僵尸的复辟思想""腐败的卫道话""迷恋古人的精神和替古人装腔"⑧。

然而鲁迅明显误判了这些批评者,他们不但讽刺鲁迅崇洋媚外,也抨击了"保存国粹家"⑨,其为"中国书"辩护更多是基于反帝爱国的民族感情,并非为了保存国粹。譬如喜旺木批评"近来遗老运动恢复帝号,青年熟视无睹,甚至还有表同情于总商会者",认为"非把民族思想与民族主义预先灌输进去,借以防御,后患将不胜言"⑩,弗里曼则批评两大征求的结果"大都是字纸篓的蔗渣,青年人是不喜欢咬嚼的",因为中国青年正在"国际资本式的帝国主义和国内为帝国主义走狗的封建式的政客武人"这两重压迫下面生活着⑪。从这些言论里,不难看出国共两党反帝反封建宣传的显著影响,在经过了对泰戈尔访华的批判、反帝废约运动、孙中山北上和国民会议运动之后,国民革命理念已经在北京得到大力推广。所以,那些批评鲁迅的文章才会出现这样的话:"不但要实行搬到外国住,并且要到善后会议出席'宣传这种主义!'"⑫

---

① 柯柏森:《偏见的经验》,《京报副刊》,1925 年 3 月 5 日。
② 柯柏森:《谢谢!——柯柏森致鲁迅》,载王世家编《青年必读书——一九二五年〈京报副刊〉"二大征求"资料汇编》,第 254 页。
③ 熊以谦:《奇哉!所谓鲁迅先生的话》,《京报副刊》,1925 年 3 月 8 日。
④ 袁小虚:《为中国书打抱不平》,载王世家编《青年必读书——一九二五年〈京报副刊〉"二大征求"资料汇编》,第 246 页。
⑤ 鲁迅:《聊答"……"》,《京报副刊》,1925 年 3 月 5 日。
⑥ 鲁迅:《这是这么一个意思》,《京报副刊》,1925 年 4 月 3 日。
⑦ 鲁迅:《报〈奇哉所谓……〉》,《京报副刊》,1925 年 3 月 8 日。
⑧ 董秋芳:《斥熊以谦》,载王世家编《青年必读书——一九二五年〈京报副刊〉"二大征求"资料汇编》,第 294、295 页。
⑨ 瞎咀(郝广盛):《我希望鲁迅先生"行"》,载王世家编《青年必读书——一九二五年〈京报副刊〉"二大征求"资料汇编》,第 230 页。
⑩ 喜旺木:《近世史的知识》,《京报副刊》,1925 年 2 月 21 日。
⑪ 弗里曼:《字纸篓的蔗渣》,《京报副刊》,1925 年 2 月 27 日。
⑫ 瞎咀(郝广盛):《我希望鲁迅先生"行"》,载王世家编《青年必读书——一九二五年〈京报副刊〉"二大征求"资料汇编》,第 230 页。

"最近国人天天喊叫要打倒的帝国主义侵略,没有所谓留学外国的'亲日亲英亲法……派'做巴结的勾当,虽使外国富强到极点,敢说不会'不翼而飞'走进中国来呢"①。正是在国民革命的宣传效应下,鲁迅的言论被他们视作"贻误青年"的卖国行为,"若中国人熟精外国书,不学中国书了,最好是一个中国骨骼外国皮毛的杂种人",因此"是中国人必须多读中国书,才是中国人"。②

显然,20世纪20年代中期的文化政治环境发生了重大变化,这些受国民革命影响而支持中国书的青年一代,对中外之别的关注压倒了古今之辨,他们开始批判世界主义,将其视为西方帝国主义对中国的欺骗和压迫。而他们对中国书的看重,更多基于民族主义立场,并非真是热爱国学书籍,实际上他们所接受的多半是现代西方教育,国学对其而言不但不再是"思想资源",而且不再是"学术资源",逐渐趋于一种纯粹的"知识资源"。所以有些更看重行动的批评者,甚至觉得青年必读书的书目太偏于"文学书","这类文学书,因想到中国的青年太消极了,太不注意实际问题了"③,"也应当把文学书搁在一边,而来研究国家致弱,人民致困的原因并谋如何救之之道。换句话说,就是应当爱读政治,社会……方面的书","要爱读研究何以打倒军阀,推翻帝国主义的论文和书籍!"④

鲁迅虽然也提出了"青年最要紧的是'行',不是'言'",但他指的是青年们去参与五四式"思想革命",鲁迅无意也无力提出像革命政党那样的具体的社会变革计划,然而青年一代很多人的兴趣已经开始转向政治行动,社会科学和新型政党正在取代文学文化和知识阶级。鲁迅这些五四一代通过"古今中西"的转换,以"今"和"西"来批判"古"和"中",从而斗倒了复古守旧派,但在更新的、接受了反帝爱国思想的青年一代面前,世界主义和西方立场开始遭遇质疑。同样属于五四一代的朱自清,对这个从"思想的革命"(新文化运动)到"政治的革命"(国民革命)再到"经济的革命"(共产革命)的急剧转向时代,有过切身的落伍体验:

> 三四年来,社会科学的书籍,特别是关于社会革命的,销场渐渐地

---

① 柯柏森:《谢谢! ——柯柏森致鲁迅》,载王世家编《青年必读书——一九二五年〈京报副刊〉"二大征求"资料汇编》,第254页。

② 袁小虚:《为中国书打抱不平》,载王世家编《青年必读书——一九二五年〈京报副刊〉"二大征求"资料汇编》,第247、248页。

③ 周十力:《读〈读呜呼 中国的青年〉——答梅龚先生》,《京报副刊》,1925年3月16日。

④ 周十力:《呜呼 中国的青年》,《京报副刊》,1925年3月10日。

增广了,文学,哲学反倒被压下去了;直到革命爆发为止。在这革命的时期,一切的价值都归于实际的行动;军士们的枪,宣传部的笔和舌,做了两个急先锋。只要一些大同小异的传单,小册子,便已足用;社会革命的书籍亦已无须,更不用提什么文学,哲学了。这时期"一切权力属于党"。①

这些逐渐掌握了新思想武器的青年批判者,不但因其新潮变得自信,并且因其自信而言辞激烈,以至于孙伏园不敢把收到的稿件都登在《京报副刊》上,而是把那些偏于骂詈的书信转给了鲁迅。鲁迅对于自己被指控"卖国"虽然非常生气,最初也表示"我对于你们一流人物,退让得够了"②,但随着对方言论越来越趋于谩骂,他开始进行激烈反击,称对方都是"不省人事之谈"③,然而这随即引来了更多的批评。在这些信中,有人斥责鲁迅"恼羞成怒,出以无谓之强辩""骂不成话,不如放屁"④,有人批评他缺乏诚意,"观其口吻,心中是很不耐烦的,柯先生是不配批评他的"⑤,也有人说"鲁迅先生给警官柯先生的回信,开场几句话,说得有多难听,大意思是说:'我现在是不愿意,和你们这一流人物谈话'咳!这是怎样的欺蔑!"⑥实际上,论争是一个交互攻击、火上浇油的过程,"鲁迅先生何以如此傲慢,自是柯先生激出来的,柯先生的粗语痛讥,又是鲁迅先生的'经验'引出来的"⑦,最终这些骂与回骂让这场论争逐渐变成了一场"笔墨官司"。

"青年必读书"事件和之前的"咬文嚼字"系列先后发生,这是鲁迅从文以来第一次被青年们围攻——这给了鲁迅强烈的刺激,以至于他在年底表示"这一年的大事件也可以算是很多的了,我竟往往没有论及,似乎无所感触","我今年偏遇到这些小事情,而偏有执滞于小事情的脾气",而最让其印象深刻的,就是"我今年开手作杂感时,就碰了两个大钉子:一是为了《咬文嚼字》,一是为了《青年必读书》。署名和匿名的豪杰之士

---

① 自清(朱自清):《那里走》,《一般》第 4 卷第 3 期,1928 年 3 月。
② 鲁迅:《聊答"……"》,《京报副刊》,1925 年 3 月 5 日。
③ 鲁迅:《报〈奇哉所谓……〉》,《京报副刊》,1925 年 3 月 8 日。
④ 袁小虚:《为中国书打抱不平》,载王世家编《青年必读书——一九二五年〈京报副刊〉"二大征求"资料汇编》,第 246、248 页。
⑤ 张空空:《真是偏见的经验》,载王世家编《青年必读书——一九二五年〈京报副刊〉"二大征求"资料汇编》,第 252 页。
⑥ 笨伯:《笨伯致孙伏园》,载王世家编《青年必读书——一九二五年〈京报副刊〉"二大征求"资料汇编》,第 272 页。
⑦ 张空空:《真是偏见的经验》,载王世家编《青年必读书——一九二五年〈京报副刊〉"二大征求"资料汇编》,第 253 页。

的骂信,收了一大捆,至今还塞在书架下"。① 在这两件事的体验中,又以"青年必读书"事件更为深刻强烈,鲁迅不久后在给《猛进》主编徐旭生的信中这样强调:

> 前三四年有一派思潮,毁了事情颇不少。学者多劝人踱进研究室,文人说最好是搬入艺术之官,直到现在都还不大出来,不知道他们在那里面情形怎样。这虽然是自己愿意,但一大半也因新思想而仍中了"老法子"的计。我新近才看出这圈套,就是从"青年必读书"事件以来,很收些赞同和嘲骂的信,凡赞同者,都很坦白,并无什么恭维。如果开首称我为什么"学者""文学家"的,则下面一定是谩骂。②

不难看出,此事给鲁迅的最大刺激是让他意识到"新思想而仍中了'老法子'的计",这和川岛此前所言的"又上了胡适之的当"③的意思是一样的,后五四社会正是因此失传"民国精神",逐渐陷入了"轮回把戏"④,而解决问题的办法只有"什么都要从新做过"⑤。

第三节　重启思想革命与批判 "特殊智识阶级"

一、重启思想革命与"化为泼皮相骂相打"

在发现"新思想而仍中了'老法子'的计"之后,鲁迅最初对于如何行动并没有明确的构想,此时的他内外交困:逐渐和胡适等英美派新知识阶级分离,又和革命青年们存在着认知错位;既想在"整理国故"之外寻求新的解决路径,又无法从根本上脱离思想革命而采用政治革命的方式,然而青年们正在从文化转向政治,从言论转向行动,从世界主义转向民族主义。

不过时代的激变对鲁迅而言,既面临着危机,又孕育着生机。1925 年 3月,《青年爱读书特刊》公布最后结果,鲁迅的《呐喊》位居第四,是所有在世

---

① 鲁迅:《华盖集题记》,《莽原》半月刊第 2 期,1926 年 1 月 25 日。
② 鲁迅:《通讯》,《猛进》第 5 期,1925 年 4 月 3 日。
③ 川岛(章廷谦):《"又上了胡适之的当"》,《语丝》第 5 期,1924 年 12 月 15 日。
④ 鲁迅:《忽然想到(四)》,《京报副刊》,1925 年 2 月 20 日。
⑤ 鲁迅:《忽然想到(三)》,《京报副刊》,1925 年 2 月 14 日。

作家的第一名,胡适第十、冰心第十三、陈独秀第十四、周作人第十七,其余全是占籍。① 显然,鲁迅最初更多看到了这次论争的负面意义,实际上他是此次"二大征求"的最大受益者。五四时鲁迅的名声不出文学圈,影响力不但不如胡适和陈独秀,甚至"在《呐喊》出版以前,是远赶不上周作人的。《呐喊》出版以后,看的人多了,名气也广播起来了"②。1925年年初的鲁迅已经被推崇者视为"新文学的第一个开拓者",取代了声名下降的胡适,被认为"在中国文学史上用实力给我们划了一个新时代,虽然他并没有高唱文学革命论"。③ 所以,"青年必读书"的论争和投票结果,实际显示出后五四时代存在着两种青年:一种是拥护国民革命和坚持反帝爱国的"革命青年";一种是喜爱鲁迅和新文学的"文学青年","他们所选的书,十分之九都是文学书"④。也正是这些文学青年的存在,给了鲁迅新的希望,他们视"鲁先生乃青年前面的人"⑤和"青年的领袖"⑥。

正是在经过了"青年必读书"事件的正反向刺激之后,鲁迅决定"出了象牙之塔",他先是在3月2日写的《过客》中,通过寓言表示自己明知前面是坟,但"我只得走","我不回转去"⑦。接着又在3月11日给许广平的信中,一方面承认"我连自己也没有指南针,到现在还是乱闯",另一方面又强调"还是跨过去,在刺丛里姑且走走","专与苦痛捣乱,将无赖手段当做胜利,硬唱凯歌,算是乐趣"。⑧ 3月12日看了新创刊的《猛进》后,鲁迅致信徐旭生,表示"'反改革'的空气浓厚透顶了,满车的'祖传','老例','国粹'等等",而青年的论调"简直和'戊戌政变'的反对改革者的论调一模一样"⑨,但他认为徐旭生提出的"强聒不舍"的药方是无效的,所以主张:

> 我想,现在的办法,首先也还得用于几年以前《新青年》上已经说过的"思想革命"。还是这一句话,虽然未免可悲,但我以为除此没有别的法。而且还是准备思想革命的战士,和目下的社会无关,待到战士养成

① 记者(孙伏园):《统计的结果》,载《京报副刊青年爱读书特刊(一)》,1925年4月。

② 高长虹:《一点回忆——关于鲁迅和我》,载山西省盂县《高长虹全集》编辑委员会编《高长虹全集(第四卷)》,中央编译出版社,2010年,第354页。

③ 张定璜:《鲁迅先生(下)》,《现代评论》第1卷第8期,1925年1月31日。

④ 周十力:《呜呼 中国的青年》,《京报副刊》,1925年3月10日。

⑤ 熊以谦:《奇哉! 所谓鲁迅先生的话》,《京报副刊》,1925年3月8日。

⑥ 瞎咀(郝广盛):《我希望鲁迅先生"行"》,载王世家编《青年必读书——一九二五年〈京报副刊〉"二大征求"资料汇编》,第230页。

⑦ 鲁迅:《过客》,《语丝》第17期,1925年3月9日。

⑧ 鲁迅:《250311 致许广平》,载鲁迅、景宋《两地书全编》,第394、395页。

⑨ 鲁迅:《通讯》,《猛进》第3期,1925年3月20日。

了,于是再决胜负。我这种迂远而且渺茫的意见,自己也觉得是可叹的,但我希望于猛进的,也终于还是"思想革命"。①

徐旭生在复信中表示"'思想革命',诚哉是现在最重要不过的事情,但是我总觉得《语丝》,《现代评论》和我们的《猛进》,就是合起来,还负不负不起这样的使命。我有两种希望:第一希望大家集合起来,办一个专讲文学思想的月刊","第二我希望有一种通俗的小日报"。② 显然,徐旭生受到了陈独秀1923年提出的"思想革命上的联合战线"的影响,但不同之处在于这并非陈独秀理解的思想革命与国民革命的联合战线,而是知识阶级思想革命内部的联合战线。但鲁迅对徐旭生的建议表示反对:

　　有一个专讲文学思想的月刊,确是极好的事,字数的多少,倒不算什么问题。第一为难的却是撰人,假使还是这几个人,结果即还是一种增大的某周刊或合订的各周刊之类。况且撰人一多,则因为希图保持内容的较为一致起见,即不免有互相牵就之处,很容易变为和平中正,吞吞吐吐的东西,而无聊之状于是乎可掬。现在的各种小周刊,虽然量少力微,却是小集团或单身的短兵战,在黑暗中,时见匕首的闪光,使同类者知道也还有谁还在袭击古老坚固的堡垒,较之看见浩大而灰色的军容,或者反可以会心一笑。在现在,我倒只希望这类的小刊物增加,只要所向的目标小异大同,将来就自然而然的成了联合战线,效力或者也不见得小。但目下倘有我所未知的新的作家起来,那当然又作别论。

　　通俗的小日报,自然也紧要的;但此事看去似易,做起来却很难。我们只要将《第一小报》与群强报之类一比,即知道实与民意相去太远,要收获失败无疑。民众要看皇帝何在,太妃安否,而《第一小报》却向他们去讲"常识",岂非悖谬。教书一久,即与一般社会暌离,无论怎样热心,做起事来总要失败。假如一定要做,就得存学者的良心,有市侩的手段,但这类人才,怕教员中间是未必会有的。我想,现在没奈何,也只好从智识阶级——其实中国并没有俄国之所谓智识阶级,此事说起来话太长,姑且从众这样说——一面先行设法,民众俟将来再谈。③

---

① 　鲁迅:《通讯》,《猛进》第 3 期,1925 年 3 月 20 日。
② 　徐炳昶(徐旭生):《通讯》,《猛进》第 3 期,1925 年 3 月 20 日。
③ 　鲁迅:《通讯》,《猛进》第 5 期,1925 年 4 月 3 日。

可以看出，鲁迅虽然试图回到"以前《新青年》上已经说过的'思想革命'"，但其理念如今已和五四时代有所不同了，他基于"新思想而仍中了'老法子'的计"这一核心判定，将批判对象从"民众"转向了"智识阶级"自身，从而对五四式知识阶级的联合战线持否定态度，认为它们不但是"浩大而灰色的军容"，而且学者文学家的称号都是"精神的枷锁"，所以需要"掷去了这种尊号，摇身一变，化为泼皮，相骂相打"，"先行发露各样的劣点，撕下那好看的假面具来"，而鲁迅期待的新的"'思想革命'的战士"，需要"存学者的良心，有市侩的手段"。①

这是后五四时代鲁迅思想的一个重大变化，实际上他此前的作文一向反对谩骂。少年鲁迅所作的都是规范雅致的八股试帖和随笔唱和，青年鲁迅则开始模仿严复、梁启超，后来"还多用林琴南笔调"②，而日本时期又受章太炎的影响，"表面上看得出来的是文章用字的古雅和认真"③，但他一直排斥梁启超的俗言和章太炎的骂文，更看重"至诚之声"与"温煦之声"④。加入《新青年》之后，鲁迅虽然在私信中称赞"惟独秀随感究竟爽快耳"⑤，也希望这些骂文"传播更广，用副我辈大骂特骂之盛意"⑥，甚至说过"中国国粹、虽然等于放屁、而一群坏种、要刊丛编、却也毫不足怪"⑦的话，但他自己公开发表的作品并无粗鄙秽语，尤其是在"随感录"写作中区分了"批评"和"骂"、"个人的人身攻击"和"进步的讽刺"，更接近胡适的"主张尽管趋于极端，议论定须平心静气"⑧。而当时的文学批评领域，也正倡导"建设的批评论"和"学者的态度"⑨，认为批评家的责任在于"不事嫚骂"，"必趋雅音"⑩，对此鲁迅表示认同，他强调"援引多数来恫吓，失了批评的态度的"⑪，"批评家若不就事论事，而说些应当去如此如彼，是溢出于事权以外的事，因为这类言语，是商量教训而不是批评"⑫。

①　鲁迅：《通讯》，《猛进》第 5 期，1925 年 4 月 3 日。
②　周作人：《附录三 关于鲁迅之二》，载周作人著，止庵编《关于鲁迅》，新疆人民出版社，1997年，第 506 页。
③　周作人：《鲁迅的国学与西学》，载周作人著，止庵编《关于鲁迅》，第 430 页。
④　令飞(鲁迅)：《摩罗诗力说》，《河南》第 3 号，1908 年 3 月。
⑤　鲁迅：《210825 致周作人》，载《鲁迅全集(第十一卷)》，第 409 页。
⑥　鲁迅：《190216 致钱玄同》，载《鲁迅全集(第十一卷)》，第 372 页。
⑦　鲁迅：《180705 致钱玄同》，载《鲁迅全集(第十一卷)》，第 363 页。
⑧　胡适：《通信》，《新青年》第 5 卷第 1 号，1918 年 7 月 15 日。
⑨　仿吾(成仿吾)：《学者的态度——胡适之先生的〈骂人〉的批评》，《创造季刊》第 1 卷第 3 期，1922 年 12 月。
⑩　《弁言》，《学衡》第 1 期，1922 年 1 月。
⑪　风声(鲁迅)：《反对"含泪"的批评家》，《晨报副镌》，1922 年 11 月 17 日。
⑫　风声(鲁迅)：《对于批评家的希望》，《晨报副镌》，1922 年 11 月 9 日。

不过,随着后五四时代的问题与主义之争、科学与玄学论战以及南北矛盾的激化,整个社会的气氛日趋紧张,法郎士的"批评是'灵魂的冒险'"理论开始流行,由此学者态度和批评理性逐渐被"批评主观性"取代,于是"批评的时候免不了骂人",譬如丁西林就发现"近来十个做文章的人,就有九个喜欢批评;十个做文章批评的人,就有九个喜欢骂人。一般关心世道人心的人,都个个摇头叹息;然而,做文章来批评,是很好的现象;批评的时候骂人,是正当的行为",甚至英美派出身的他"最爱看的,是两个超等的批评家相骂",觉得"批评不能骂人,这种批评还有甚么价值?"①而随着批评风尚的转换,鲁迅也开始意识到学者理性的问题,他在 1923 年年底所做的《娜拉走后怎样》的演讲中开始推崇"天津的青皮",认为他们身上"有一种无赖精神,那要义就是韧性",所以"正无需乎震骇一时的牺牲,不如深沉的韧性的战斗"。② 等到 1925 年年初的《咬文嚼字》和《青年必读书》被谩骂围攻,鲁迅更是进一步发现:

> 如果开首称我为什么"学者""文学家"的,则下面一定是谩骂。我才明白这等称号,乃是他们所公设的巧计,是精神的枷锁,故意将你定为"与众不同",又借此来束缚你的言动,使你于他们的老生活上失去危险性的。不料有许多人,却自囚在什么室什么宫里,岂不可惜。只要掷去了这种尊号,摇身一变,化为泼皮,相骂相打(舆论是以为学者只应该拱手讲讲义的),则世风就会日上,而月刊也办成了。③

显然,鲁迅从一般人的"骂战"转向"骂之为战",是针对后五四时代知识阶级退化而重启"思想革命"的有意追求,他从精英文化转向平民文化,从"文艺批评"拓展到"文明批评",沟通了精英和底层、"批评"和"骂"、文学和文化,创造了以"杂感""短兵战""韧的战斗""热骂"为中心的新批评文体和新美学风格。自此鲁迅就以这一新的战法,拉开了对中国社会和知识阶级自身的批判。

二、创办《莽原》与"从文艺扩张到批评"

正是基于新知识阶级自身存在的问题,鲁迅否定了徐旭生的《语丝》

---

① 西林(丁西林):《批评与骂人》,《现代评论》第 1 卷第 2 期,1924 年 12 月 20 日。
② 鲁迅:《娜拉走后怎样》,载《鲁迅全集(第一卷)》,第 169、171 页。
③ 鲁迅:《通讯》,《猛进》第 5 期,1925 年 4 月 3 日。

《现代评论》和《猛进》"大家集合起来,办一个专讲文学思想的月刊"的联合战线设想,他在给许广平的信中,说了自己反对的真实原因:

> 北京的印刷品现在虽然比先前多,但好的却少。《猛进》很勇,而论一时的政象的文字太多。《现代评论》的作者固然多是名人,看去却很显得灰色,《语丝》虽总想有反抗精神,而时时有疲劳的颜色,大约因为看得中国的内情太清楚,所以不免有些失望之故罢。由此可知见事太明,做事即失其勇,庄子所谓"察见渊鱼者不祥",盖不独谓将为众所忌,且于自己的前进亦有碍也。我现在还要找寻生力军,加多破坏论者。①

不难看出,鲁迅的思想革命所需要的新阵地,是一个《新青年》式的、专注于文化思想批判的刊物,但上述三个刊物的宗旨都与此有距离。徐旭生的《猛进》只想用"强聒不舍"的办法来革新"习惯的势力"②,《现代评论》则"趋重实际问题,不尚空谈"③,这两个刊物的投稿者主要是北大法政两系的教授,所以内容都偏于政治、法律。至于《语丝》,虽然外人眼中,"语丝由开明鲁迅诸君发起"④,甚至认为"鲁迅诸君刊行《语丝》周刊"⑤,但在鲁迅本人看来,"《语丝》是他们新潮社里的几个人编辑的"⑥,"我对于语丝的责任,只有投稿,所以关于刊载的事,不知其详"⑦,不仅如此,"我那时是在避开宴会的,所以毫不知道内部的情形"⑧。而鲁迅之所以在《语丝》中自居边缘,是因为对其强烈的周作人色彩不满。

周作人参与新文化运动,不但早于鲁迅,而且是核心人物,"人的文学""平民文学""思想革命""美文""文艺上的宽容"等重要概念都是他先提出来的,因而"直到《语丝》初出版的时候,鲁迅被人的理解还是在周作人之次"⑨。但是周作人身上一直存在"两个鬼"的矛盾,随着《新青年》的解体,"绅士鬼"逐渐压倒了"流氓鬼",他开始沉溺于"自己的园地"。1923 年 7

① 鲁迅:《250331 致许广平》,载鲁迅、景宋《两地书全编》,第 406 页。
② 虚生(徐旭生):《老生常谈》,《猛进》第 1 期,1925 年 3 月 6 日。
③ 《本刊启事》,《现代评论》第 1 卷第 1 期,1924 年 12 月 13 日。
④ 《新刊介绍》,《晨报副刊·文学旬刊》第 55 号,1924 年 12 月 5 日。
⑤ 《文坛消息》,《晨报副刊·文学旬刊》第 57 号,1924 年 12 月 25 日。
⑥ 鲁迅:《250217 致李霁野》,载《鲁迅全集(第十一卷)》,第 458 页。
⑦ 鲁迅:《通信》,《莽原》第 20 期,1925 年 9 月 4 日。
⑧ 鲁迅:《我和〈语丝〉的始终》,载《鲁迅全集(第四卷)》,第 172 页。
⑨ 高长虹:《一点回忆——关于鲁迅和我》,载山西省盂县《高长虹全集》编辑委员会编《高长虹全集(第四卷)》,第 355 页。

月兄弟失和后,周作人更向鲁迅表示"我想订正我的思想,重新入新的生活"①。自此之后,周作人经常针对鲁迅的《新青年》"迷梦"加以讽刺,譬如他在《不讨好的思想革命》中指出:

> 思想革命是最不讨好的事业,只落得大家的打骂而不会受到感谢的。做政治运动的人,成功了固然大有好处,即失败了,至少在同派总还是回护感谢。唯独思想革命的鼓吹者是个孤独的行人,至多有三个五个的旅伴,在荒野上叫喊,不是白叫,便是惊动了熟睡的人们,吃一阵臭打。②

此文显然是对鲁迅《〈呐喊〉自序》的嘲讽,接着周作人又在《教训之无用》中,暗讽鲁迅想做"圣人","期望他们教训的实现,有如枕边摸索好梦,不免近于痴人,难怪要被骂了"③。此后的周作人"梦想家与传道者的气味渐渐地有点淡薄下去了","以前我似乎多喜欢那边所隐现的主义,现在所爱的乃是在那艺术与生活自身罢了"④,到了 1925 年年初他正式宣布"把什么'文学家'的招牌干脆的取消了事",从五四时代的世界主义"今年又回到民族主义上来"⑤,然后专门针对鲁迅,声明"别人离了象牙的塔走往十字街头,我却在十字街头造起塔来住","不问世事而缩入塔里原即是对于街头的反动"⑥。《语丝》的发刊辞正是这种理念的反映:

> 我们并没有什么主义要宣传,对于政治经济问题也没有什么兴趣,我们所想做的只是想冲破一点中国的生活和思想界的昏浊停滞的空气。我们个人的思想尽自不同,但对于一切专断与卑劣之反抗则没有差异。我们这个周刊的主张是提倡自由思想,独立判断,和美的生活。我们的力量弱小,或者不能有什么着实的表现,但我们总是向着这一方面努力。⑦

---

① 周作人:《周作人致鲁迅》,载周海婴编,北京鲁迅博物馆鲁迅研究室注释《鲁迅、许广平所藏书信选》,湖南文艺出版社,1987 年,第 34 页。
② 荆生(周作人):《不讨好的思想革命》,《晨报副镌》,1923 年 10 月 27 日。
③ 荆生(周作人):《教训之无用》,《晨报副镌》,1924 年 2 月 26 日。
④ 岂明(周作人):《〈艺术与生活〉序》,《语丝》第 93 期,1926 年 8 月 23 日。
⑤ 开明(周作人):《元旦试笔》,《语丝》第 9 期,1925 年 1 月 2 日。
⑥ 开明(周作人):《十字街头的塔》,《语丝》第 15 期,1925 年 2 月 23 日。
⑦ 周作人:《发刊辞》,《语丝》第 1 期,1924 年 11 月 17 日。

《语丝》同人则态度不一,刘半农就支持周作人,认为"就语丝的全体看,乃是一个文学为主,学术为辅的小报。这个态度我很赞成,我希望你们永远保持着,若然《语丝》的生命能于永远。我想当初《新青年》,原也应当如此,而且头几年已经做到如此。后来变了相,真是万分可惜"①。显然,刘半农只是将《语丝》视为《新青年》原初精神的延续,但反对《新青年》后来发展出来的陈独秀的政治参与、胡适的学术再造、鲁迅的思想批判等新路向。而钱玄同则表示"我对于启明有些不同意"②,他更赞同"吴稚晖、鲁迅、陈独秀三位先生"讲过的"根本改造""以革命为终身底事业"③。

对于"思想革命的联合战线",《语丝》同人的分歧也比较大。鲁迅反对这种界限不清,当他看到徐志摩投稿后,"就做了一篇杂感,和他开一通玩笑,使他不能来,他也果然不来了。这是我和后来的'新月派'积仇的第一步;《语丝》社同人中有几位也因此很不高兴我"④。对于鲁迅的这种做法,《语丝》内部分成两派。林语堂就坚持三个刊物的联合,他夸奖说:"温文尔雅,《语丝》也(此似乎近于自夸,姑置之);激昂慷慨,《猛进》也;穿大棉鞋与带厚眼镜者,《现代评论》也(《现代评论》的朋友们不必固谦,因为穿大棉鞋与带厚眼镜者学者之象征也;以《现代评论》与《语丝》比,当然是个学者无疑,且不失其'ㄓㄣㄊㄌㄇㄣ'身份者也)。"⑤但钱玄同却回信表示反对:"日前晤徐旭生先生,他说他也讨厌英国底ㄓㄣㄊㄌㄇㄣ","但我却狠以吴稚晖鲁迅两先生之言为然。吴先生口口声声自承为流氓;鲁先生在《猛进》第五期中主张'摇身一变,化为泼皮,相骂相打。'这流氓与泼皮,我'虽不能至,然心向往之'。"⑥

正是在看到了《语丝》的各种问题后,"鲁迅想在文艺上创立一个新派别出来"⑦,从而"转移阵地"进行新的思想革命。恰在此时,邵飘萍约荆有麟"计划七种附刊",荆有麟于是找鲁迅商量,"他很赞成,他当时说:'我们还应该扩大起来。你看,《现代评论》有多猖狂,现在固然有《语丝》,但《语丝》态度还太暗。不能满足青年人要求,稿子是岂明他们看的,我又不大管,

---

① 刘复(刘半农):《巴黎通信》,《语丝》第 20 期,1925 年 3 月 30 日。
② 钱玄同:《写在半农给启明的信底后面》,《语丝》第 20 期,1925 年 3 月 30 日。
③ 钱玄同:《回语堂的信》,《语丝》第 23 期,1925 年 4 月 20 日。
④ 鲁迅:《集外集·序言》,载《鲁迅全集(第七卷)》,第 5 页。
⑤ 林语堂:《给玄同的信》,《语丝》第 23 期,1925 年 4 月 20 日。按,"ㄓㄣㄊㄌㄇㄣ"即 gentleman(绅士)的注音。
⑥ 钱玄同:《回语堂的信》,《语丝》第 23 期,1925 年 4 月 20 日。
⑦ 高长虹:《一点回忆——关于鲁迅和我》,载山西省盂县《高长虹全集》编辑委员会编《高长虹全集(第四卷)》,第 363 页。

徐旭生先生的《猛进》，倒很好，单枪匹马在战斗，我们为他作声援罢，你去同飘萍商议条件，我就写信约人写文章.'"①正是在这个新契机下，鲁迅联合高长虹等《狂飙》成员和韦素园等安徽作家这些更年轻一代的"外省边缘文学青年"，在 4 月 24 日正式创办《莽原》：

> 次一个星期五，《莽原》第一期，就在京发刊了，除随《京报》附送外，另外，还由《京报》赠印三千份，作为写文章人的报酬，这被赠送的三千份，是交由北新书局李小峰发卖的。当时《莽原》经常撰稿人有：鲁迅、尚钺、长虹、培良、韦丛芜、韦素园、台静农、李霁野、姜华、金仲芸、黄鹏基，等等。②

自此鲁迅的思想革命就正式拉开序幕，虽然《莽原》的出版预告宣称它以"思想及文艺"为中心，但实际"莽原的倾向，是已从文艺而扩张到批评"③，鲁迅强调：

> 中国现今文坛(?)的状态，实在不佳，但究竟做诗及小说者尚有人。最缺少的是"文明批评"和"社会批评"，我之以《莽原》起哄，大半也就为得想引出些新的这样的批评者来，虽在割去敝舌之后，也还有人说话，继续撕去旧社会的假面。④

"文明批评"和"社会批评"，是鲁迅这一时期在翻译厨川白村的《出了象牙之塔》时借鉴来的新思维。厨川白村在多篇文章里指出："建立在现实生活的深邃的根柢上的近代的文艺，在那一面，是纯然的文明批评，也是社会批评"⑤"文艺的本来的职务，是在作为文明批评社会批评，以指点向导一世"⑥。不过二者的并举，反映出鲁迅正在发生从五四时代的文明批评到后五四时代兼顾社会批评的变化，他试图走出纯粹的国民性批判，变成一个

---

① 荆有麟：《〈莽原〉时代》，载鲁迅博物馆、鲁迅研究室、《鲁迅研究月刊》选编《鲁迅回忆录(专著)上》，第 200 页。
② 荆有麟：《〈莽原〉时代》，载鲁迅博物馆、鲁迅研究室、《鲁迅研究月刊》选编《鲁迅回忆录(专著)上》，第 201 页。
③ 长虹(高长虹)：《1925，北京出版界形势指掌图》，《狂飙》第 5 期，1926 年 11 月 7 日。
④ 鲁迅：《250428 致许广平》，载鲁迅、景宋《两地书全编》，第 427 页。
⑤ 〔日〕厨川白村：《描写劳动问题的文学》，鲁迅译，《民众文艺周刊》第 4 号，1925 年 1 月 6 日。
⑥ 〔日〕厨川白村：《现代文学之主潮》，鲁迅译，《民众文艺周刊》第 6 号，1925 年 1 月 20 日。

"带着社会改造的理想的文明批评家"①。因而,此时的鲁迅在"思想及文艺"之间更看重"评论"和"议论",而看低此前流行的小说和诗歌的作用,他在给许广平的信中多次表示:

> 这些人里面,做小说的和能翻译的居多,而做评论的没有几个,这实在是一个大缺点。②

> 然而咱们的《莽原》也很窘,寄来的多是小说与诗,评论很少,倘不小心,也容易变成文艺杂志的。③

> 《莽原》实在有些穿棉花鞋了,但没有撒泼文章,真也无法。④

> 《莽原》的投稿,就是小说太多,议论太少。⑤

> 我所要多登的是议论,而寄来的偏多小说,诗。先前是虚伪的"花呀""爱呀"的诗,现在是虚伪的"死呀""血呀"的诗。呜呼,头痛极了!⑥

《莽原》的创刊,表明鲁迅放弃了《新青年》旧同人的联合战线和刊物阵地,开始转向"小周刊"和"小集团"的新阵地和新同盟,正如亲与其中的高长虹指出的,"跟着《语丝》《莽原》的出版,鲁迅战斗的姿态,越来越显明起来"⑦。

三、批判"特殊智识阶级"与"煽动青年冒险"

关于《莽原》的创办目的,鲁迅指出:"我早就很希望中国的青年站出来,对于中国的社会,文明,都毫无忌惮地加以批评,因此编印《莽原》,作为发言之地,可惜来说话的竟很少。"⑧也正因此,鼓动青年起来反抗破坏和批判知识阶级反动保守,就成了《莽原》最初的两个主要话题。

鲁迅首先在第一期发表的《春末闲谈》中点题,将批判矛头直指"'特殊智识阶级'的留学生",认为"遗老的圣经贤传法,学者进研究室主义,文学

---

① 鲁迅:《〈出了象牙之塔〉译本后记》,《语丝》第 57 期,1925 年 12 月 14 日。
② 鲁迅:《250422 致许广平》,载鲁迅、景宋《两地书全编》,第 420 页。
③ 鲁迅:《250503 致许广平》,载鲁迅、景宋《两地书全编》,第 431 页。
④ 鲁迅:《250530 致许广平》,载鲁迅、景宋《两地书全编》,第 438 页。
⑤ 鲁迅:《250629 致许广平》,载鲁迅、景宋《两地书全编》,第 451 页。
⑥ 鲁迅:《250709 致许广平》,载鲁迅、景宋《两地书全编》,第 453 页。
⑦ 高长虹:《一点回忆——关于鲁迅和我》,载山西省盂县《高长虹全集》编辑委员会编《高长虹全集(第四卷)》,第 355 页。
⑧ 鲁迅:《华盖集题记》,《莽原》半月刊第 2 期,1926 年 1 月 25 日。

家和茶摊老板的莫谈国事律,教育家的勿视勿听勿言勿动论",制造了"麻醉"的国民。① 其他青年作者纷纷跟进,发表了各种批判"特殊智识阶级"的呼应文章:张目寒批评了"徐诗哲"为代表的"号称智识阶级的学者文士们",认为"绅士拜门的心理,大致不外乎'狐既是仙,我就是仙家的弟子了:即便稍作威福,谁又敢奈我何?'"的心理;②荆有麟撰文批判"特别智识阶级"的"忍让主义",认为"绅士们无条件的给人当了奴隶,大多数的人民又来给奴隶当奴隶";③"兀君"则讽刺"回了国的留学生还要挂起留学生的招牌招摇真是不害羞",实际"学问也没弄到手",并非真正的"专家"。④

与此同时,鲁迅还在《莽原》向青年人发出号召:"创造这中国历史上未曾有过的第三样时代,则是现在的青年的使命!"⑤"扫荡这些食人者,掀掉这筵席,毁坏这厨房,则是现在的青年的使命!"⑥他还批评了崇拜胡适、梁启超为导师的现象,认为"青年又何须寻那挂着金字招牌的导师呢? 不如寻朋友,联合起来,同向着似乎可以生存的方向走。你们所多的是生力,遇见深林,可以辟成平地的,遇见旷野,可以栽种树木的,遇见沙漠,可以开掘井泉的。问什么荆棘识途的老路,寻什么乌烟瘴气的鸟导师!"⑦鲁迅的号召得到了青年人的热烈回应,他们本来觉得自己"住在广大的荒凉的沙滩地上,有点寂寞,无聊","忽然有二三同志要和我相助了,有的拉起我的臂膀,有的推住我的脊背,于是我们便一拥走向十字街头"⑧,进而体会"思想革命,诚哉是现在最重要不过的事情"⑨,"我们也只希望多出现几个有志于反叛者"⑩。而许广平也多次在给鲁迅的信中,希望《莽原》更"激烈"一些:

> 《莽原》的性质仍是不满现代,但是范围较《猛进》,《孤军》偏重政治者为宽,所以形式甚似《语丝》,其委曲婉转,弦外之音的态度,也较其他周刊为特别,这是先生的特色。⑪

《莽原》虽则内的分子充满勃勃的生气,但仍然不十分激烈深

---

① 冥昭(鲁迅):《春末闲谈》,《莽原》第 1 期,1925 年 4 月 24 日。
② 张目寒:《绅士与狐》,《莽原》第 2 期,1925 年 5 月 1 日。
③ 有麟(荆有麟):《昨日和明日》,《莽原》第 3 期,1925 年 5 月 8 日。
④ 兀君:《留学生与专家》,《莽原》第 3 期,1925 年 5 月 8 日。
⑤ 鲁迅:《灯下漫笔》,《莽原》第 2 期,1925 年 5 月 1 日。
⑥ 鲁迅:《灯下漫笔(二)》,《莽原》第 5 期,1925 年 5 月 22 日。
⑦ 鲁迅:《编完写起》,《莽原》第 4 期,1925 年 5 月 15 日。
⑧ 有麟(荆有麟):《走向十字街头》,《莽原》第 1 期,1925 年 4 月 24 日。
⑨ 张目寒:《绅士与狐》,《莽原》第 2 期,1925 年 5 月 1 日。
⑩ 长虹(高长虹):《新文学的希望》,《莽原》第 5 期,1925 年 5 月 22 日。
⑪ 许广平:《250425 致鲁迅》,载鲁迅、景宋《两地书全编》,第 423 页。

透——尤其第二期似更稳重——浅显则味道不觉得隽永,含蓄则观众不易了解领略,一种出版物能够适合各种人物的口味,真真是不容易。①

我希望《莽原》多出点慷慨激昂,阅之令人浮一大白的文字,此外如第一期的"其味无穷"也极不错。近来似乎有点穿棉鞋、带厚眼镜了(其实至多不过温文尔雅)!②

许广平的话印证了高长虹的说法:"《莽原》在当时的《莽原》同人看来,是惟一的战斗的刊物。"③而鲁迅这一时期除了"辣手评文"外,还重视"宣传"的作用,积极"煽动青年冒险",他对许广平说:"我有时以为'宣传'是无效的,但细想起来,也不尽然。革命之前,第一个牺牲者我记得是史坚如,现在人们都不大知道了,在广东一定是记得的人较多罢,此后接连的有好几人,而爆发却在胡[湖]北,还是宣传的功劳。"④在下一封信中,鲁迅又接着说:"因为施行刺激,总须有若干人有感动性才有应验,就是所谓须是木材,始能以一颗小火燃烧,倘是沙石,就无法可想,投下火柴去,反而无聊。所以我总觉得还该耐心挑拨煽动,使一部分有些生气才好。"⑤也正因此,鲁迅写信赞扬了《豫报副刊》的狂飙成员在开封掀起的风潮:

我极快慰于开封将有许多骂人的嘴张开来,并且祝你们"打将前去"的胜利。

我想,骂人是中国极普通的事,可惜大家只知道骂而没有知道何以该骂,谁该骂,所以不行。现在我们须得指出其可骂之道,而又继之以骂。那么,就很有意思了,于是就可以由骂而生出骂以上的事情来的罢。⑥

不久之后鲁迅又再次来信,称赞《豫报副刊》"传来了青年的声音,仿佛在豫告这古国将要复活,这是一件如何可喜的事呢?"同时也号召青年们"一要生存,二要温饱,三要发展。有敢来阻碍这三事者,无论是谁,我们都反抗

---

① 许广平:《250509 致鲁迅》,载鲁迅、景宋《两地书全编》,第 432 页。
② 许广平:《250527 致鲁迅》,载鲁迅、景宋《两地书全编》,第 436 页。
③ 高长虹:《一点回忆——关于鲁迅和我》,载山西省盂县《高长虹全集》编辑委员会编《高长虹全集(第四卷)》,第 355 页。
④ 鲁迅:《250414 致许广平》,载鲁迅、景宋《两地书全编》,第 415、416 页。
⑤ 鲁迅:《250422 致许广平》,载鲁迅、景宋《两地书全编》,第 420 页。
⑥ 鲁迅:《通讯(复吕蕴儒)》,载《鲁迅全集(第七卷)》,第 282 页。

他,扑灭他!"①此外,鲁迅还积极鼓励高长虹从"文艺"加入"批评"的行列,据高长虹本人回忆:

> 去年夏天在莽原做文字时,我本想多做些文艺的,但时代同舆论却要我多做论文或批评,我服从了。②
>
> 鲁迅,以后又加上周作人,都希望我多写批评文字。那时我创作,论文,都喜欢写,但对于写文艺批评,却不很喜欢。③

接受了鲁迅建议的高长虹,在批评界推出了"顺我者死,逆我者生"④的批评理念:"我是不懂什么党派的,如有不认识的人攻击我的朋友,如其攻击得对,我也赞成。我自己呢,如其我今天的思想不攻击我昨天的思想,那我也便没有进步了。如有人攻击我,我倒是非常感激呢!"⑤在《莽原》同人心目中,"不装腔作势而说心腹话的文体,是从语丝,莽原开始的,语丝多讽刺,莽原则多谩骂"⑥,他们不但不以此为耻,反而"把骂人看得像现在的抗敌一样光荣",甚至高长虹"写骂人的文字也不少了,鲁迅还时常表示不满"⑦。同时,《莽原》同人不但攻击敌对阵营,对自己的阵营也毫不客气,像高长虹就指出"我们攻击胡适,攻击周作人,而漠视现代评论与猛进。我们同鲁迅谈话也时常说语丝不好,周作人无聊,钱玄同没有思想,非攻击不可。鲁迅是赞成我们的意见的"⑧。

鲁迅对青年人的"挑拨煽动"收到了很好的效果,章衣萍就曾致信鲁迅称赞说:"听说《莽原》的投稿很丰富,这是我所闻而心慰的。我万想不到荒凉的北京城竟会有这么多而且硬的打手!"⑨不过,鲁迅对这场思想革命的推进从一开始就存在自我怀疑:他首先怀疑自己的能力,觉得"凡做领导的

---

① 鲁迅:《北京通信》,载《鲁迅全集(第三卷)》,第 54 页。
② 长虹(高长虹):《关于闪光的黑暗与光明》,《狂飙》第 3 期,1926 年 10 月 24 日。
③ 高长虹:《一点回忆——关于鲁迅和我》,载山西省盂县《高长虹全集》编辑委员会编《高长虹全集(第四卷)》,第 356 页。
④ 长虹(高长虹):《弦上·序言》,《莽原》第 9 期,1925 年 6 月 19 日。
⑤ 长虹(高长虹):《1925,北京出版界形势指掌图》,《狂飙》第 5 期,1926 年 11 月 7 日。
⑥ 长虹(高长虹):《不装腔作态》,《狂飙》第 1 期,1926 年 10 月 10 日。
⑦ 高长虹:《一点回忆——关于鲁迅和我》,载山西省盂县《高长虹全集》编辑委员会编《高长虹全集(第四卷)》,第 362 页。
⑧ 长虹(高长虹):《1925,北京出版界形势指掌图》,《狂飙》第 5 期,1926 年 11 月 7 日。
⑨ 章衣萍:《章衣萍致鲁迅》,载周海婴编,北京鲁迅博物馆鲁迅研究室注释《鲁迅、许广平所藏书信选》,第 67 页。

人,一须勇猛,而我看事情太仔细,一仔细,即多疑虑,不易勇往直前"①;其次是怀疑自己能否和青年人契合,觉得"我们的年龄,境遇,都不相同,思想的归宿大概总不能一致的罢"②;最后是怀疑思想文化的作用,担心"其结果,终于不外乎用空论来发牢骚,印一通书籍杂志"③。

尽管有这样那样的问题,重启思想革命对鲁迅来说仍有极为重要的意义,他走出了之前"听将令"和"独彷徨"的状态,套用厨川白村的书名,就是从"苦闷的象征"转变为"出了象牙之塔"。鲁迅从自身的经历中判断后五四社会退化的根源,在于"新思想而仍中了'老法子'的计",于是试图通过回到"几年以前《新青年》上已经说过的'思想革命'"来加以改变,但实际上,这是一场以复古为新变的属于鲁迅自己的新思想革命,它有新的阵地(《莽原》)、新的战友(文学青年)、新的战法(骂之为战)、新的方式(文明批评和社会批评)和新的批判对象(特殊智识阶级)。鲁迅在延续五四思想革命的基础上,针对后五四时代的激变,开启了对新知识阶级自身的批判,同时他和更年轻一代结成联合战线,逐渐将自己从一个文学家变成了青年导师,在胡适这些新文化人物落伍之际,开始走向时代的潮头。

不过,鲁迅的思想革命运动和时代的国民革命大潮之间,既存在着相互呼应,又存在着矛盾紧张。从"青年必读书"论争就可以看出,鲁迅和青年一代中的"文学青年"趋近,但和"革命青年"关系紧张,而投票的结果也证明了鲁迅的受众更多在文学界,这也决定了其思想革命的影响力是有限的。随着国民革命时代从文化到政治的转向,反帝反军阀、民族主义、马克思主义、新政党政治、群众运动成为时代主题,鲁迅仍以五四启蒙理念为中心的思想革命不过是一种"回光返照"的努力。在新的国民革命形势面前,思想革命和知识阶级都要重新调整自己的位置和目标,这正如中国少年卫国团在其《发刊词》中提出的:

> 新少年值此万方多难之秋出世,她所所负来的使命就是:——努力思想革命;促成全民众势力的结合,积极的图政治改造与社会改造!④

---

① 鲁迅:《250331 致许广平》,载鲁迅、景宋《两地书全编》,第406页。
② 鲁迅:《北京通信》,载《鲁迅全集(第三卷)》,第54页。
③ 鲁迅:《250331 致许广平》,载鲁迅、景宋《两地书全编》,第406页。
④ 《发刊词》,《新少年旬刊》第1期,1925年7月8日。按,"所所"应为"所"。

第二章 "思想界的权威者" 与新知识阶级的分裂

虽然鲁迅不满于《语丝》《现代评论》和《猛进》,而另办了《莽原》来重启思想革命,但当时无论在旁观者眼中还是本阵营内部,这几种刊物都是《新青年》和五四新文化运动的继承者,因而属于同一"联合战线":

> 大家想来知道当时引人注意的周刊可以说有四个,即:莽原,语丝,猛进,现代评论。莽原是最后出版的,暂且不说。最先,那三个周刊并没有显明的界限,如语丝第二期有胡适的文字,第三期有徐志摩的文字,现代评论有张定璜的"鲁迅先生"一文,孙伏园又在京副说这三种刊物是姊妹周刊,都是例证。徐旭生给鲁迅的信说,思想革命也以语丝,现代评论,猛进三种列举,而办文学思想的月刊又商之于胡适之。虽然内部的同异是有的,然大体上却仍然是虚与委蛇。①

但实际上,联合战线的内外都存在着分裂的因素:一方面,鲁迅和《莽原》同人其实很看重思想分野,新知识阶级自身尤其是"'特殊智识阶级'的留学生",本身就是他们批判的首要对象,所以他们表面上和《语丝》《现代评论》《猛进》结成"联合战线",但私下里将其视为一种"妥协",讽刺联合战线是"所谓文学共和国里的党派问题"②;另一方面,在经过了"问题与主义""科学与玄学""整理国故"等论争之后,新文化阵营已经逐渐分化为英美派和法日派两大派系,双方的文化理念分歧日益为派系冲突所强化,而这种分化在后五四时期的鲁迅身上有明显的体现,他先是在《晨报副镌》的撤稿事件中与徐志摩等英美留学生分化,接着在"青年必读书"事件中与胡适的整理国故派分化,再之后因为《莽原》创刊与周作人等

---

① 长虹(高长虹):《1925,北京出版界形势指掌图》,《狂飙》第 5 期,1926 年 11 月 7 日。
② 长虹(高长虹):《1925,北京出版界形势指掌图》,《狂飙》第 5 期,1926 年 11 月 7 日。

《语丝》群体分化。

不过总的来看,上述分化还主要基于文化观念形成的派系分歧,相互之间并无公开的分裂冲突,但是随着国民革命、苏俄政党、群众运动的兴起,新知识阶级的关注对象开始从文化转向政治,也正是此后的政治介入加剧了他们的文化分歧和派系冲突,最终将其转变为革命与反革命的政见之争。

第一节 《现代评论》论战与联合战线的破裂

一、"西滢闲话"与"某籍某系"

《莽原》的创刊,虽然标志着鲁迅的特殊知识阶级批判和思想革命的开始,"但这个是没有什么结果的,因为并没有怎样实行。思想运动倒是从别一方面才表现出来,从实际的事件"①,具体来说,从 1925 年 5 月开始,鲁迅参与了女师大风潮。

女师大风潮于 1925 年 1 月爆发,鲁迅"在学校风潮起来时,他作为一个讲师,没有很多时间在校,本取漠然态度"②。因而对于学生自治会总干事许广平的最初求助,鲁迅反复表示"我又无拳无勇,真没有法,在手头的只有笔墨,能写这封信一类的不得要领的东西而已",他不但拒绝参与学潮,甚至建议许广平"你如果也要发牢骚,请来帮我们,倘曰'马前卒',则吾岂敢,因为我实无马"。③ 但是,随着二人感情的升温以及对风潮内幕的了解,鲁迅开始放下手头的"思想革命"工作,转而支持青年学生的抗争,他先是在 5 月 12 日参加了学生自治会举行的校务维持会议,替学生写了要求撤换校长杨荫榆的教育部呈文,又在 5 月 27 日的《京报》发表了自己拟稿的《对于北京女子师范大学风潮宣言》(下文简称《宣言》)。看到《宣言》之后的陈西滢,在 5 月 30 日的《现代评论》的《闲话》专栏里,首先批评女师大风潮"这次闹得太不像样了","到了这种时期,实在旁观的人也不能让它酝酿下去,好像一个臭毛厕,人人都有扫除的义务","我们以为教育当局应当切实的调查这次风潮的内容","万不可再敷衍姑息下去",接着他专门针对《宣言》进行了批评:

---

① 长虹(高长虹):《1925,北京出版界形势指掌图》,《狂飙》第 5 期,1926 年 11 月 7 日。
② 许广平著,周海婴主编:《鲁迅回忆录(手稿本)》,第 28 页。
③ 鲁迅:《250331 致许广平》,载鲁迅、景宋《两地书全编》,第 405、406 页。

闲话正要付印的时候,我们在报纸上看见女师大七教员的宣言。以前我们常常听说女师大的风潮,有在北京教育界占最大势力的某藉某系的人在暗中鼓动,可是我们总不敢相信。这个宣言语气措辞,我们看来,未免过于偏袒一方,不大平允,看文中最精彩的几句就知道了。

这是很可惜的。我们自然还是不信我们平素所很尊敬的人会暗中挑剔风潮,但是这篇宣言一出,免不了流言更加传布得厉害了。①

陈西滢和《现代评论》的这一举动,让《语丝》同人尤其是周氏兄弟非常吃惊,觉得他们于公于私都不应该这么做。因为于公而言,1924 年 12 月 13 日创刊的《现代评论》同属《新青年》的精神余脉,它由太平洋社和创造社合办,而于私而言,鲁迅和创造社的郁达夫私交甚好,周作人则"因张凤举的拉拢,与东吉祥诸君子谬托知己的有些来往"②,张凤举(张定璜)还曾在《现代评论》1925 年 1 月第 7、8 两期连载过《鲁迅先生》一文,赞扬新出版的《呐喊》,宣传鲁迅创作的现代意义。也正因此,《现代评论》一向被视为联合战线的成员,即便在双方反目之后,鲁迅发现孙伏园仍"与西滢大有联络。其登载几篇反杨之稿,盖出于不得已。今天在《京副》上,至于指《猛进》、《现代》、《语丝》为'兄弟周刊',简直有卖《语丝》以与《现代》拉拢之观"③。

也正是由于双方的联合战线关系,这种"友军中的从背后来的暗箭"让鲁迅他们非常愤怒。而陈西滢发难的原因,据其后来自言:"我同杨女士非但不是亲戚,简直就完全不认识。直到前年在女师大代课的时候,才在开会的时候见过她五六面。从去年二月起我就没有去代课。我从那时起直到今天,也就没有在任何地方碰到过杨女士。"④他这话意在表明自己是出于公心和正义,但从其特别着意的"北京教育界占最大势力的某藉某系的人在暗中鼓动"这句话来看,他对"浙江籍"和"北大国文系"的暗示,实际反映出他的动因并非来自女师大本身,而是来自北大内部的派系冲突。而据陈翰笙回忆,《现代评论》的创办本身就是北大内部派系矛盾的产物:

《现代评论》创办时,北大校内有两派。一派以国文系教授为主,主要是些留日学生,再加上几个留法学生。如三沈(兼士、尹默、志远)、二

---

① 西滢(陈西滢):《闲话》,《现代评论》第 1 卷第 25 期,1925 年 5 月 30 日。
② 周作人:《知堂回想录(下)》,第 505 页。
③ 鲁迅:《250613 致许广平》,载鲁迅、景宋《两地书全编》,第 444 页。
④ 西滢(陈西滢):《闲话的闲话之闲话引出来的几封信》,《晨报副刊》,1926 年 1 月 30 日。

马(裕藻、叙伦)等。他们的后台是李石曾。另一派是以胡适为首的从英、美回来的留学生。以胡适为首的这一派办起了《现代评论》。《现代评论》提倡白话文、提倡民主；反对北洋军阀、反对章士钊、反对李石曾。

当时被国文系那些人反对的，都愿意为《现代评论》写稿。我也不例外。①

实际上，之前许广平就曾告诉鲁迅，"北大英美派"支持杨荫榆，她强调"其实《现代评论》执笔的人物，他的背景是英美派，在前几期中也有一篇关于风潮的带色彩的论调，的确我也听见人说某大那一派的人很替她出力"②。许广平在回忆录中更是明确指出："后来女师大风潮不是单纯的一个学校的事件了，牵涉到北大。因为女师大的国文系，也就是我选课的一系，六位教员都是在国文系任教的，也都是在北大任教的，更是素来多是反对胡适的。"③女师大国文系的教师，从1922年许寿裳就任女高师校长后，就有相当一批来自北大国文系。当时许寿裳利用自己曾在北大授课以及章门弟子的身份，聘请了以北大国文系主任马裕藻（马幼渔）为首的朱希祖、钱玄同、周作人、鲁迅、沈尹默、沈兼士等人做女高师的兼职教师，这些人基本都是太炎门生、浙江籍、北大国文系、日本留学出身，他们之间相互援引、过从甚密。与此相反，杨荫榆是哥伦比亚大学教育硕士，她能成为第一个女校长，背后则有英美派的支持。

英美派和法日派争夺的核心，最初是民国教育的控制权。本来民初的学制一直都效仿日本模式，但1922年胡适倡导"好人政府"时，极力动员英美派的王宠惠组织内阁，他们趁机进行了改革，推出了"壬戌学制"，自此由日本模式向美国模式转变，教育领导权逐渐被英美派控制，而杨荫榆正是在"迎杨驱许"风潮中上台的，她到任后"首先撤换了许多女师大预科的教员，延聘而来的不是和她同时的美国留学生，就是教育部官员，文科还打算把北大教员辞掉，换请鸳鸯蝴蝶派的，把许先生刚刚创立的一点规模略具的基础全盘推翻，大刀阔斧，不顾一切"④。与此相应，李石曾领导的法日派也试图抢回教育控制权，据顾颉刚叙述：

---

① 《陈翰笙谈〈现代评论〉周刊》，《中国现代文学研究丛刊》1990年第2期。
② 许广平：《250406 致鲁迅》，载鲁迅、景宋《两地书全编》，第407页。
③ 许广平著，周海婴主编：《鲁迅回忆录（手稿本）》，第30页。
④ 许广平：《我所敬的许寿裳先生》，载海婴编《许广平文集（第一卷）》，江苏文艺出版社，1998年，第198页。

　　李氏是法国留学的前辈,他在北大里当然成了法日派的领袖,但他不大出面,而专是利用别人来替他干。他当时办有中法大学,又办有孔德学校,适值北京政府积欠学校薪水,北大同人无法存活的时候,凡是接近他的人都要插在他的学校里,所以他的势力就逐渐大起来。他不抢北大,因为知道英美派人多,他抢到手也是麻烦;他专抢北京的各专科学校,抢的方法就是把原来的校长骂倒,或利用学生要求"改大",而后他介绍新校长给政府,这个学校就成了他的了。最明显的一个例,就是他利用鲁迅、周作人在报上攻击女师大校长杨荫榆,而后他介绍易培基为该校校长。①

　　显然,女师大风潮并非本校之事,"校内校外尚别有人在那里主使"②,它实际是新知识阶级在北大内部的英美派和法日派矛盾的延伸,所以周作人后来也承认:

　　　　人家也总是觉得北大的中国文学系里是浙江人专权,因为沈是吴兴人,马是宁波人,所以有"某籍某系"的谣言,虽是"查无实据",却也是"事出有因",但是这经过闲话大家陈源的运用,移转过来说绍兴人,可以说是不虞之誉了。我们绍兴人在"正人君子"看来,虽然都是绍兴师爷一流人,性好舞文弄墨,但是在国文系里我们是实在毫不足轻重的。他们这样的说,未必是不知道事实,但是为的"挑剔风潮",别有作用,却也可以说弄巧成拙,留下了这一个大话柄了吧。③

　　更关键的是,周作人认为陈西滢提出的"教育当局应当切实的调查这次风潮的内容"颇为阴险,"大有挑唆北洋军阀政府来严厉压迫女师大的学生的意思",这就让他"终于翻脸,以至破口大骂","几乎作了一百八十度的大回旋,脱却绅士的'沙龙',加入从前那么想逃避的女校,终于成了代表,与女师大共存亡"。④ 而鲁迅看到《闲话》后同样愤怒,他觉得陈西滢"装作局外人的样子,真会玩把戏"⑤,于是撰写了《并非闲话》加以驳斥:

---

① 顾颉刚:《顾颉刚自述》,载高增德、丁东编《世纪学人自述(第一卷)》,北京十月文艺出版社,2000年,第28页。
② 一个女读者:《女师大的学潮》,《现代评论》第1卷第15期,1925年3月21日。
③ 周作人:《知堂回想录(下)》,第415页。
④ 周作人:《知堂回想录(下)》,第505页。
⑤ 鲁迅:《250530 致许广平》,载鲁迅、景宋《两地书全编》,第436页。

世上虽然有斩钉截铁的办法,却很少见有敢负责任的宣言。所多的是自在黑幕中,偏说不很知道;替暴君奔走,却以局外人自居;满肚子怀着鬼胎,而装出公允的笑脸;有谁明说出自己所观察的是非来的,他便用了"流言"来作不负责任的武器:这种蛆虫充满的"臭毛厕",是难于打扫干净的。丢尽"教育界的面目"的丑态,现在和将来还多着哩!①

自此之后,"思想革命的联合战线"彻底破裂。原是同一阵营的人不但公开揭发内幕,而且批评鲁迅等人"挑剔风潮",这在当时政府大力"整顿学风"的背景下,让鲁迅他们陷入极为被动尴尬的境地。本来鲁迅就想批判"特殊智识阶级",如今陈西滢竟然主动挑战,于是他就迅速地将批判的矛头指向了现代评论派和英美留学生,就此亮出了自己"还要反抗","偏与黑暗捣乱"②的立场。

二、北大脱离教部案与两派的斗争

联合战线虽然因为"闲话事件"破裂了,但陈西滢之后并未回应鲁迅的批评,《现代评论》的其他成员也一直沉默旁观。然而,随着教育总长章士钊在 1925 年 8 月 10 日颁布女师大停办令,8 月 17 日改办女子大学,李石曾、顾孟余等人不得已从幕后走到台前,他们一方面决定女师大另觅校址,重新招生开学,另一方面策划了北大脱离教部案来向政府施压。女师大风潮开始从学潮向政潮转变,而英美派和法日派的矛盾就此全面爆发:

> 北大宣布独立,出于评议会之议决。评议会之通过此案,李石曾、顾孟余、马裕藻等主之最力,兹数人皆女师大风潮背面之主要人物也。盖当八月中旬,章士钊决定接收女师大,驱逐留校学生,时李石曾等见所主持之女师风潮,学生方面已归失败,情急智生,遂急遽于十八日召集评议会,宣布北大独立。在李等原意,以为北大发难,其余国立各校,或当惟北大之马首是瞻,亦追随脱离教部。盖其时各校学生方面,如学生联合会、各校沪案后援会,皆一致宣言援助女师大,态度亦甚激昂也。③

---

① 鲁迅:《并非闲话》,《京报副刊》,1925 年 6 月 1 日。
② 鲁迅:《250530 致许广平》,载鲁迅、景宋《两地书全编》,第 437 页。
③ 《北京大学脱离教部之索隐》,《申报》,1925 年 9 月 12 日。

法日派为了达到目的采用了一些手段,"据闻评议会原应于十九日召集,但李煜瀛因恐蒋梦麟回京,此事发生障碍,故特提前于十八日举行,其事先致各出席教授函,亦未述明是日开会系讨论北大宣布独立案"①。投票的结果是七票对六票通过,第二天得知消息的胡适大怒,他联合陈西滢等人向评议会提交了抗议书,8 月 21 日胡适又联名发表《为北大脱离教部关系事致本校同事的公函》,反对李石曾等人非法利用学校名义卷入政治运动。而胡适之所以带头起来反对,不只是因为脱离教育部会导致北大卷入政潮,更是因为对法日派长期把控北大的不满。他曾在 1 月 17 日的日记中,记载了陈西滢来访的内容:"通伯又谈北大所谓'法国文化派'结党把持,倾轧梦麟的情形,闻之一叹。梦麟方倚此辈为心腹朋友呢!我虽早窥破此辈的趋势,但我终不料他们会阴险下流到这步田地!此辈者,李石曾、顾孟余、沈尹默一班人也。"②而更直接的诱因,则是李石曾领导的清室善后委员会在 7 月 31 日清查养心殿时,发现了一批阴谋复辟的文件,其中有胡适和溥仪联系的信件③,于是李石曾策动反清大同盟公开呼吁驱逐胡适出京。

针对胡适等人的反击,法日派一方也不甘示弱,8 月 26 日李石曾先是联名发布反对章士钊的宣言,接着他也联系其他教授一同发表《为反对章士钊事致本校同事的公函》,认为评议会所做合法,而驱章则是坚持了之前北大"反对彭允彝的精神"。北大教员由此分裂成了两派,校长蒋梦麟回京后,"睹此现状,颇觉左右为难","李石曾顾孟余等乃连夜访蒋,力言评议会议决案不能不执行,且为保持吾侪人格维持学校尊严计,亦不能推翻前议。其时章士钊已散放空气,以停发经费相恫喝,蒋以此为言,李石曾谓此决无问题,因北大直接向财部领款,已有成例,且李邓侯(思浩)对此决不能不帮忙。即使领不到款,借款亦可支持几个月"。④ 在此情况下,蒋梦麟只能接受李石曾的建议,他召集了评教联席大会复议此案,最终结果是宣布北大脱离教育部。

虽然此前北大内部就派系纷争激烈,"自蔡校长在校中设立聘任委员会后,每英美派(与皖派合)提出一人,法德日派(日派为主,法德人数少,与日派合为一体)亦必提出一人,与之势均力敌,而新教员遂不易受聘"⑤,但北

① 《北大宣布独立事件尚难解决》,《申报》,1925 年 8 月 26 日。
② 曹伯言整理:《胡适全集(第 30 卷)》,第 190 页。
③ 吴景洲:《故宫盗宝案真相》,文史资料出版社,1983 年,第 67 页。
④ 《北京大学脱离教部之索隐》,《申报》,1925 年 9 月 12 日。
⑤ 顾颉刚:《顾颉刚日记 第一卷(1913—1926)》,台湾联经出版事业股份有限公司,2007 年,第 674 页。

大脱离教部案与此大有不同,它不但将法日派和英美派的矛盾冲突公开化了,而且法日派是借助了国民革命反章政潮的能量,正如顾颉刚8月26日致胡适的信中所言:"此次北大内部欲借女师大学潮为党争之具,心地均不坦白,而一方面又拉先生为领袖,遂致反对者集矢于先生。"①而朱经农也在9月4日致胡适等人的信中说:"这一次北大脱离教部关系,实在没有道理。李石曾的政治行为,令吾人失望。女师大风潮久延不决,愈闹笑话愈多","Demogogue(这字或者拼错)[应作Demagogue,煽动者]利用青年,连马友[幼]渔老先生也起了做女师大校长的雄心,可笑亦可叹"。②

随着派争向政争的发展,法日派开始动员学生们发起"排胡运动",9月胡适被迫离开北大,并在两个月后提出辞呈。作为英美派核心的《现代评论》,面对本派利益和北大这一大本营被撼动的困境,从1925年8月22日开始对法日派展开了激烈的批评,正式拉开了与鲁迅论战的序幕。具体来说,《现代评论》从三个方面进行了批判:首先是将"学潮"和"爱国运动"做了区分,他们反对"学潮"导致的教育混乱,但不反对学生参与"爱国运动",认为"就国家的利害关系而言,把杨荫榆,章士钊,及女师大学生,三方面的共总的价值与重要和抵抗英日的爱国运动的价值与重要,两相衡量,两相比较,孰轻孰重,不言自知"③;其次是反对弃学救国,强调政教分离,胡适指出"呐喊救不了国家","救国须从救出你自己下手!"④周鲠生也认为"爱国运动不过是一时的行为,造就学问,毕竟是国家百年之计"⑤;最后是反对政党和老师利用学潮谋取私利,燕树棠认为"学风不好,应负责任的是教员,不是学生"⑥,宇文则批判了学潮中"不教书的教员的挑拨"和"不爱教育的教育家的利用"⑦。

《现代评论》的观点侧重"爱国与求学"的关系,核心是反对教育的政治化,矛头直指操纵学潮的教员(法日派)和政党(国民党)。这些指责自然不是凭空诬陷,事实上"女师大先有校长之候补者,而后有反杨之运动,是有人利用"⑧,具体来说就是李石曾试图让易培基出任女师大校长,他的真实身

① 顾颉刚:《顾颉刚致胡适》,载中国社会科学院近代史研究所中华民国史研究室编《胡适来往书信选(上)》,第341页。

② 朱经农:《朱经农致胡适、陶孟和等》,载中国社会科学院近代史研究所中华民国史研究室编《胡适来往书信选(上)》,第343、344页。

③ 召(燕树棠):《爱国运动与学潮》,《现代评论》第2卷第38期,1925年8月29日。

④ 胡适:《爱国运动与求学》,《现代评论》第2卷第39期,1925年9月5日。

⑤ 周鲠生:《爱国运动》,《现代评论》第2卷第45期,1925年10月17日。

⑥ 燕树棠:《教员与学风》,《现代评论》第2卷第41期,1925年9月19日。

⑦ 宇文:《高等教育谈(四)——风潮》,《现代评论》第2卷第51期,1925年11月28日。

⑧ 渊泉(陈博生):《女师大事件平议》,《晨报》,1925年8月25日。

份是同盟会元老和国民党中央监察委员,易培基则当过孙中山秘书,他们控制女师大的目的,最初是为了打击教育界的英美派势力,但是随着五卅运动之后南北政府的斗争加剧,女师大风潮逐渐转变为反北洋政府的政潮,所以时评认为"如果没有人利用学潮以鼓动政潮,顶着女师大为打倒章士钊的工具,则女师大的解散,无机爆发"①。

不过,鲁迅没有正面回应这些指责。一方面他最初参与女师大风潮是为支持许广平这些被压迫的学生,另一方面他对背后的政党政治内幕并不完全知悉。在他看来,《现代评论》这些英美派的公共形象建构和发言方式更值得揭露和批判。鲁迅首先讽刺了《现代评论》伪装"公正"的虚伪态度,"仿佛他们都是上帝一样,超然象外,十分公平似的","丑态,我说,倒还没有什么丢人,丑态而蒙着公正的皮,这才催人呕吐"。② 其次,鲁迅指出他们擅用"流言""暗箭"这些"畜类的武器,鬼蜮的手段"③,"即如今年,就有什么'鼓动学潮'呀,'谋做校长'呀,'打落门牙'呀这些话"④。可以看出,鲁迅此时仍旧延续了其"特殊智识阶级"的批判思路,没有超出思想革命和派系矛盾的范围,更多针对现代评论派自身的问题加以批评。但是,其他《语丝》同人则有意将《现代评论》和英美派与章士钊的复古反动联系起来批判,譬如周作人指出:

> 此刻中国(至少是北京)的言论界上显然分出两个局面:一是继承《新青年》以来的思想革命的革新运动,目下并没有中心,方面颇广,但实力不多(老兵有被俘的,有退伍的,新兵又还未练好)。一是继承《公言报》以来的反动的复古运动,目下的中心是《甲寅周刊》,附和者各种人都有,虽说是乌合之众,现在的势力却不可轻视。将来胜负如何,此刻不好预言,所可以说的是这回战争的关系颇大,这决不仅是文白兴废的问题。⑤

周作人因此提出了面对反动势力时"言论界之分野"和知识阶级的立场原则问题,他批评胡适等人面对章士钊"代表大部分恶势力发言"的情况,"知识阶级,周旬刊物,不加指摘,悉所宽容,区区大虫运动,安狐狸之足问

---

①　谭慕愚:《关于北京教育界及女师大风潮的一封信》,《醒狮》第50号,1925年9月19日。

②　鲁迅:《答 KS 君》,《莽原》第19期,1925年8月28日。

③　鲁迅:《并非闲话》,《京报副刊》,1925年6月1日。

④　鲁迅:《并非闲话》,《语丝》第56期,1925年12月7日。

⑤　辛民(周作人):《言论界之分野》,《京报副刊》,1925年8月21日。

哉？予言良太迂矣。宽容宽容，几多罪恶假汝之名以行！提倡宽容之'流弊'亦大矣哉！"①所以他公开宣称"政治我是不喜欢谈的，但也有要谈的东西"②，开始抛弃五四时期的"平淡自然"，转向浙东的"师爷气"即"喜骂人的脾气"③。而林语堂则在此基础上提出了"必谈政治"的主张，他认为《现代评论》的"闭门读书""勿谈政治"本质是"中庸主义"和"让你吃主义"，更关键的是，"'勿谈政治'的高论不是空空一个学理，是与政府的行为态度互相表里"。④ 周作人看到此文大加赞赏，他进一步将英美派的这种"绅士的人生观"总结为"让我吃主义"，而女师大风潮和五卅运动的反抗则是一种"不让你吃主义"。⑤

周作人、林语堂等人之所以会从"没有什么主义要宣传，对于政治经济问题也没有什么兴趣"转向"必谈政治"，根源是他们觉得"环境却改变了""不能悠然地置身事外"，被迫放下思想革命的工作，"滚入政治漩涡"。⑥ 鲁迅此后虽然也写了《坚壁清野主义》和《寡妇主义》，来呼应《语丝》群体的"主义"宣传，但他并没有将其政治化，还是从反封建思想革命的视野，批判"坚壁清野主义"和"寡妇主义"都是禁锢人性的女贞思想，"总之，社会不改良，'收起来'便无用"⑦。显然，此时的鲁迅并不认同《语丝》同人关于"环境变了"的判断，他仍旧坚持社会批评而非政治批判。

三、女师大复校与反"费厄泼赖"

女师大和女子大学僵持了两个多月，最终因为政治形势的发展而得以破局。由于1925年11月28日国共两党策划了"反奉倒段"的"首都革命"，"段祺瑞一伙见势不妙，纷纷逃出北京。女师大学生抓住这个有利时机，举行了复校运动"⑧，11月30日下午，她们在鲁迅和许寿裳等人的护送下返回石驸马大街校址，接着对外发布了《复校宣言》。

在12月1日举行的各界联合会上，马裕藻等人强调"章氏党羽，应即日驱逐，一切校务，限即刻签字移交"，但女大方面认为"女师大占据我校，不过

---

① 星命(周作人)：《忠厚的胡博士》，《京报副刊》，1925年8月18日。
② 岂明(周作人)：《我最》，《语丝》第47期，1925年10月5日。
③ 周作人：《雨天的书序》，《语丝》第55期，1925年11月30日。
④ 林语堂：《谬论的谬论》，《语丝》第52期，1925年11月9日。
⑤ 岂明(周作人)：《让我吃主义》，《语丝》第54期，1925年11月23日。
⑥ 岂明(周作人)：《我最》，《语丝》第47期，1925年10月5日。
⑦ 鲁迅：《坚壁清野主义》，《新女性》创刊号，1926年1月1日。
⑧ 《刘亚雄同志谈女师大风潮》，载鲁迅研究室编《鲁迅研究资料 2》，文物出版社，1977年。

少数人报复之私见,并未有正式政府之委命,其行为绝对非法"①。在双方互不相让的情况下,12月11日北京八校召开校务讨论会加以调停,马裕藻承认"女师大之应恢复,本是天经地义,但以理而论,应由教部依法解决"②,但是因为教育总长章士钊逃走,问题迟迟无法解决,其间女师大学生采用了强占校舍、断绝伙食、恐吓等手段将女大学生赶走了。在此情况下,女大校长胡敦复出面邀请英美派人士成立"教育界公理维持会",他们随即在12月16日发表了《致北京各校教职员联席会议函》,宣称女师大复校"其事不惟大违法律,抑且秩出政治常规"③。

看到公开信的鲁迅,随即写了《"公理"的把戏》,批评"当章氏势焰熏天时,我也曾环顾这首善之区,寻求所谓'公理''道义'之类而不得;而现在突起之所谓'教育界名流'者,那时则鸦雀无声;甚且捧献肉麻透顶的呈文,以歌颂功德",同时他矛头直指参加了"教育界公理维持会"的现代评论派,讽刺他们"都是北大教授,又大抵原住在东吉祥胡同,又大抵是先前反对北大对章士钊独立的人物,所以当章士钊炙手可热之际,《大同晚报》曾称他们为'东吉祥派的正人君子',虽然他们那时并没有开什么'公理'会",自此现代评论派和章士钊就被鲁迅放在一起进行批评了。④

现代评论派之所以会参加"教育界公理维持会",既因为支持英美派的需要,又因为"现代评论社内有几个人,因为本身是家长的缘故,加入了女大维持会"⑤。为了反击鲁迅的批评,《现代评论》在随后的第54期刊发了多篇文章,在强调女师大非法复校的基础上,批评背后利用学生的阴谋家,他们将中国的民众领袖与英国的费边社做对比,批评其缺乏"诚实;组织力;与基本的政治知识",不过是"蓄意利用民众""逢迎民众"的"机会家""阴谋家"。⑥陈西滢尤其批评了女师大"叫警卫司令部派兵到女大去打土匪,再用暴力去占据"的做法,讽刺"如果章士钊的状罪在摧残几十个女学生的学业,那么援助女师大者那能反过身来摧残三百几十个女学生的学业?"⑦

鲁迅撰写了一系列文章进行反击,他特别讽刺了对方的自相矛盾:"杨

---

① 《女大与女师大仍在相持中》,《晨报》,1925年12月9日。
② 《八校校务讨论会昨日开会》,《晨报》,1925年12月12日。
③ 《女子大学后援会积极奋斗》,《晨报》,1925年12月17日。
④ 鲁迅:《"公理"的把戏》,《国民新报副刊》,1925年12月24日。
⑤ 唐有壬:《"现代评论主角"唐有壬致晶报书书后》,《语丝》第86期,1926年7月5日。
⑥ 王世杰:《民众运动与领袖》,《现代评论》第3卷第54期,1925年12月19日。
⑦ 西滢(陈西滢):《闲话》,《现代评论》第3卷第54期,1925年12月19日。

荫榆时候多数不该'压迫'少数,现在是少数应该服从多数了"①,"刘百昭殴曳女师大学生,《现代评论》上连屁也不放,一到女师大恢复,陈西滢鼓动女大学生占据校舍时,却道'要是她们不肯走便怎样呢? 你们总不好意思用强力把她们的东西搬走了吧?'"②在鲁迅看来,现代评论派的"正人君子"总是"今日之我打昨日之我,'道义'之手批'公理'之颊——说得俗一点:自己打嘴巴"③,而其本质是一种"在章士钊门下暗作走狗"④的"势利""骑墙"行为。

从这些论争可以看出,一方侧重指责对方非法和利用学生,一方则指责对方"捧章"和假装公正,都想陷论敌于极为反动之地。本来双方都是相熟之人,但是从之前的北大脱离教部案到如今的女师大复校之争,法日派和英美派逐渐走向不可调和的地步。而"首都革命"后,亲国民党势力暂时控制了北京局势,作为胜利一方的鲁迅撰写了《论"费厄泼赖"应该缓行》,一方面倡导"打落水狗"的精神,将矛头指向与己为敌的章士钊和现代评论派,另一方面则将批评指向《语丝》群体,反对他们此时提倡"费厄泼赖"这种《现代评论》经常标举的公平宽容精神。

"首都革命"之后,吴稚晖针对章士钊的下台,提出了不要再"打死老虎"⑤的说法,周作人对此表示赞同,并将其表述为"打落水狗","吾乡方言,即'打死老虎'之意",他一改之前批判胡适等人对章士钊"宽容"的态度,在他看来:

> 一旦树倒胡狲散,更从那里去找这班散了的,况且在平地上追赶胡狲,也有点无聊,卑劣,虽然我不是绅士,却也有我的体统与身分。所谓革命政府不知还有几天的运命,但我总已不得不宣告自十二月一日起我这账簿上《赋得章士钊及其他》的题目也当一笔勾消了事。⑥

周作人此时又重提五四时自己倡导的"宽容"精神,强调《语丝》"除了政党的政论以外,大家要说什么都是随意,唯一的条件是大胆与诚意,或如洋绅士所高唱的所谓'费厄泼赖'(fair Play)"。⑦ 林语堂不但支持周作人的

---

① 鲁迅:《这回是"多数"的把戏》,《国民新报副刊》,1925 年 12 月 31 日。
② 鲁迅:《论"费厄泼赖"应该缓行》,《莽原》半月刊第 1 期,1926 年 1 月 10 日。
③ 鲁迅:《碎话》,《猛进》第 44 期,1926 年 1 月 8 日。
④ 鲁迅:《这回是"多数"的把戏》,《国民新报副刊》,1925 年 12 月 31 日。
⑤ 稚晖(吴稚晖):《官软——共产党软——吴稚晖软》,《京报副刊》,1925 年 12 月 1 日。
⑥ 岂明(周作人):《失题》,《语丝》第 56 期,1925 年 12 月 7 日。
⑦ 岂明(周作人):《答伏园论"语丝的文体"》,《语丝》第 54 期,1925 年 11 月 23 日。

态度,而且将"不打落水狗"的原因和意义做了进一步的概括,他强调"对于失败者不应再施攻击,因为我们所攻击的在于思想非在人,以今日之段祺瑞章士钊为例,我们便不应再攻击其个人",而不打落水狗"也正足以补充'费厄泼赖'的意义"。①

显然,《语丝》同人的"必谈政治"有一个限度,它无法逾越自由主义知识阶级的宽容理性设定的边界,但在思想更激进的鲁迅看来,这种放不下"体统与身分"的"'费厄泼赖'尤其有流弊,甚至于可以变成弱点,反给恶势力占便宜",因而是一种错误的知识分子精神。鲁迅由于经历过秋瑾、王金发的死以及"二次革命"失败这些血淋淋的教训,所以他反对"枉道"和"恕道",推崇"以眼还眼以牙还牙"的"直道"。在鲁迅看来,"不打死老虎"的前提是"敌手也须是刚勇的斗士",但"狗性总不大会改变的",而且要特别警惕《现代评论》这种貌似"折中,公允,调和,平正"的"叭儿狗",他们擅长寻找"费厄"的弱点,转而"利用了来替章士钊的'遗泽'保镳",所以鲁迅的核心结论是:

> 要看清对手。而且还要有等差,即"费厄"必视对手之如何而施,无论其怎样落水,为人也则帮之,为狗也则不管之,为坏狗也则打之。一言以蔽之:"党同伐异"而已矣。②

在"首都革命"和女师大复校胜利的激发下,鲁迅表现出比《语丝》同人更为彻底的斗争精神,他一改此前只从思想革命和派系斗争角度来批判现代评论派伪装"公正"的做法,转而将其视为章士钊和段祺瑞政府的"叭儿狗",但也因此开始抹杀他们的具体性和复杂性。

实际上,《现代评论》的创办是冯玉祥政变后南北政府合作的产物,"汪精卫主张在北方办一个刊物,由段拿出一千银元作开办费。这笔款由李石曾先生转到"③,其主要成员"王世杰、周鲠生、皮皓白、高一涵、燕树棠、彭浩徐(留比),唐有壬(留日)"等人"都是同盟会出身的国民党"④。但是"《现代评论》的撰稿人的政治色彩是复杂的",他们都是些"挂名党员",组织观

---

① 语堂(林语堂):《插论语丝的文体——稳健,骂人,及费厄泼赖》,《语丝》第 57 期,1925 年 12 月 14 日。
② 鲁迅:《论"费厄泼赖"应该缓行》,《莽原》半月刊第 1 期,1926 年 1 月 10 日。
③ 陈纪滢:《陈通伯先生一生的贡献》,台湾《传记文学》第 16 卷第 6 期,1970 年 6 月。
④ 陈西滢:《关于"新月社"——覆董保中先生的一封信》,台湾《传记文学》第 18 卷第 4 期,1971 年 4 月。

念松散,所以有时"反对北洋军阀、反对章士钊",有时又"反对李石曾"。①
作为北大法政学科的教授,现代评论派更信奉英美自由主义,标举独立精神
和研究态度,他们不赞同暴力革命,支持温和渐进的社会改良,"相信用会议
的方法来解决国事,至少总要比用战争的方法来解决国事妥当些"②,因而
既反对"名流们""徒退避以鸣高",又反对"民党分子""徒为消极的反对以
谢责"③。正如刘光一指出的:

> 我们明知"与虎谋皮"的不易,并始终怀疑段氏的决心和能力,但在
> 全国生灵重遭涂炭之后,何忍就说一个"不"字,所以主张给段氏政策一
> 个试验的机会,希望外靠舆论的督责,内恃会中开明分子的努力,为黯
> 淡的时局,开一条光明的途径。④

但是随着段、章的日渐反动,现代评论派开始转向批判立场,认为"政府
既不可靠,军阀又不足恃,那么,我们仍旧归到国民身上"⑤。陈西滢的表现
最为典型:对于章士钊的复古,他曾在《闲话》中多次加以讽刺,认为"白话
文言与出品多少实在是风牛马不相及"⑥,"白话文重自我的表现,文言文却
重模仿"⑦;对于群众运动,他也曾批评政府"取好于洋人","巡警禁止民众
示威运动尤其是可怪"⑧;对于军阀政客,他批评了"吴佩孚,吴景濂,高恩
洪,猪子议员",哀叹"民众受了军阀们的残杀,宰割"⑨。

然而在愈演愈烈的政治形势下,现代评论派出现了从"东吉祥派的正
人君子"到"章士钊门下暗作走狗"的变化,而鲁迅一方也从"某藉某系"
变成了"学匪""学棍",这反映出双方的冲突已经从派争转向了政争,从
文化转向了政治。本来现代评论派标举独立研究和"不尚攻讦",语丝派
也强调"自由思想"和"独立判断",他们不但文化同源而且人际交熟,然
而在"滚入政治漩涡"之后,开始互相攻击构陷,均欲置对方于极为反动
之地。

① 《陈翰笙谈〈现代评论〉周刊》,《中国现代文学研究丛刊》1990 年第 2 期。
② 高一涵:《善后会议议员的出席问题》,《现代评论》第 1 卷第 5 期,1925 年 1 月 10 日。
③ 周鲠生:《善后会议是否应当参加?》,《现代评论》第 1 卷第 6 期,1925 年 1 月 17 日。
④ 刘光一:《今后之时局》,《现代评论》第 1 卷第 14 期,1925 年 3 月 14 日。
⑤ 王星拱:《谈经济绝交》,《现代评论》第 2 卷第 31 期,1925 年 7 月 11 日。
⑥ 西滢(陈西滢):《闲话》,《现代评论》第 2 卷第 37 期,1925 年 8 月 22 日。
⑦ 西滢(陈西滢):《闲话》,《现代评论》第 2 卷第 38 期,1925 年 8 月 29 日。
⑧ 西滢(陈西滢):《闲话》,《现代评论》第 2 卷第 47 期,1925 年 10 月 31 日。
⑨ 西滢(陈西滢):《闲话》,《现代评论》第 2 卷第 49 期,1925 年 11 月 14 日。

第二节 三一八惨案与革命和反革命的对立

一、"攻周专号"与"公仇私怨"

"首都革命"之后,法日派全面获胜,易培基成为教育总长兼女师大校长,他不但将鲁迅复职,而且正式聘其为女师大国文系教授、教职员会代表和评议会委员,同时鲁迅还接受了国民党北方机关报《国民新报副刊》的聘任,成为其乙刊编辑。而英美派则陷入失败,章士钊家被捣毁,晨报馆被群众火烧,"十二月二十五日的反基督教大同盟运动,竟将现代评论社的人都列入应打应烧的名单里面"①。1926 年 1 月 2 日,陈西滢在《现代评论》上提出了自己"新年的决心",宣布"以后永远不管人家的闲事"②,显然是承认失败、表示退出之意。

但是,周氏兄弟发表了一系列文章痛打落水狗,先是周作人"希望陈先生也不要高隐,还是仍旧来管点闲事"③,接着鲁迅讽刺陈西滢的"不管闲事"是"故意装痴作傻"④,"这些老玩意,也只好骗骗极端老实人"⑤。但陈西滢沉默不应,徐志摩于是在《晨报副刊》为其打抱不平,他说"西滢是个傻子;他妄想在不经心的闲话里主持事理的公道,人情的准则。他想用讥讽的冰屑刺减时代的狂热。那是不可能的",同时又提到凌叔华曾劝陈西滢"你不要再做文章得罪人家了,好不好? 回头人家来烧我们的家,怎么好?"他借此称赞陈西滢"对女性的态度,那是太忠贞了"。⑥ 看到此文后的鲁迅写了《有趣的消息》,嘲讽"惜哉,没有这样的好妹子"⑦,接着周作人撰文揭露陈西滢对女性未必忠贞:

> 我知道在北京有两位新文化新文学的名人名教授,因为愤女师大前途之棘,先章士钊,后杨荫榆而扬言于众曰,"现在的女学生都可以叫局。"这两位名人是谁,这里也不必说,反正总是学者绅士罢了。⑧

① 唐有壬:《"现代评论主角"唐有壬致晶报书书后》,《语丝》第 86 期,1926 年 7 月 5 日。
② 西滢(陈西滢):《闲话》,《现代评论》第 3 卷第 56 期,1926 年 1 月 2 日。
③ 何曾亮(周作人):《半席话乙(三 管闲事)》,《京报副刊》,1926 年 1 月 5 日。
④ 鲁迅:《杂论管闲事·做学问·灰色等》,《语丝》第 62 期,1926 年 1 月 18 日。
⑤ 鲁迅:《有趣的消息》,《国民新报副刊》,1926 年 1 月 19 日。
⑥ 志摩(徐志摩):《"闲话"引出来的闲话》,《晨报副刊》,1926 年 1 月 13 日。
⑦ 鲁迅:《有趣的消息》,《国民新报副刊》,1926 年 1 月 19 日。
⑧ 岂明(周作人):《闲话的闲话之闲话》,《晨报副刊》,1926 年 1 月 20 日。

陈西滢看后大怒,立即写信质问周作人:"这话先生说了不止一次了,可是好像每次都在骂我的文章里,而且语气里很带些阴险的暗示","如果先生还有半分'人气',请先生清清楚楚的回我两句话:(一)我是不是在先生所说的两个人里面?(二)如果有我在内,我在什么地方,对了谁扬言了来?"①周作人复信表示"那句话我是间接听来的,如要发表说话的名字,必要先得那位中间的见证的允许"②,于是陈西滢致信见证人张凤举,要求他出来澄清事实,张凤举赶紧道歉"这次事完全是我误传的结果"③,陈西滢再次致信周作人,要求他"很郑重的向'天下的女性'和被诬蔑的人赔一个罪"④。而恰在此时,《语丝》发表了川岛、刘半农、林语堂的一组文章,不但用陈西滢觉得"下流"的语言讽刺凌叔华,而且川岛还再次提到凌叔华抄袭瑟亚词侣画的事,"她描过他的画,所描的见去年十月晨报副刊"⑤。

实际上,双方此前就针对抄袭问题发生过论战。1925年10月8日,陈学昭化名"重余"在《京报副刊》发表《似曾相识的晨报副刊篇首图案》,指出凌叔华剽窃了瑟亚词侣的作品,为此主编徐志摩专门致信孙伏园,解释是自己疏忽所致。11月7日凌叔华在《现代评论》发表了小说《花之寺》,一周后又有人在《京报副刊》指出"现在某女士竟把柴霍甫的《在消夏别墅》(从赵景深君的译名,见上海文学周报一八二号)抄窜来了"⑥。在陈西滢看来幕后主使是鲁迅,因为他在教育部就负责美术和小说,于是他撰文讽刺"批评家不见大处,只见小处","整大本的剽窃,他们倒往往视而不见。要举个例么?还是不说吧,我实在不敢再开罪'思想界的权威'"。⑦ 这显然是暗示鲁迅抄袭了。而如今语丝派又在围攻自己和凌叔华,"忍不住爆发了"的陈西滢表示:"他们兄弟二位既然那样的咄咄逼人,我现在偶然不客气一次""揭穿一两个'假面具'"。⑧ 于是,他在给徐志摩的信中明确指出鲁迅抄袭的

① 《西滢致岂明》,《闲话的闲话之闲话引出来的几封信》,《晨报副刊》,1926年1月30日。按,1925年8月12日周作人在《京报副刊》发表的《与友人论章杨书》中第一次提到"甚至好些有名的北京教授也染此恶习,公言女学生可以叫局,(当然是间接听来,因为我的朋友里没有这样的人)",8月21日又在《京报副刊》发表的《答张崧年先生书》中提到"宣传女学生可以叫局的那些下流东西"。

② 《岂明致西滢》,《闲话的闲话之闲话引出来的几封信》,《晨报副刊》,1926年1月30日。

③ 《凤举致西滢》,《闲话的闲话之闲话引出来的几封信》,《晨报副刊》,1926年1月30日。

④ 《西滢致岂明》,《闲话的闲话之闲话引出来的几封信》,《晨报副刊》,1926年1月30日。

⑤ 爱管闲事(章廷谦):《刘博士订正中国现代文学史冤狱图表》,《语丝》第63期,1926年1月26日。

⑥ 晨牧:《零零碎碎》,《京报副刊》,1925年11月14日。

⑦ 西滢(陈西滢):《闲话》,《现代评论》第2卷第50期,1925年11月21日。

⑧ 《西滢致凤举》,《闲话的闲话之闲话引出来的几封信》,《晨报副刊》,1926年1月30日。

问题：

> 他常常挖苦别人家抄袭。有一个学生钞了沫若的几句诗，他老先生骂得刻骨镂心的痛快，可是他自己的《中国小说史略》却就是根据日本人盐谷温的《支那文学概论讲话》里面的"小说"一部分。①

除此之外，陈西滢还对鲁迅丑诋，讽刺他"放冷箭""散布流言""骂人"，实际是一个"刀笔吏"和"官僚"，在他的一再要求下，徐志摩以《闲话的闲话之闲话引出来的几封信》为题，将各方信件全部在《晨报副刊》登出。这期"攻周专号"发表后，周氏兄弟陷入非常被动的局面，周作人只得在《语丝》《晨报副刊》连续发文，声明事件和陈西滢无关，因为"凤举竭力央求，为息事宁人计，只好说是得之传闻，等于认输"②，但鲁迅"以眼还眼以牙还牙"，他当即撰写《不是信》逐条反驳，尤其是针对最关键的"抄袭"问题，他指出"陈源教授大概是以为揭发叔华女士的剽窃小说图画的文章，也是我做的，所以早就将'大盗'两字挂在'冷箭'上，射向'思想的权威者'"，但此事和自己毫无关系，鲁迅强调：

> 盐谷氏的书，确是我的参考书之一，我的小说史略二十八篇的第二篇，是根据它的，还有论《红楼梦》的几点和一张贾氏系图，也是根据它的，但不过是大意，次序和意见就很不同。其他二十六篇，我都有我独立的准备，证据是和他的所说还时常相反。③

鲁迅的猛烈回击印证了徐志摩此前"发表了非但无益，并且不免更惹纠纷"④的担心，徐志摩赶紧发表《结束闲话，结束废话！》，要求双方"带住"⑤，但是鲁迅写了《我还不能"带住"》，他指出"我本没有去'混斗'，倒是株连了我。现在我还没有怎样开口呢，怎么忽然又要'带住'了？""倘使我没有这笔，也就是被欺侮到赴诉无门的一个；我觉悟了，所以要常用，尤其是用于使麒麟皮下露出马脚"。⑥

---

① 《西滢致志摩》，《闲话的闲话之闲话引出来的几封信》，《晨报副刊》，1926 年 1 月 30 日。
② 周作人：《知堂回想录（下）》，第 511 页。
③ 鲁迅：《不是信》，《语丝》第 65 期，1926 年 2 月 8 日。
④ 志摩（徐志摩）：《关于下面一束通信告读者们》，《晨报副刊》，1926 年 1 月 30 日。
⑤ 志摩（徐志摩）：《结束闲话，结束废话！》，《晨报副刊》，1926 年 2 月 3 日。
⑥ 鲁迅：《我还不能"带住"》，《京报副刊》，1926 年 2 月 7 日。

而同样气愤难平的川岛则在《语丝》发文,一方面指出"叫局问题——我也听说是陈源教授所说",另一方面揭露《现代评论》的津贴问题,"据说,章士钊经手一千元之外,国民党亦曾津贴一千元,还有二百元是武昌某大学校长送的"①。其实,此前《猛进》就曾指出《现代评论》"因为受了段祺瑞章士钊的几千块钱,吃着人的嘴软,拿着人的手软,对于段祺瑞章士钊的一切胡作非为,绝不敢说半个不字"②,因此称其为"白话老虎报",而周作人也在《语丝》广告中称本刊"不说别人的话""不用别人的钱"③,以此来暗讽《现代评论》。实际上,《现代评论》的创刊本就是段(祺瑞)、孙(中山)、张(作霖)三角联盟合作的产物,而且当时的报刊接受政府津贴也是一个常见现象④,但在南北冲突和反段反章的情况下,爆出此事的意谓就不同了。陈西滢看到川岛的文章后,坚决否认自己拿过钱,并警告川岛"要是毫无证据,说什么'概不确知',是应当吃嘴巴的"⑤。但问题在于《现代评论》确实收了政府的津贴,而且"《现代评论》收受章士钊一千元的消息乃是从《现代评论》社出来的"⑥,所以陈西滢也只能说自己没拿过钱,但对《现代评论》的津贴问题避而不谈。而川岛的助力则让原本灰头土脸的周作人重获生机,他抓住"津贴"问题写了多篇文章,抨击这是"一笔买奴才的钱"⑦,这时又轮到《现代评论》陷入困境了。

从"叫局"到"抄袭"再到"津贴"事件,"双方的怨毒愈结愈深,结果彼此都拿出本性里的骂街婆甚至野兽一类东西来对付"⑧。随着"流言"互造越来越多,公仇私怨、远因近事掺杂在一起,是是非非已经很难搞清,以至于劝和的胡适都说,"越到了后来,你们的论战离题越远,不但南方的读者不懂得你们说的什么话,连我这个老北京也往往看不懂你们用的什么'典',打的什

---

① 川岛(章廷谦):《反周事件答问》,《语丝》第68期,1926年3月1日。
② 燕召亭、蔚麟:《通信》,《猛进》第31期,1925年10月2日。
③ 《北京的一种古怪周刊〈语丝〉的广告》,《京报副刊》,1926年1月21日。
④ 按,《晨报》1925年11月19日在《请看六机关之宣传部》中披露北洋政府参政院、军事善后委员会等六个部门,联合以"宣传费"名义给全国一百二十五家报馆、通讯社发津贴,分"超等者""最要者""次要者""普通者"四等,林白水的《社会日报》和邵飘萍的《京报》名列"超等者"六家之中,每月至少可得二百元,成舍我的《世界日报》《世界晚报》名列"最要者"三十九家中,每月可得二百元,而这些刊物恰恰是批评政府最激烈的刊物。徐铸成在《李思浩生前谈北洋财政和金法郎案》中也提到段祺瑞政府给胡政之、邵飘萍送津贴的事。(杜春和、林斌生、丘权政编:《北洋军阀史料选辑(下册)》,第236、237页)
⑤ 西滢(陈西滢):《闲话》,《现代评论》第3卷第65期,1926年3月6日。
⑥ 岂明(周作人):《"现代评论主角"唐有壬致晶报书书后》,《语丝》第86期,1926年7月5日。
⑦ 岂明(周作人):《我们的闲话》,《语丝》第76期,1926年4月26日。
⑧ 志摩(徐志摩):《关于下面一束通信告读者们》,《晨报副刊》,1926年1月30日。

么官司了"①。

关于这场时人眼中的"教授骂街",双方的埋怨有着很大的差异。作为信奉宽容理性的英美派,陈西滢自责说:"我一向总想兢兢业业的向前走,总想不让暴戾之气占据我的心。可是,志摩,这次也危险得很了! 这一次我想,我已经踏了两脚泥!"②徐志摩也认为"鬼是可怕的;他不仅附在你敌人的身上,那是你瞅得见的,他也附在你自己的身上,这你往往看不到"③,为此他提醒双方"意气是病象的分数多,健康的分数少""怨毒是可怕的"④。但这些"公理正义的美名,正人君子的徽号",在鲁迅看来都是英美派杀人不见血的"好花样",像"鬼附身"的说法,"那就是一并承认了陈源教授的身上也有鬼,李四光教授自然也难逃。他们先前是自以为没有鬼的",所以他希望正人君子们"除下假面具,赤条条地站出来说几句真话就够了"。⑤

虽然意识到骂战对个人存在负面影响,但徐志摩接着指出:"这场争执虽则表面看性质是私人的,但它所牵连的当事人多少都是现代的知名人,多少是言论界思想界的领导者,并且这争执的由来是去年教育界最重要的风潮,影响不仅到社会,并且到政治,并且到道德"⑥。关于这一点,鲁迅与徐志摩的看法其实是相似的,他后来在谈及这一时期的骂文时说:

> 自然,辑印起来,可知也未始不可以作后来者的借鉴。但读者不察,往往以为这些是个人的事情,不加注意,或则反谓我"太凶"。我的杂感集中,《华盖集》及《续编》中文,虽大抵和个人斗争,但实为公仇,决非私怨,而销数独少,足见读者的判断,亦幼稚者居多也。⑦

二、"领袖"责任与政府"帮闲"

正当语丝派和现代评论派围绕流言激烈论争时,突然爆发了三一八惨案,双方的矛盾不但没有因此缓和,反倒因为对群众运动和北洋政府的不同态度,爆发了更激烈的论战。

---

① 胡适:《胡适致鲁迅、周作人、陈源(稿)》,载中国社会科学院近代史研究所中华民国史研究室编《胡适来往书信选(上)》,第 378、379 页。

② 《西滢致志摩》,《闲话的闲话之闲话引出来的几封信》,《晨报副刊》,1926 年 1 月 30 日。

③ 志摩(徐志摩):《再添几句闲话的闲话乘便妄想解围》,《晨报副刊》,1926 年 1 月 20 日。

④ 志摩(徐志摩):《关于下面一束通信告读者们》,《晨报副刊》,1926 年 1 月 30 日。

⑤ 鲁迅:《我还不能"带住"》,《京报副刊》,1926 年 2 月 7 日。

⑥ 志摩(徐志摩):《关于下面一束通信告读者们》,《晨报副刊》,1926 年 1 月 30 日。

⑦ 鲁迅:《340522 致杨霁云》,载《鲁迅全集(第十三卷)》,第 113 页。

三一八惨案的起因,是 1926 年 3 月 12 日日本军舰炮击大沽口,国共两党准备掀起反帝反军阀的运动,于是决定 3 月 18 日在天安门召开国民大会,然后赴执政府请愿,但没想到当局的卫队实弹射击,酿成了空前的惨剧。惨案发生的当天,鲁迅就写了《无花的蔷薇之二》,称这是"民国以来最黑暗的一天",痛斥当局的"虐杀"和"谎说"。① 但是,鲁迅发现言论界却有很多人在批判民众运动的领袖,如林学衡就批评他们"惟务放言高论","必欲置千百珍贵之青年于死地"②,国家主义派也批评"民众运动之主持者""虽非有意置民众于死地,但见事不明,以人命为儿戏"③。这些言论在鲁迅看来,真是"一些比刀枪更可以惊心动魄者",于是他在 3 月 25 日专门作了《"死地"》,批判"几个论客,以为学生们本不应当自蹈死地,前去送死的"的看法。④

3 月 26 日,《京报》登出了"还要通缉五十多人"的消息,鲁迅在分析了名单之后,认为自己名列其中和之前参与女师大风潮有关,于是他一面去莽原社避难,一面撰文批评政府杀人罗网之所以布成,是因为"其关键就全在于'流言'的奏了功效""其实去年有些'正人君子'们称别人为'学棍''学匪'的时候,就有杀机存在,因为这类诨号,和'臭绅士''文士'之类不同,在'棍''匪'字里,就藏着可死之道的"。⑤ 显然,现代评论派在此时的鲁迅眼中已经成了段祺瑞政府的"帮闲"。而这份通缉名单的拟定,舆论也普遍认为是"章马深恶教育界之迭次反对,早有大兴党狱之意,特托陈任中调查反对者之姓名,开单密告"⑥。

不过这都是鲁迅一方的认知,实际上《现代评论》在 3 月 27 日出版的第 68 期上,集中表达了他们对三一八惨案的基本态度:

> 我们伤痛;我们在这里,谨对于死者伤者,以及死者伤者之父母,夫妇,儿女,献我们无限的哀思。我们愤慨;但是我们相信,杀人者终有服法之一日;我们恐惧;但是我们相信,凡从事民众运动的人,将因君等之

---

① 鲁迅:《无花的蔷薇之二》,《语丝》第 72 期,1926 年 3 月 29 日。
② 林学衡:《为青年流血问题敬告全国国民》,《晨报》,1926 年 3 月 20 日,载江长仁编《三一八惨案资料汇编》,北京出版社,1985 年,第 317 页。
③ 《中国全国国家主义团体联合会宣言》,《商报》,1926 年 3 月 25 日,载江长仁编《三一八惨案资料汇编》,第 209 页。
④ 鲁迅:《"死地"》,《国民新报副刊》,1926 年 3 月 30 日。
⑤ 鲁迅:《可惨与可笑》,《京报副刊》,1926 年 3 月 28 日。
⑥ 《"三·一八"惨案之内幕种种》,《京报》,1926 年 4 月 9 日,载江长仁编《三一八惨案资料汇编》,第 43 页。

牺牲,得着些铭心刻骨的教训。①

可以看出,《现代评论》的批判指向了"死者""杀人者""领导者"三个方面,这在该期多篇文章里都有体现:首先是痛惜青年的牺牲,但也指出"少青意气极重,故环境所激,当有少数人越出常轨以外行动"②;其次谴责"元首犯罪",认为"段祺瑞以及其他参加残杀计划的决定的人,自然要与他土匪式的卫队,同为本案的责任者"③;最后批评"做父兄,尤其是做师长的""也未免太不负民众领袖的责任","又犯了故意引人去死地的嫌疑",陈西滢特别举了杨德群的例子,指出"杨女士还是不大愿意去,半路又回转。一个教职员勉强她去,她不得已去了",最终因此牺牲。④

但出乎现代评论派意料的是,该期发表后他们批判政府的一面无人关注,批评民运领袖的言论却引发了各方不满,共产党方面将其视为反动的"军阀、政客、官僚、'学者'、国家主义派的领袖和国民党右派的份子"⑤,而杨德群的亲戚任培道发表了《杨德群烈士事略》,称其"究心于孙中山三民主义",是一贯坚持"中山革命精神"⑥的烈士,同学李慧、雷瑜等人则在辟谣同时致信陈西滢,强调杨德群"她于被害之三个月以前加入国民党",指责陈西滢"颠倒事实,一似欲为卖国贼减轻罪恶者","希望先生履行更正之责,速为披露,以明真相"。⑦ 作为"师长"的周作人也撰文批评陈西滢"捏造事实,传布流言,以取媚权贵","实在是现代评论社里替章士钊最出力的唯一的人"⑧,而鲁迅先在《记念刘和珍君》中,强调学生请愿是"欣然前往"的,杨德群"沉勇而有爱"⑨,后又在《空谈》中讽刺陈西滢说:"群众领袖应负道义上的责任。这些东西仿佛就承认了对徒手群众应该开枪,执政府前原是'死地',死者就如自投罗网一般。"⑩

陈西滢对此进行了答复,他强调"我听见关于杨女士的话,在《大同晚

---

① 记者:《悼三月十八日的牺牲者》,《现代评论》第 3 卷第 68 期,1926 年 3 月 27 日。

② 许仕廉:《首都流血与军学阶级战争》,《现代评论》第 3 卷第 68 期,1926 年 3 月 27 日。

③ 王世杰:《论三月十八日的惨剧》,《现代评论》第 3 卷第 68 期,1926 年 3 月 27 日。

④ 西滢(陈西滢):《闲话》,《现代评论》第 3 卷第 68 期,1926 年 3 月 27 日。

⑤ 秋白(瞿秋白):《北京屠杀后之中国民族的仁爱性》,《向导周报》第 149 期,1926 年 4 月 13 日。

⑥ 任培道:《杨德群烈士事略》,《京报》,1926 年 3 月 26 日,载江长仁编《三一八惨案资料汇编》,第 369 页。

⑦ 雷瑜等:《给西滢先生的一封信——为杨德群女士辩诬》,《京报副刊》,1926 年 4 月 4 日。

⑧ 岂明(周作人):《陈源口中的杨德群女士》,《京报副刊》,1926 年 3 月 30 日。

⑨ 鲁迅:《记念刘和珍君》,《语丝》第 74 期,1926 年 4 月 12 日。

⑩ 鲁迅:《空谈》,《国民新报副刊》,1926 年 4 月 10 日。

报》登载某君通信的前几天。传说的人,也有杨女士的亲戚,也有与女师大有关的人,所以就记录下来了",他颇为委屈地表示:"因为那'杨女士不大愿意去'一句话,有些人在许多文章里就说我的罪状比执政府卫队还大! 比军阀还凶!","不错,我曾经有一次在生气的时候揭穿过有些人的真面目,可是,难道四五十个死者的冤可以不雪,睚眦之仇却不可不报吗?"①在陈西滢看来,《大同晚报》明明也提及杨德群被迫参加请愿一事,而唯独自己成了被围攻对象,显然是周氏兄弟在借机复仇。

针对陈西滢的暗示,周作人写了《论并非文人相轻》《论并非睚眦之仇》加以反击,他表示"我与陈源一点都没有什么仇"②,"我轻陈源,与他之是否文人毫不相关,我只轻他是章士钊的徒党,是现代评论社的第一个捧章的人"③。而对自己始终不放过《现代评论》的原因,周作人指出:

> 五四时代北京各校教职员几乎是一致反抗政府,这回大屠杀之后,不特不能联合反抗,反有联席会议的燕树棠,《现代评论》的陈源之流,使用了明枪暗箭,替段政府出力,顺了通缉令的意旨,归罪于所谓群众领袖,转移大家的目光,减少攻击政府的力量,这种丑态是五四时代所没有的。其实这样情形当然不是此刻才有的,去年大半年来早已如此,反反章士钊事件可以算是这个无耻运动的最高潮,而这回的残杀也就是其结果。政府以前还怕舆论制裁,不敢任意胡为,到了去年知道这些舆论代表与知识阶级都是可以使得变相的,章士钊只须经手一千块钱的津贴便可分设一家白话老虎报于最高学府,有人长期替他颂扬辩护或诬陷别人,这是多么经济的办法! 有了一部分"知识阶级"做段章的镖客,段政府自然就胆大了,——现在还不开枪等候何时!④

周作人越出"私怨",从知识阶级与反动政府的"公仇"角度,揭示出了现代评论派自由主义理念的保守性。陈西滢一直追求公理公正,宣扬"在'党同伐异'的社会里,有人非但攻击公认的仇敌,还要大胆的批评自己的朋友,在提倡民权的声浪中,有人非但反抗强权,还要针砭民众,在以好恶为是非的潮流中,有人本科学的精神,以事实为根据的讨论是非"⑤,但是在军阀

---

① 西滢(陈西滢):《杨德群女士事件》,《现代评论》第3卷第70期,1926年4月10日。
② 岂明(周作人):《论并非睚眦之仇》,《语丝》第75期,1926年4月19日。
③ 岂明(周作人):《论并非文人相轻》,《京报副刊》,1926年4月10日。
④ 岂明(周作人):《恕府卫》,《京报副刊》,1926年4月2日。
⑤ 西滢(陈西滢):《闲话》,《现代评论》第3卷第53期,1925年12月12日。

统治和国民革命的时期,这种"公理"追求实际变成了对革命的批判和对反革命的辩护,正如鲁迅批评的,它"是杀人不见血的武器,许多战士都在此灭亡,正如炮弹一般,使猛士无所用其力"①。也正因此,《现代评论》就从一个"有时赞成,有时反对,所以称游移派"②的刊物,变成了一份与《晨报》《顺天时报》性质相同的"完全反动"的刊物,唐有壬后来专门回顾了这一变化过程:

> 其后因五卅惨案,我们主张单对英日,而一部分人——尤其是共产党——主张对付列强全体;我们主张这是民族运动,只应对付外国,而他们主张这是社会运动,应一并对付国内资本家。我们的议论颇得社会的同情,而共产党便疑心我们是国家主义者,有意和他们为难,便恨了现代评论。又因女师大以暴力抢夺女大校址的事情,几百个女子大学生弄得流离无归,现代评论社内有几个人,因为本身是家长的缘故,加入了女大维持会,说了几句不平的话,这事更伤了语丝诸人的心。(因为女师大风潮中,从头至尾,他们都居于主干地位。)有这几种原因,他们便一齐攻击起来,甚么反革命派呀,反动派呀,帝国主义者之走狗呀,文妖呀,奴才呀,畜生之畜生呀,都是我们的绰号。③

"思想革命的联合战线"至此彻底破裂,它最终形成了"莽原,语丝,猛进对现代评论;京副,民副对晨副"的"界限"④,而《现代评论》也被视为"与反动派朋比为奸的""我们本阶级的恶势力的代表"⑤,高长虹不久后这样总结这次论争:"这不但是被压迫者反压迫者的运动,而是同情于被压迫者者反同情于压迫者者的运动,是士人中的不阔气的士人反阔气的士人的运动,是艺术与思想反士宦的运动,是真实反虚伪的运动,是人反非人的运动。"⑥而最具宏观历史性和社会现实感的看法则来自瞿秋白,他指出:

> "五四"到"五卅"前后,中国思想界里逐步的准备着第二次的"伟

---

① 鲁迅:《这样的战士》,《语丝》第58期,1925年12月21日。
② 郭春涛:《国民党北京特别市党部党务报告(1926年1月11日)》,载中共北京市委党史研究室编《第一次国共合作在北京》,第277页。
③ 唐有壬:《"现代评论主角"唐有壬致晶报书书后》,《语丝》第86期,1926年7月5日。
④ 长虹(高长虹):《1925,北京出版界形势指掌图》,《狂飙》第5期,1926年11月7日。
⑤ 霉江(韦丛芜):《通信》,《莽原》第20期,1925年9月4日。
⑥ 长虹(高长虹):《旧事重提》,《狂飙》第2期,1926年10月17日。

大的分裂"。这一次已经不是国故和新文化的分别,而是新文化内部的
分裂:一方面是工农民众的阵营,别方面是依附封建残余的资产阶级。
这新的反动思想,已经披了欧化,或所谓"五四"化的新衣服。这个分裂
直到一九二七年下半年才完成,而在一九二五—二六年的时候,却已经
准备着,只要看当时段祺瑞章士钊的走狗"现代评论"派,在一九二七年
之后是怎样的得其所哉,就可以知道这中间的奥妙。①

正是"根于对当时国内政治见解的有异与留学国度所受学术熏陶有所
歧出之故"②,新知识阶级在后五四时代先是分裂为英美派和法日派,之后
从派争变为政争,最终形成了革命与反革命的对立。而对鲁迅来说,"从反
《晨报》反徐志摩,陈西滢,章士钊诸战役而与当代的运动巧妙地联系着"③,
在对现代评论派这些"帮闲文人"的批判过程中,其思想革命的"特殊智识
阶级"批判和国民革命对"不脱封建思想的智识阶级"④的批判形成交集,而
鲁迅也在批判知识阶级反动性的同时,逐渐成为"绅士阶级的贰臣"和"革
命家的诤友"⑤。

三、"建设的批评"与"骂之为战"

鲁迅与现代评论派的冲突分化,不但表现在派系政治立场上,也表现在
文化批评理念上,正如时人指出的,"平心来说,周氏兄弟和西滢先生,因女
师大问题,主张异致,一年来热讽冷嘲,针锋相对,是非问题,我是不晓得的,
光就'骂的艺术'来说,明枪暗箭,原也旗鼓相当"⑥,而其论战的效果也形成
了两派,据石原皋回忆:

> 《现代评论》与《语丝》唱对台戏,各有读者。进步的青年喜看《语
> 丝》,保守的青年喜看《现代评论》。犹忆每逢两者出版的日子,北京沙

① 何凝(瞿秋白):《〈鲁迅杂感选集〉序言》,载中国社会科学院文学研究所鲁迅研究室编
《1913—1983鲁迅研究学术论著资料汇编(第一卷)》,第823页。
② 李璜:《回国任教与对当时学术界的观察》,台湾《传记文学》第21卷第5期,1972年
11月。
③ 高长虹:《一点回忆——关于鲁迅和我》,载山西省盂县《高长虹全集》编辑委员会编《高长
虹全集(第四卷)》,第360页。
④ 超麟(郑超麟):《醒狮派的国家主义》,《中国青年》第72期,1925年3月28日。
⑤ 何凝(瞿秋白):《〈鲁迅杂感选集〉序言》,载中国社会科学院文学研究所鲁迅研究室编
《1913—1983鲁迅研究学术论著资料汇编(第一卷)》,第819页。
⑥ 敬仔:《教授骂街的旁听》,《京报副刊》,1926年2月9日。

滩和马神庙一带都要热闹一番。①

　　总的来看,现代评论派看重的是"建设的批评",认为"批评家最不可少的是同情的精神与商榷的态度。批评的目的在于求艺术之完美,是非之辨明,不在暴人之短,炫己之长",他们创刊伊始就强调"不尚攻讦",反对"意气之争",认为"一染意气,批评立即流为辩护与攻讦;辩护与攻讦二者都足以隐蔽实情,毫无实益"。② 也正因此,他们希望成为"射他耳家(Satirist)",因为"'射他耳家'做的文字,背后还有充分的同情,有种悲天悯人的感觉,有一种相当的标准断事",但他们反对"心里刻家"(Cynic),因其是"犬儒"的"冷笑家","'哼'的一声,鼻子底下的两道冷光一出,天下的是非都没有了"。③ 由于双方当时尚未交恶,他们推崇的榜样就是吴稚晖和鲁迅,而鲁迅"最宜写'射他耳'式的文章,尤其是'射他耳'式的小说"。④

　　虽然现代评论派的丁西林最初也赞成批评可以"骂人",但其他同人反对他的观点,张歆海专门致信《现代评论》表示"不敢恭维他"⑤,而且丁西林自己也特别强调:"批评的时候,虽可以骂人,骂人却不就是批评""我赞成的是一个批评家骂'人',甚而至于丢'人'的脸,我决不赞成一个人乱骂人,因而丢了自己的脸"。⑥ 也正因此,现代评论派在双方反目后,对周氏兄弟一方的"骂人"进行了多方面的批评。

　　作为被骂得最多最狠的人,陈西滢反对"打笔墨官司的时候,谁写得多,骂得下流,捏造得新奇就谁的理由大",在他看来,鲁迅缺乏自我反思,因为他没少"放冷箭""散布流言",不仅其人缺乏一面照自己缺点的镜子,而且"鲁迅先生的文章也是对了他的大镜子写的,没有一句骂人的话不能应用在他自己的身上"。⑦ 唐有壬批评了论敌语言的恶毒,"他们什么话都骂得出,例如'□(从尸从穴)''卵',(见猛进第二十六七期)'臭婆娘□(从尸从穴)缝里的阴虱','鸟'等字,(见语丝第七十二期)他们掉舌即来,而我们终觉得呐呐不能出口",他还指出"现在北京社会坏透了。嫉媚,倾轧,陷害之风,无处不有。以造谣为有能力,以骂人为有勇气"⑧。而丁西林则从"思想革

---

　　① 石原皋:《闲话胡适》,安徽人民出版社,1990年,第73页。
　　② 裴复恒:《结社出书与书报评论》,《现代评论》第2卷第39期,1925年9月5日。
　　③ 罗家伦:《批评与文学批评》,《现代评论》第1卷第19期,1925年4月18日。
　　④ 罗家伦:《吴稚晖与王尔德》,《现代评论》第1卷第20期,1925年4月25日
　　⑤ 张歆海:《"批评与骂人"》,《现代评论》第1卷第4期,1925年1月3日。
　　⑥ 西林(丁西林):《批评与骂人》,《现代评论》第1卷第2期,1924年12月20日。
　　⑦ 《西滢致志摩》,《闲话的闲话之闲话引出来的几封信》,《晨报副刊》,1926年1月30日。
　　⑧ 唐有壬:《"现代评论主角"唐有壬致晶报书书后》,《语丝》第86期,1926年7月5日。

命"的高度进行了批评,他一方面指出"骂绅士的臭架子,在中国实在是思想的因袭,不是思想的革命",另一方面认为"思想革命的运动,在中国也已经有了好几年,到了现在,难道还不应该超过用简单的方程式和喊口号的一步么?"除了批评语丝派的思想革命虚假简单外,丁西林特别指出他们迎合民众的态度: .

> 他们的怀抱是思想革命,他们所骂的人,都是"民众"所要骂的人,因为他们一骂之后,即刻就有许多人跟在后面骂。他们所恭维的人,也都是"民众"所要恭维的人,因为他们一恭维之后,即刻就有许多人跟在后面恭维。他们骂人,同时他们维持了他们的思想领袖的地位和威信。①

可以看出,《现代评论》既反对国民革命和民众运动的非理性狂热,又反对语丝派对革命暴力和民粹主义的迎合,但在鲁迅看来,现代评论派的这些五四自由主义理念无异于刻舟求剑,要想应对后五四的时代激变,就需要"存学者的良心,有市侩的手段","由骂而生出骂以上的事情来",所以"也有人劝我不要做这样的短评。那好意,我是很感激的,而且也并非不知道创作之可贵。然而要做这样的东西的时候,恐怕也还要做这样的东西"②。而鲁迅的"骂之为战"并非乱骂,正如时人意识到的,"鲁迅之笔,以酸尖刻薄而出名,其骂人也,亦有其一定之'孙子兵法'"③。

在鲁迅看来,一般的"论辩之文"往往"即举出对手之语,从头至尾,一一驳去,虽然犀利,而不沉重,且罕有正对'论敌'之要害,仅以一击给与致命的重伤者。总之是只有小毒而无剧毒,好作长文而不善于短文"④。为此鲁迅采取了"论时事不留面子,砭锢弊常取类型"⑤的做法,他截取挪用论敌的言论,通过反复的拼接言说,将其中一些关键词逐渐抽象化,进而变成此类人的标签符号,其具体表现就是鲁迅给现代评论派起的各种"徽号",它们从其字面意思看有"善名名善,恶名名恶"两种类型。

在论战的派争阶段,鲁迅给现代评论派所起的徽号一般偏于"褒义",著名的如正人君子、学者、教授、绅士、公理、正义等。鲁迅正义反用,目的是揭

---

① 西林(丁西林):《"臭绅士"与"臭架子"》,《现代评论》第3卷第66期,1926年3月13日。
② 鲁迅:《华盖集题记》,《莽原》半月刊第2期,1926年1月25日。
③ 黑木:《鲁迅骂人的策略》,《戈壁》半月刊第2期,1928年5月15日。
④ 鲁迅:《250408 致许广平》,载鲁迅、景宋《两地书全编》,第411页。
⑤ 鲁迅:《伪自由书·前记》,载《鲁迅全集(第五卷)》,第4页。

露他们正派外表和正义口号背后的真小人、假公正的面目,正如他在《这样的战士》中所言:"那些头上有各种旗帜,绣出各样好名称:慈善家,学者,文士,长者,青年,雅人,君子……头下有各样外套,绣出各色好花样:学问,道德,国粹,民意,逻辑,公义,东方文明……"①但是,"首都革命"后论战进入政争阶段,鲁迅开始采用"贬义"的徽号,尤其是丑化方式和动物比喻,譬如鸟导师、鸟公理、鸟趣味、狗屁、蛆虫、苍蝇、叭儿狗、山羊、猫等,而"叭儿狗"的定位,很形象地凸显了现代评论派的阴险刻毒和反动帮闲的特征。这种从"人"到"动物"的降级,既是一种对于论敌的道德污名化手段,又反映出双方关系从"我们"到"他们"的身份区隔和政治激化,由此论战也就从文化批评变成了意识形态批判。

鲁迅的"类型化"战法其实古已有之,"中国老例,凡要排斥异己的时候,常给对手起一个诨名,——或谓之'绰号'。这也是明清以来讼师的老手段;假如要控告张三李四,倘只说姓名,本很平常,现在却道'六臂太岁张三''白额虎李四',则先不问事迹,县官只见绰号,就觉得他们是恶棍了"②。这种命名的效力是非常大的,"因为读者大众的对于某一作者,是未必和'批评'或'批判'者同仇敌忾的,一篇文章,纵使题目用头号字印成,他们也不大起劲,现在制出一个简括的诨名,就可以比较的不容易忘记了","名号一出,就是你跑到天涯海角,它也要跟着你走,怎么摆也摆不脱"。③事实上,"正人君子""流言家""叭儿狗"等的确成了现代评论派此后的专属名词。瞿秋白最早对鲁迅的"骂之为战"进行了总结,他强调"不但陈西滢,就是章士钊(孤桐)等类的姓名,在鲁迅的杂感里,简直可以当作普通名词读,就是认做社会上的某种典型",而其价值就在于"揭穿这些卑劣,懦怯,无耻,虚伪而又残酷的刽子手和奴才的假面具,是战斗之中不可少的阵线"。④

对于鲁迅的"骂之为战",《语丝》同人的看法各有不同。钱玄同一直"狠以吴稚晖鲁迅两先生之言为然",对二人倡导的"流氓与泼皮"精神,表示"虽不能至,然心向往之",周作人则有一个从"文艺上的宽容"转向浙东师爷"喜骂人的脾气"的过程。变化最大的则是林语堂,他原本倾向于胡适的英美派,后来加入《语丝》,最初相信周作人的"宽容"和"费厄泼赖",后来随着论战的发展,"渐渐越发相信吴稚晖的野蛮文学论",以及"鲁迅不得不

---

① 鲁迅:《这样的战士》,《语丝》第 58 期,1925 年 12 月 21 日。
② 鲁迅:《补白(二)》,《莽原》第 11 期,1925 年 7 月 3 日。
③ 鲁迅:《五论"文人相轻"——明术》,载《鲁迅全集(第六卷)》,第 394 页。
④ 何凝(瞿秋白):《〈鲁迅杂感选集〉序言》,载中国社会科学院文学研究所鲁迅研究室编《1913—1983 鲁迅研究学术论著资料汇编(第一卷)》,第 823、824 页。

骂东方文明",在他看来,"有艺术的骂比无生气的批评效力大得多。即以文学革命而言,虽然是胡适之平心静气理论之功,也未始非陈独秀'四十二生的大炮'及钱玄同谩骂'选学妖孽与桐城谬种'以与十八妖魔宣战之力。由是观之,骂人之不可以已明矣"。① 而三一八惨案的枪声,更是促使林语堂"益发信仰鲁迅先生凡是狗必先打落水里而又从而打之之话"②,为此他提出了"欲倒军阀还是须先除文妖"③的看法。

读者的反应则截然相反,倾向英美派的读者觉得"若彼此互骂,不惟丈夫不为,正是下流根性的表现","伶巧机警轻薄的态度,都活现在纸上,并且丑的狠"④,而喜欢《语丝》《莽原》的读者的反响却是这样的:

> 这些副刊和期刊都是偏重文艺的,很少讨论到严重的思想问题或政治问题。有时候争论点非常琐碎,譬如进行于鲁迅和陈西滢之间的笔战,牵涉的竟往往是些"私事"。但它们在当时青年中所引起的关心却不下于军国大事。其影响也决不比堂堂正正的政治辩论所发生者为小。人们以无限兴趣注意着围绕于文艺与私事的冷战,却在这些上面分清着新和旧,前进和倒退,非正统和正统,革命和保守。⑤

正是基于"骂之为战"的思想革命诉求,鲁迅改变了五四时期对小说的重视,开始从文艺转向了批评,重视"杂感"的即时性和批判性,沟通了"私怨"和"公仇"、"小事情"与"大事情",拓展了文化政治的舆论空间和文体选择,进而实现了私人领域的公共化和文化批判的政治化,在建构知识阶级新伦理精神的同时,重新定义了国民革命时代的"思想"内涵,将文化领导权从胡适等英美派转移到自己这里。此前的鲁迅只是一个小说家,但等到1926年年初的"新中国之柱石"评选时,他开始被称作"今日中国文学界第一人"⑥"文学界的大元帅",读者称赞"他先生的文锋,足以杀进一般醉生梦死的人们底祖宗坟内去"⑦,而等到鲁迅与现代评论派的论战结束,他已经"在

---

① 语堂(林语堂):《插论语丝的文体——稳健,骂人,及费厄泼赖》,《语丝》第57期,1925年12月14日。

② 林玉堂(林语堂):《释疑》,《京报副刊》,1926年4月18日。

③ 林语堂:《论赤化与丧家之狗》,《国民新报副刊》,1926年3月12日。

④ 张克昌:《读了〈闲话的闲话之闲话引出来的几封信〉的三言五语》,《晨报副刊》,1926年2月3日。

⑤ 王凡西:《双山回忆录》,第16页。

⑥ 张申府:《终于投一票》,《京报副刊》,1926年2月10日。

⑦ 朱岳峙:《他为什么选他们(十四)》,《京报副刊》,1926年2月21日。

思想界几乎做了一时的盟主。韦素园在一个新开广告上把他称作'思想界的权威者',在当时进步的青年界抱反感的人是很少的"①。

第三节　"思想界的权威者"与《莽原》解体

一、狂飙运动受挫与"合办《莽原》"

新知识阶级的后五四分裂不仅发生在法日派和英美派之间,也发生在语丝派尤其是《莽原》内部,而其根源同样来自文化和政治的认识差异。实际上鲁迅和高长虹等狂飙成员的分裂,从合作之初就能够看出端倪。

1924 年,高长虹和高沐鸿、段复生等人试图在中国发起狂飙运动,他们 8 月在太原成立了"平民艺术团",9 月 1 日创办了《狂飙》月刊。不久高长虹独自一人赴京发展,他最初想依附父亲的朋友、无政府主义者景梅九办的《国风日报》,但该报此时已被查封,之后他又想在孙伏园的赞助下出国深造,但因孙从《晨报》辞职而没了下文。正当高长虹走投无路之时,北京发生了冯玉祥政变,《国风日报》由此复活,"我们在那里便又办起两个周刊:一,世界语周刊;一,即狂飙周刊也。狂飙因此也便再生"②。1924 年 11 月 9 日《狂飙》周刊创刊,高长虹强调"本刊宗旨,在发表强的精神之文艺"③,"我们要做强者,打倒障碍或者被障碍打倒。我们并不惧怯,也不躲避"④。可以看出,高长虹的狂飙运动一是偏于"文艺"运动,二是作为"无名的小卒""偏有大的胆量"⑤,他试图挑战文坛,公开亮出了战旗。

如果从年龄和教育背景来看,狂飙社最初的几个成员都算是《新青年》之后的一代人,高长虹生于 1898 年,高歌和高沐鸿生于 1900 年,三人同是山西省立一中学生,高长虹因为抵制袁世凯复辟而辍学,靠自学读完了中学课程,之后又到北大旁听自修了大学课程。所以与新潮社这些北大青年人

---

① 高长虹:《一点回忆——关于鲁迅和我》,载山西省盂县《高长虹全集》编辑委员会编《高长虹全集(第四卷)》,第 365 页。

② 长虹(高长虹):《1925,北京出版界形势指掌图》,《狂飙》第 5 期,1926 年 11 月 7 日。

③ 《本刊启事》,北京《狂飙》周刊第 15 期,1925 年 3 月 8 日,载山西省盂县《高长虹全集》编辑委员会编《高长虹全集(第三卷)》,第 44 页。

④ 《本刊宣言》,北京《狂飙》周刊第 14 期,1925 年 3 月 1 日,载山西省盂县《高长虹全集》编辑委员会编《高长虹全集(第三卷)》,第 41 页。

⑤ 高长虹:《攻城欤? 攻心欤?》,北京《狂飙》周刊第 14 期,1925 年 3 月 1 日,载山西省盂县《高长虹全集》编辑委员会编《高长虹全集(第三卷)》,第 42 页。

相比,他们虽然都深受新文化的影响,但又有着明显的劣势——既没有大学学历,又没有出国留学,更身处山西这一外省边缘地带。

1905 年科举制废除后,新式教育和西方留学开始成为晋升的重要途径,但在"高等教育机构的容量又甚小的情形之下,势必产生大量的边缘知识分子","他们不中不西,不新不旧;中学、西学、新学、旧学的训练都不够系统,但又粗通文墨,能读报纸"。"这样的双重失意惆怅,使边缘知识分子比别人多一层烦恼焦虑,因而也就更迫切需要寄托一种较高远的理想,以成为社会上某种更大的事业的一部分","以白话文运动为核心的文学革命无疑适应了他们的需要","这等于就是说,一个人只要会写字并且胆子大就能作文。这些边缘知识分子在穷愁潦倒之际忽闻有人提倡上流人也要做那白话文,恰是他们可以有能力与新旧上层精英竞争者。转眼之间不降丝毫自尊就可跃居'上流',得来全不费功夫,怎么会不欢欣鼓舞而全力支持拥护!"①

狂飙成员的经历与此类似,他们因为教育的匮乏,学问其实非常空疏,鲁迅后来就批评过高长虹"满身挂着什么并不懂得的科学,空壳的人类同情,广告式的自由批评,新闻式的纪载,复制铜版的新艺术"②,"我以为长虹是泼辣有余,可惜空虚。他除掉我译的《绥惠略夫》和郭译的尼采小半部而外,一无所有。所以偶然作一点格言式的小文,似乎还可观,一到长篇,便不行了,如那一篇《论杂交》,直是笑话"③。譬如高长虹当时在《狂飙》上发表的《A,A,A……》,开头几段是这样的:

> a,a,a……
>
> c……
>
> 我刚才在 M 的屋里坐着,坐不住了,我被逼迫着走了回来。笔在我的手中了。我想写 a,我又想写 a,我想写无穷的 a,便把它们做了题目吧。接着,我便想起了 c,c 便成了我的署名。署名呵,我暂且不反抗你了!接着还是 a,a,a……c……,为什么只有这几个字呢?别的字都死光了吗?不然,多着,多着;然而多着也正等于一个也没有。④

不难看出,高长虹的写作是如何的强行拼凑和晦涩空洞,但他自比拜

① 罗志田:《近代中国社会权势的转移——知识分子的边缘化与边缘知识分子的兴起》,载许纪霖编《20 世纪中国知识分子史论》,新星出版社,2005 年,第 142、143、145、148 页。
② 鲁迅:《新的世故》,《语丝》第 114 期,1927 年 1 月 15 日。
③ 鲁迅:《261205 致韦素园》,载《鲁迅全集(第十一卷)》,第 644 页。
④ C(高长虹):《A,A,A……》,《莽原》第 26 期,1925 年 10 月 16 日。

伦,自视甚高,有着强烈的成功欲望,又时时感到"社会同我们,已处在势不两立的境地,社会不容我们的存在,我们也在一息不忘地要把它置之于死地"①,而其根源在他看来,就是"老人"的"成见"形成的代际冲突,因为"真理是永久的青年,真理永久是新鲜的,但在老人来来,那是一种可恶的疯癫"②。也正是基于当时这类外省边缘文学青年的存在,《狂飙》周刊一度吸引了尚钺、向培良、黄鹏基、吕蕴儒、阎宗临等一批北京青年学生。

不过,《狂飙》周刊在当时的北京文化圈仍旧缺乏影响,为此高长虹在 12 月 10 日专程拜访鲁迅,并赠送《狂飙》周刊和《世界语周刊》,"这次鲁迅的精神特别奋发,态度特别诚恳,言谈特别坦率,虽思想不同,然使我想像到亚拉籍夫与绥惠略夫会面时情形之仿佛。我走时,鲁迅谓我可常来谈谈"③。也正因此,高长虹一直对鲁迅最初的态度充满感激,"回忆当时情况,'普天下'能赏识狂飙者,只有你,郁达夫先生,日本友人伊东干夫,与开封的欲擒而已"④。但实际上双方最初"思想不同",此时的鲁迅正处在《新青年》解体后的苦闷彷徨状态:他不满于后五四社会的复古倒退,又找不到新的出路;不满于新创刊的《语丝》的消极,又找不到新的阵地。因而他在看到了高长虹和《狂飙》之后,发现了新的力量和希望,正如他后来对许广平所言:

> 但我总还想对于根深蒂固的所谓旧文明,施行袭击,令其动摇,冀于将来有万一之希望。而且留心看看,居然也有几个不问成败而要战斗的人,虽然意见和我并不尽同,但这是前几年所没有遇到的。我所谓"正在准备破坏者目下也仿佛有人"的人,不过这么一回事。要成联合战线,还在将来。⑤

但此时的高长虹并没有合作的愿望,他来拜访鲁迅是为了推介自己的狂飙运动,不但不是为了投诚,甚至他压根就看不上周氏兄弟:"那时候最前进的青年作家们,对于《语丝》是不很满意的。首先是因为《语丝》缺乏正面

---

① 高长虹:《致籍雨农》,北京《狂飙》周刊第 1 期,1924 年 11 月 9 日,载山西省盂县《高长虹全集》编辑委员会编《高长虹全集(第三卷)》,第 25 页。
② 长虹(高长虹):《永久的青年》,《晨报副镌》,1923 年 9 月 10 日。按,"但在老人来来"应为"但在老人看来"。
③ 长虹(高长虹):《1925,北京出版界形势指掌图》,《狂飙》第 5 期,1926 年 11 月 7 日。
④ 长虹(高长虹):《给鲁迅先生》,《狂飙》第 2 期,1926 年 10 月 17 日。
⑤ 鲁迅:《250331 致许广平》,载鲁迅、景宋《两地书全编》,第 405、406 页。

战斗的态度。而在这一点上,也正是大家对于鲁迅所感到的一种缺点。他自己当然把这个知道得很清楚。"①所以鲁迅与高长虹的第一次见面虽然愉快,但因为两人各有想法,所以并没有深度的合作。

不过到了1925年年初,"鲁迅想在文艺上创立一个新派别出来"②,而恰好"这时,狂飙社内部发生问题。这时,狂飙的销路逐期递降。这时,办日报的老朋友也走了,印刷方面也发生问题。终于狂飙周刊到十七期受了报馆的压迫便停刊了。于是一切都完事大吉"③,正在这种情况下,双方的合作迎来了契机。由于邵飘萍聘任孙伏园做《京报副刊》编辑后销量剧增,他于是约荆有麟去为他办副刊,计划一周出七种,荆有麟就先去找了和自己一同办《世界语周刊》的高长虹商量。整个过程据高长虹回忆是这样的:

> 当时有一个朋友愿意介绍狂飙到京报做一附属物,条件却是要他加入狂飙社。培良是偏于主张这样办的。听说那时鲁迅也赞成这样。我同高歌是反对这样办法。因为这个朋友,我们知道是不能合得来的,再则我们吃尽了附属的苦,而且连自己的朋友都隔膜太多。狂飙遂不得再出。过了几天,我便听说鲁迅要编辑一个周刊了。最先提议的,大概是鲁迅,有麟,培良吧。我也被邀入伙,又加了衣萍,这便组成了那一次五人吃酒。这便是莽原的来历。④

也正因此,双方对《莽原》组织关系的看法相去甚远,高长虹认为"它的发生,与狂飙周刊的停刊显有关连,或者还可以说是主要的原因。撰稿的人,也是由我们几个人'举尔所知'"⑤,所以"莽原实只是大家的工作",然而"外面人的观览呢,则那又只是鲁迅办的一个刊物,再不会认识其他"⑥。在高长虹看来,《莽原》是联合创办,并非属于鲁迅个人,而他的加入也只是以个人名义"入伙",是《狂飙》受挫后的暂时栖身行为,所以他后来在上海刊登的《狂飙社广告》中,也一直宣称"自去年春天本社同人与思想界先驱

---

① 高长虹:《一点回忆——关于鲁迅和我》,载山西省盂县《高长虹全集》编辑委员会编《高长虹全集(第四卷)》,第355页。

② 高长虹:《一点回忆——关于鲁迅和我》,载山西省盂县《高长虹全集》编辑委员会编《高长虹全集(第四卷)》,第363页。

③ 长虹(高长虹):《1925,北京出版界形势指掌图》,《狂飙》第5期,1926年11月7日。

④ 长虹(高长虹):《1925,北京出版界形势指掌图》,《狂飙》第5期,1926年11月7日。

⑤ 长虹(高长虹):《给鲁迅先生》,《狂飙》第2期,1926年10月17日。

⑥ 长虹(高长虹):《1925,北京出版界形势指掌图》,《狂飙》第5期,1926年11月7日。

者鲁迅及少数最进步的青年文学家合办莽原"①,这并非鲁迅所理解的借其势以宣传,实际就是高长虹的真实想法。而更关键的是,高长虹认为:

> 如想再来一次思想革命,我以为非得由几个青年来做这件工作不可:他们的思想是新的,他们是没有什么顾忌的,他们是不妥协的,他们的小环境是单纯而没有什么纠葛的。已经成名的人,我想能够得到他们的帮助便是最好的了。鲁迅当初提议办莽原的时候,我以为他便是这样态度。但以后的事实却不能证明他是这样态度。②

这已经不仅是"合办"的意思,而是以《狂飙》为主体和让鲁迅做辅助了,正是高长虹的这些想法,决定了他和鲁迅的关系是工具性、暂时性的,最终双方理念和组织上的分歧,随着思想革命和国民革命形势的发展而慢慢暴露。

二、"以权威献人"与"内部的派别"

加入《莽原》之后的高长虹,开始被鲁迅动员加入特殊智识阶级的"批评"行列,"鲁迅也同我说,舆论是欢迎我的批评,不欢迎我的创作,所以让我多做批评。但我是爱我的创作,不爱那样的批评,所以我不大高兴那种舆论,但我也终于讠意着要开始一些批评了"③。而其他狂飙成员也被鲁迅鼓动"骂人的嘴张开来","打将前去","由骂而生出骂以上的事情来"④。

从文艺转向批评的高长虹,强调"认作品不认人"⑤,"顺我者死,逆我者生!"⑥"愿你时常需要攻击,而不需要赞美"⑦,他表现得非常激进和有攻击性。高长虹尤其强调要分清"思想上的战线",他一方面猛烈地进攻敌对阵营,称徐志摩、陈西滢是"苍蝇",抨击"现代评论社对于艺术是什么也不懂"⑧,另一方面对"联合战线"内部也毫不客气,"最先对于当时的刊物提出抗议的人却仍然是狂飙社的人物,我们攻击胡适,攻击周作人,而漠视现代评论与猛进。我们同鲁迅谈话也时常说语丝不好,周作人无聊,钱玄同没有

---

① 《狂飙社广告》,《新女性》第 1 卷第 8 期,1926 年 8 月 1 日。
② 长虹(高长虹):《1925,北京出版界形势指掌图》,《狂飙》第 5 期,1926 年 11 月 7 日。
③ 长虹(高长虹):《批评工作的开始》,《狂飙》第 6 期,1926 年 11 月 14 日。
④ 鲁迅:《通讯(复吕蕴儒)》,载《鲁迅全集(第七卷)》,第 282 页。
⑤ 长虹(高长虹):《批评工作的开始》,《狂飙》第 6 期,1926 年 11 月 14 日。
⑥ 长虹(高长虹):《弦上·序言》,《莽原》第 9 期,1925 年 6 月 19 日。
⑦ 长虹(高长虹):《赞美和攻击》,《莽原》第 2 期,1925 年 5 月 1 日。
⑧ 长虹(高长虹):《批评工作的开始》,《狂飙》第 6 期,1926 年 11 月 14 日。

思想,非攻击不可"①,此外他们还批评"衣萍的,直爽多而思想少;语堂的,漂亮多而思想少;川岛的,玩笑多而思想少"②。而鲁迅不但对此表示"赞成",还进一步加以鼓励,据高长虹回忆:

> 那时在我们的谈话里把骂人看得像现在的抗敌一样光荣。我那时写骂人的文字也不少了,鲁迅还时常表示不满,说一个人不可以像上帝一样面目,有时像一个无赖。③

但是,高长虹发现自己的批评"得到不少反感","一般读者都不懂得我所说的用意。我曾当面受过人们很几次的讥笑,有朋友式的,有路人式的,也有敌人式的",他意识到"我的批评,无形之间惹来许多人对于我的敌意不算外,它并且自己造作出一种敌意,一种对于我自己的创作的敌意,它无形之间毁灭了我自己的创作! 这便是我做批评对于我的报酬!"④这时,高长虹慢慢怀疑鲁迅说其"不能做批评"⑤而来动员自己做批评,其实是一种"世故"的表现,他也逐渐将重心从鲁迅的思想革命转回自己的狂飙运动,于是双方关系开始出现问题:"我同鲁迅第一次伤感情的事是《闪光》的出版。《闪光》是一百首短诗的诗集,印得很精美的一个小册子,是在一九二五年的夏天用狂飙社的名义出版的。我付印的时候告诉他,他仿佛像自语地说:'这样太快了!'""不料后来就因为这本小诗集的出版在我们友谊中造成了初次的裂痕"。⑥

在鲁迅看来,高长虹时刻有自己的考量,"所谓'狂飙运动',那草案其实是早藏在长虹的衣袋里面的,常要乘机而出"⑦,但在高长虹看来,"这只是鲁迅的一种派别感情",实际上,他做了不少挖《莽原》墙脚的派系活动:

> 比如说,培良本来是同鲁迅很接近的,但从同我认识后参加到狂飙这面来了。尚钺是他的学生,也参加到这面。他们因为对未名社诸人

① 长虹(高长虹):《1925,北京出版界形势指掌图》,《狂飙》第5期,1926年11月7日。
② 长虹(高长虹):《不装腔作态》,《狂飙》周刊第1期,1926年10月10日。
③ 高长虹:《一点回忆——关于鲁迅和我》,载山西省盂县《高长虹全集》编辑委员会编《高长虹全集(第四卷)》,第362页。
④ 长虹(高长虹):《批评工作的开始》,《狂飙》第6期,1926年11月14日。
⑤ 长虹(高长虹):《1925,北京出版界形势指掌图》,《狂飙》第5期,1926年11月7日。
⑥ 高长虹:《一点回忆——关于鲁迅和我》,载山西省盂县《高长虹全集》编辑委员会编《高长虹全集(第四卷)》,第362、363页。
⑦ 鲁迅:《〈中国新文学大系〉小说二集序》,载《鲁迅全集(第六卷)》,第259页。

的不满,同鲁迅的感情也越来越疏远。后来朋其也参加了狂飙。北京一时有希望的青年作家都被狂飙席卷了去。鲁迅精神上不免显得孤立。①

　　由此《莽原》内部就形成了两派,正如高长虹指出的,"莽原内部的派别无可讳言,当初是鲁迅,有麟,尚钺同我算是一派,素园,霁野,丛芜又是一派。当暑假将到的时候,尚钺走了,有麟听说素园等不来稿了,因为我有稿费,他们没有。我因事既因我而起,遂同鲁迅商量也给他们一些稿费,鲁迅说,无须,我又说,那我便去找他们一次,鲁迅也说,无须"②。韦素园、韦丛芜、李霁野等安徽作家最初地位低的根源,是他们与鲁迅相交较晚,而且以翻译为主,创作能力弱,但随着高长虹的小动作越来越多,鲁迅逐渐将扶持的重心转向了安徽作家群,而后者其实一直在寻找机会提升自己的影响力。

　　1925 年 7 月,冯玉祥联合国民党创办了《民报》,此事被安徽作家们注意到后,由台静农出面找鲁迅和徐旭生写介绍信,"他对徐旭生先生说:是鲁迅先生要求徐旭生介绍韦素园去编副刊,而对鲁迅先生则说:是国民党方面要求先生介绍一位副刊编辑去"③,最终韦素园成了《民报副刊》的编辑,为了扩大刊物影响,他在广告上宣传"特约中国思想界之权威者鲁迅,钱玄同,周作人,徐旭生,李玄伯诸先生随时为副刊撰著"④。高长虹看到韦素园这个"以权威献人"⑤的广告后,非常生气:

　　　　于是"思想界权威者"的大广告便在民报上登出来了。我看了真觉"瘟臭",痛惋而且呕吐。试问,中国所需要的正是自由思想的发展,岂明也这样说,鲁迅也不是不这样说,然则要权威者何用? 为鲁迅计,则拥此空名,无裨实际,反增自己的怠慢,引他人的反感,利害又如何者? ……

　　　　须知年龄尊卑,是乃父乃祖们的因袭思想,在新的时代是最大的阻碍物。鲁迅去年不过四十五岁,岂明也大抵在四十上下,如自谓老人,

---

① 高长虹:《一点回忆——关于鲁迅和我》,载山西省盂县《高长虹全集》编辑委员会编《高长虹全集(第四卷)》,第 363 页。

② 长虹(高长虹):《1925,北京出版界形势指掌图》,《狂飙》第 5 期,1926 年 11 月 7 日。

③ 荆有麟:《鲁迅的个性》,载鲁迅博物馆、鲁迅研究室、《鲁迅研究月刊》选编《鲁迅回忆录(专著)上》,第 129 页。

④ 《民报十二大特色》,《晨报》,1925 年 8 月 5 日。

⑤ 长虹(高长虹):《给鲁迅先生》,《狂飙》第 2 期,1926 年 10 月 17 日。

是精神的堕落！①

　　高长虹随后当面质问鲁迅，"鲁迅默然。停了一歇，他又说道：'有人——，就说权威者一语，在外国其实是很平常的！'"这个回答让高长虹很吃惊，他觉得"鲁迅遂戴其纸糊的权威者的假冠入于心身交病之状况矣！此后，我们便再没有能谈坦白的话"。②张恒寿回忆说："记得1925年秋，我曾和他说一齐去拜望鲁迅，他几次向后推延，一直也没有去成。鲁迅离开北京了，后来才想到他不积极同我找鲁迅的原因是他已经对鲁迅有意见了，这是他一生中最大的失误。"③但在鲁迅看来，高长虹的不满并非出于反专制的思想，实际上他也称鲁迅为"思想界先驱"，事前事后都没少写吹捧文章，譬如他宣称"我于中国负时望者之文字，最喜欢看者，只吴稚晖，鲁迅两人"④，赞扬"鲁迅是一个深刻的思想家，同时代的人没有能及得上他的"⑤。这也就难怪鲁迅后来对其加以讽刺：

　　　　八月，鲁迅化为"思想界先驱者"。
　　　　十一月，"思想界先驱者"化为"绊脚石"。
　　　　传曰：先驱云者，鞭之使冲锋，所谓"他是受了人的帮助"也。不受"帮助"，于是"绊"矣。⑥

　　"思想界权威者"的广告，最终成了高鲁关系的分水岭。8月30日晚，韦素园、韦丛芜、李霁野、台静农在鲁迅家聚会，他们发起成立了未名社，后来又加上韦素园的同学曹靖华总共六人，这是鲁迅将扶持重心转向安徽作家群的标志，也反映出思想革命对翻译的日渐重视，此前他已越来越不满意狂飙的文艺作品："我所要多登的是议论，而寄来的偏多小说，诗。先前是虚伪的'花呀''爱呀'的诗，现在是虚伪的'死呀''血呀'的诗。呜呼，头痛极了！"⑦然而，高长虹的优点是"很能做文章"⑧，而且"奔走最力"⑨，韦素园

---

① 长虹（高长虹）：《1925，北京出版界形势指掌图》，《狂飙》第5期，1926年11月7日。
② 长虹（高长虹）：《1925，北京出版界形势指掌图》，《狂飙》第5期，1926年11月7日。
③ 张恒寿：《回忆长虹》，载山西盂县政协《高长虹研究文选》，北岳文艺出版社，1991年，第66页。
④ 长虹（高长虹）：《走到出版界（二）》，《北新》第1卷第5期，1926年9月18日。
⑤ 长虹（高长虹）：《革革革命及其他》，《狂飙》第1期，1926年10月10日。
⑥ 鲁迅：《新的世故》，《语丝》第114期，1927年1月15日。
⑦ 鲁迅：《250709 致许广平》，载鲁迅、景宋《两地书全编》，第453页。
⑧ 鲁迅：《250428 致许广平》，载鲁迅、景宋《两地书全编》，第426页。
⑨ 鲁迅：《〈中国新文学大系〉小说二集序》，载《鲁迅全集（第六卷）》，第258页。

等人远远不如,所以当《京报》削减副刊导致《莽原》周刊停刊改组时,鲁迅希望高长虹能继续编辑下去,但为其拒绝,高长虹说:"我当时畏难而退。虽经你解释,然我终于不敢担任,盖不特无以应付外界,亦无以应付自己,不特无以应付素园诸君,亦无以应付日夕过从之好友钟吾。"①

这段话透露出高长虹的四点忧虑:一是接替鲁迅担任编辑,会让外界觉得自己从属于《莽原》,因为之前"有一些人都疑惑是我编辑,连徐旭生都有一次这样问过我"②;二是高长虹对这种丧失独立面目的合作已经"讨厌透了",实际他在《莽原》停刊之前,就已经开始准备《狂飙》不定期刊的出版工作;三是韦素园等安徽作家肯定无法接受狂飙成员继续主政的情况;四是尚钺(钟吾)之前编辑《豫报副刊》时,和安徽帮的张目寒、曹靖华产生了矛盾,曹靖华甚至提出了"打倒《豫报》社,骂死尚钺"③的口号。

高长虹拒绝编辑《莽原》的原因,除了这些派系矛盾之外,更关键的是他对鲁迅越来越深介入政治活动非常不满。高长虹和鲁迅合作是被其思想革命所吸引,但《莽原》创办不久后鲁迅就介入女师大风潮,并且随着国民革命形势的变化,逐渐从驱杨到反章再到反段,这对政党政治缺乏兴趣的高长虹来说,是难以忍受的转变,他开始有不同的打算:

> 当时虽然是打着思想革命的招牌,然而工作却已偏重到事实方面,而且大有被节外生枝的另一些琐碎事实所混乱了的趋势。到暑假中,我觉得狂飙月刊不可以不进行了。也已经同鲁迅,徐旭生担任稿件,但后来却都没有做。我又想暂且停止了这个工作,退出北京的出版界,到上海游逛一次。我开始写生的跃动,预备写六七万字来上海卖稿。④

三、"高鲁冲突"与两种"思想革命"

高长虹拒绝之后,"《莽原》半月刊的编辑责任,由鲁迅继续担任了一个时候,以后事实上落在未名社手里,因此就潜伏下狂飙与鲁迅决裂的最后的原因了",此时鲁迅和《狂飙》的矛盾逐渐暴露,"《狂飙》不定期刊在一九二五年冬间的出版,鲁迅本说要写篇小说,后来又说翻译,但最后连译稿都没

---

① 长虹(高长虹):《给鲁迅先生》,《狂飙》第 2 期,1926 年 10 月 17 日。
② 长虹(高长虹):《1925,北京出版界形势指掌图》,《狂飙》第 5 期,1926 年 11 月 7 日。
③ 尚钺:《尚钺致鲁迅》,载周海婴编,北京鲁迅博物馆鲁迅研究室注释《鲁迅、许广平所藏书信选》,第 46 页。
④ 长虹(高长虹):《1925,北京出版界形势指掌图》,《狂飙》第 5 期,1926 年 11 月 7 日。

有。狂飙朋友都攻击起鲁迅来"。① 像尚钺的小说《斧背》就因为鲁迅受到安徽作家的"挑拨离间",迟迟个能在《乌合丛书》中出版,丁是他一怒之下把稿子"给予上海泰东图书局出版",还给上海的报刊写了一封攻击鲁迅的信。②

1926 年 1 月 10 日《莽原》半月刊出版,由未名社印行,《狂飙》成员只负责投稿,并且数量越来越少,但鲁迅都及时编发了。此时高长虹的重心已转向自己的计划,他在 2 月 14 日创办了《弦上》周刊,署名狂飙社,然而鲁迅拒不相助:

> 以后的《弦上》周刊篇幅小得同游戏一样,撰稿者不署真名,只以一拉丁字母代替。而鲁迅仍然惜墨如金,不给一点稿子,我只得把他说的《一句诗》登了,以和缓中间的感情。
>
> 很可惜的,鲁迅对狂飙的这种中立主义成了我们友谊上隔离的第三个原因了。当时的狂飙朋友们,越是年少的,也越是对鲁迅不能谅解的。③

随着双方矛盾的加深和三一八惨案后北京政治的恶化,高长虹向鲁迅辞行,决定前往上海发展《狂飙》。"我的此行,他不十分赞成,但也没有反对。对于在上海出版《狂飙》的事,他当然应允赞助",然而"我在上海寄给他两篇稿子,给《莽原》半月刊,是关于郭沫若和周作人的批评文字,好久没有发表出来,我去信问一个少年朋友,并叫他到鲁迅那里去看怎样回事,鲁迅说是,交给韦素园了。韦素园说,鲁迅交给他的时候,说:'就说你们不发表吧。'"④

8 月 1 日,高长虹在上海发表《狂飙社启事》,宣称"狂飙运动的开始远在二年之前","去年春天本社同人与思想界先驱者鲁迅及少数最进步的青年文学家合办莽原","兹为大规模地进行我们的工作起见于北京出版之乌合未名莽原弦上四种出版物外特在上海筹办狂飙丛书及一篇幅较

---

① 高长虹:《一点回忆——关于鲁迅和我》,载山西省盂县《高长虹全集》编辑委员会编《高长虹全集(第四卷)》,第 364 页。

② 尚钺:《怀念鲁迅先生》,载鲁迅博物馆、鲁迅研究室、《鲁迅研究月刊》选编《鲁迅回忆录(散篇)上》,第 144 页。

③ 高长虹:《一点回忆——关于鲁迅和我》,载山西省盂县《高长虹全集》编辑委员会编《高长虹全集(第四卷)》,第 364 页。

④ 高长虹:《一点回忆——关于鲁迅和我》,载山西省盂县《高长虹全集》编辑委员会编《高长虹全集(第四卷)》,第 365、366 页。

大的定期刊物"。① 随后,高长虹同开明书店经理章锡琛讲好了出版事宜,然而8月31日二人拜访了南下经过上海的鲁迅后,"不料次日看见章锡琛的时候,他留难起来,让先出版一期看看。这天鲁迅已经走了,我当时感情很激越的,就把《狂飙》季刊出版的计划立刻停止了"②。此事自然是鲁迅的授意,他"曾在上海对人说,长虹不该擅登广告,将《乌合》《未名》都拉入什么'狂飙运动'去,我不能将这些作者都暗暗卖给他"③。

高长虹只好重新选择在光华书局出版,"不料正在这个时期,接到北京的来信,说培良和高歌写给《莽原》半月刊的稿子都被韦素园拒绝发表了。这下一来,再没有办法了。我同鲁迅的友谊就从此断绝了"④。10月17日,高长虹在《狂飙》发表了两封致鲁迅、韦素园的公开信,回顾合办《莽原》的经过,自认"对于莽原有过问的责任"⑤,而被退稿是"刀搁头上""兔死狗烹"⑥的行为,然后他要求鲁迅出来主持公道。鲁迅最初打算置之不理,他对韦素园说:

> 我想《莽原》只要稿,款两样不缺,便管自己办下去。对于长虹,印一张夹在里面也好,索性置之不理也好,不成什么问题。他的种种话,也不足与辩,《莽原》收不到,也不能算一种罪状的。⑦

此时的鲁迅仍旧不想公开决裂,但高长虹见其迟迟不表态后,11月7日发表了《1925,北京出版界形势指掌图》,披露了莽原社的大量内幕,如鲁迅利用青年、想做权威、骂同一阵线的人等等。此文发表后,陷入被动的鲁迅"决定不再彷徨,拳来拳对"⑧,他在多个刊物发表《所谓"思想界先驱者"鲁迅启事》,否定自己发起思想革命和想做权威的说法:

> 我在北京编辑《莽原》,《乌合丛书》,《未名丛刊》三种出版物,所用

---

① 《狂飙社广告》,《新女性》第1卷第8期,1926年8月1日。
② 高长虹:《一点回忆——关于鲁迅和我》,载山西省盂县《高长虹全集》编辑委员会编《高长虹全集(第四卷)》,第366页。
③ 鲁迅:《261205 致韦素园》,载《鲁迅全集(第十一卷)》,第645页。
④ 高长虹:《一点回忆——关于鲁迅和我》,载山西省盂县《高长虹全集》编辑委员会编《高长虹全集(第四卷)》,第366页。
⑤ 长虹(高长虹):《给韦素园先生》,《狂飙》第2期,1926年10月17日。
⑥ 长虹(高长虹):《给鲁迅先生》,《狂飙》第2期,1926年10月17日。
⑦ 鲁迅:《261109 致韦素园》,载《鲁迅全集(第十一卷)》,第610页。
⑧ 鲁迅:《261120 致许广平》,载鲁迅、景宋《两地书全编》,第552页。

稿件,皆系以个人名义送来;对于狂飙运动,向不知是怎么一回事:如何运动,运动甚么。今忽混称"合办",实出意外;不敢掠美,特此声明。

……我也不是"思想界先驱者"即英文 Forerunner 之译名。此等名号,乃是他人暗中所加,别有作用,本人事前并不知情,事后亦未尝高兴。倘见者因此受愚,概与本人无涉。①

然后,鲁迅又在《〈走到出版界〉的"战略"》《新的世故》《奔月》等文章里,讽刺高长虹首鼠两端、利用鲁迅和忘恩负义,认为"归根结蒂,总逃不出争夺一个《莽原》的地盘"②。而让事情变得更糟的是,12 月 20 日韦素园写信告诉鲁迅,高长虹此前的系列爱情诗《给——》是写给许广平的,至此双方关系彻底决裂。

推究高鲁冲突的根源,在表面派系矛盾的背后其实是理念分歧。正如高长虹指出的,"我们思想上的差异本来很甚"③,鲁迅的目标是重启《新青年》时期的"思想革命",在他看来,后五四思想界的复古倒退是由胡适的"整理国故"引起的,因而他将批判对象指向了英美派这些"特殊智识阶级",同时鲁迅对语丝派也很不满,他转而依靠"文学青年"这些边缘知识分子,而在批判方式上则轻视小说、诗歌,"从文艺而扩张到批评"。但是,"狂飙社对于中国新旧文化都取否定的态度"④,尤其是"十九世纪的思想不能应用于二十世纪的世界,新青年时期的思想不能应用于现在的中国"⑤,高长虹觉得"新青年时期的思想运动最大的缺点便是这不求实际","思想没有经过科学的工作,没有认识了实际的生活,而都凭了空想去估计实际"⑥,所以高长虹重视"科学和艺术",而其理解的"文艺"仍是小说和诗歌这些纯文艺。

对比二人的理念,可以发现鲁迅的思想革命似旧实新,实际和《新青年》时期已经大不相同,而高长虹似新实旧,他看起来否定了《新青年》,但还是重视科学和文学,仍在其延长线上前进,只不过在组织关系上,他认为五四一代已经保守落伍,成为新思想革命的绊脚石,需要让位给狂飙这些青年一代。因此,鲁迅和高长虹虽然对后五四社会判断相似,也都想通过"思想革

① 鲁迅:《所谓"思想界先驱者"鲁迅启事》,《莽原》半月刊第 23 期,1926 年 12 月 10 日。
② 鲁迅:《新的世故》,《语丝》第 114 期,1927 年 1 月 15 日。
③ 长虹(高长虹):《给鲁迅先生》,《狂飙》第 2 期,1926 年 10 月 17 日。
④ 《狂飙社出版物预告》,《北新》第 1 卷第 5 期,1926 年 9 月 18 日。
⑤ 《狂飙周刊的开始》,《狂飙》第 1 期,1926 年 10 月 10 日。
⑥ 长虹(高长虹):《思想上的新青年时期》,《狂飙》第 9 期,1926 年 12 月 5 日。

命"来变革现实,但二者有着很大的差异。高长虹的观念总体停留在五四时代,他既不愿放弃文学运动,更不愿文化和政治结合,不愿文学深度介入政党政治和国民革命;而鲁迅却以复古为新变,不但想以"文明批评和社会批评"来应对时代激变,更能在思想革命遭遇国民革命之际,出了象牙之塔与其他阶级和政治集团合作,进而创造了"文化政治"结合的新知识阶级参与方式,逐渐成为"绅士阶级的贰臣"和"革命家的诤友"。

正是因为鲁迅与高长虹秉持两种不同的思想革命理念,其合作注定是暂时性的,而随着双方的分裂,一系列后果也随之产生。

第一是思想革命的内部解体。失去狂飙成员之后,鲁迅希望以安徽作家"为中坚",鼓励"你们青年且上一年阵试试看"①,但他们"小心有余,泼辣不足"②,最终《莽原》半月刊和未名社的发展不佳。不仅如此,高长虹揭露内幕的举动让鲁迅和联合战线的其他成员产生了疏离、隔阂,以致他后来在上海接编《语丝》后,"所余的几个较久的撰稿者"越来越少,《语丝》的影响也越来越弱,鲁迅自责"恐怕是其咎在我的",而失去了同人支持的鲁迅,再也无力掀起新的思想革命运动,他知道"这力是属于往昔的了"。③

第二是鲁迅否认自己曾经发起过"思想革命"。他在和狂飙决裂后多次声明"既没有主义要宣传,也不想发起一种什么运动"④,"也并没有作什么'运动'的豪兴,不过是有人做,有人译,便印出来,给要看的人看,不要看的自然会不看它"⑤,以致高长虹都觉得惋惜:

> 去年一年北京的出版界,因为特殊的时局的缘故,思想上引起一个小小的运动,这运动因为艺术的色彩比较多些,所以一般读者们都难于认识它的真象。从事运动的人呢,大抵自己又都不明说,所以直到现在世间还像没有什么也者。⑥

第三是代际之争导致鲁迅对青年人产生了怀疑。他发现自己"拼命地做,不吃饭,不睡觉,吃了药校对,作文。谁料结出来的,都是苦果子"⑦,"少爷们于我,见可利用则尽情利用,倘觉不能利用则便想一棒打杀,所以很有

---

① 鲁迅:《261123 致李霁野》,载《鲁迅全集(第十一卷)》,第 629 页。
② 鲁迅:《261205 致韦素园》,载《鲁迅全集(第十一卷)》,第 644 页。
③ 鲁迅:《我和〈语丝〉的始终》,载《鲁迅全集(第四卷)》,第 174、176 页。
④ 鲁迅:《写在〈坟〉后面》,《语丝》第 108 期,1926 年 12 月 4 日。
⑤ 鲁迅:《新的世故》,《语丝》第 114 期,1927 年 1 月 15 日。
⑥ 高长虹:《走到出版界(二)》,《北新》第 1 卷第 5 期,1926 年 9 月 18 日。
⑦ 鲁迅:《261028 致许广平》,载鲁迅、景宋《两地书全编》,第 517 页。

些哀怨之言"①。这让鲁迅开始怀疑自己一直相信青年人"心思纯白"的进化论观念,不想再秉持先前的"牺牲"理念:

> 我现在对于做文章的青年,实在有些失望,我想有希望的青年似乎大抵打仗去了,至于弄弄笔墨的,却还未看见一个真有几分为社会的,他们多是挂新招牌的利己主义者。而他们却以为他们比我新一二十年,我真觉得他们无自知之明,这也就是他们之所以"小"的地方。②

至此,"思想革命的联合战线"陷入内外破裂的状态,而其根源是后五四时代转往新政治革命之时,很多知识阶级的观念还停留在五四启蒙主义和民初代议政治,他们不愿"文化"和"政治"结合,更不愿从根本上放弃现有政治体系,但鲁迅却能走出象牙之塔,批判知识阶级自身,进而参与新社会运动,并在思想革命遭遇国民革命的过程中,创造了"文化政治"的新知识阶级参与方式。因而,国民革命一方面瓦解了"思想革命的联合战线",分裂了新知识阶级,另一方面也提升了思想革命的政治意义,使鲁迅从一个新文学家一跃而成为革命时代的"思想界的权威者",从而也促使我们去思考托克维尔在法国大革命中提出的那个著名命题:

> 这些作家一无地位、荣誉、财富,二无职务、权力,怎么一变而为当时事实上的首要政治家,而且确实是独一无二的政治家,因为其他人在行使政权,唯有他们在执掌权威? 我想用几句话指出这个问题,让大家看看这些似乎仅仅属于我们的文学史的事件,对于大革命,以及对于我们今天,产生了何种非同小可的影响。③

---

① 鲁迅:《261212 致许广平》,载鲁迅、景宋《两地书全编》,第 580 页。
② 鲁迅:《261202 致许广平》,载鲁迅、景宋《两地书全编》,第 566 页。
③ 〔法〕托克维尔:《旧制度与大革命》,冯棠译,第 180 页。

第三章 "青年叛徒的领袖"
与革命文化领导权

鲁迅的"思想革命"1925年4月正式启动,但他随即在5月份开始参与女师大风潮,逐渐介入国民革命,在高长虹看来,这都是一些"节外生枝"的"琐碎事实",打断了更有意义的思想革命,因而他认为:

> 到实际运动起来的时候,思想革命的工作自然更无暇做起了。也许有人以为那已经做过且已完成了吗? 否则,我们的现在又如何这样寂寞啊! 当初的语丝并没有做这个工作的意思,猛进也没有的。只是莽原有其志而却未能做。而且莽原的内部对于这个问题也是别有问题的。我是主张批评的,我以为如不批评,思想革命是没有结果的,而且连界限都分不清。鲁迅却是主张骂,不相信道理。但是,骂的结果又怎么样呢? 像做了一个噩梦,醒来时连主张过的思想革命都也像忘怀了![1]

显然,高长虹认为国民革命对思想革命的影响是负面的,但瞿秋白的判断相反,他认为鲁迅参与的是一场"真正推翻帝国主义和僵尸"的革命运动,而"贫民小资产阶级和革命知识阶层,终于发见了他们反对剥削制度的朦胧的理想,只有同着新兴的社会主义的先进阶级前进,才能够实现,才能够在伟大的斗争的集体之中达到真正的'个性解放'"[2],从历史的发展方向和鲁迅的自我认知来看,无疑是瞿秋白的认识更具洞察力。而李泽厚也认为女师大风潮是"鲁迅思想发展中的一个重要界标",他强调:

---

① 长虹(高长虹):《1925,北京出版界形势指掌图》,《狂飙》第5期,1926年11月7日。
② 何凝(瞿秋白):《〈鲁迅杂感选集〉序言》,载中国社会科学院文学研究所鲁迅研究室编《1913—1983鲁迅研究学术论著资料汇编(第一卷)》,第825页。

这不只是"文明批评"和"社会批评"了,而是异常尖锐的政治斗争和思想斗争。这一斗争对鲁迅思想的发展,对鲁迅日后成为马克思主义者,对鲁迅日益与也曾进行过"文明批评""社会批评"的"五四"同辈和青年根本区别开来,是起了不可低估的关键作用的。鲁迅对阶级矛盾、阶级斗争、暴力革命⋯⋯等等观念的接近和接受,也都与这场斗争有关。[①]

从上一章分析的新知识阶级论战也不难发现,国民革命虽然分化了知识阶级,将其转变成左与右的对立,但也促使他们"出了象牙之塔"与其他阶级和集团合作,从而推动其介入政治社会现实,所以国民革命并非中断而是助推了思想革命。即便是高长虹,也发现了二者碰撞所产生的一些新意义:

> 去年的出版界是有过一次运动的,大致由对外而转为对内,由反章而转为反对现代评论社。对内与对外,是号称全国一致的,然而在我们好谈思想的看起来,却是反章,尤其是反现代评论社的意义深且远。[②]

不仅如此,由于国民革命的民族主义和民主主义性质,决定了它需要一个各阶级合作的"民主主义的联合战线",而在革命第一阶段的"宣传与组织时期"[③],尤其需要知识阶级的帮助,所以共产国际在中国问题决议案中明确指出:"在第一个阶段里,民族资产阶级和资产阶级的知识分子,为主要推动力之一,他们在无产阶级和小资产阶级队伍中找助手。"[④]而国民革命在北京的非军事活动方式,也为知识阶级、青年学生、革命政党建立革命三角联盟提供了可能。正是借助国民革命提供的这些理论和制度空间,鲁迅式知识阶级左派一度获得了革命联盟的文化领导权。

---

① 李泽厚:《略论鲁迅思想的发展》,载氏著《中国近代思想史论》,安徽文艺出版社,1994年,第436页。
② 长虹(高长虹):《旧事重提》,《狂飙》第2期,1926年10月17日。
③ 敬云(刘仁静):《中国革命之前途》,《中国青年》第5期,1923年11月17日。按,其他两个阶段是"煽动时期"和"实行时期"。
④ 《共产国际第七次扩大执行委员会会议中国问题决议案》,载中共中央书记处编《六大以前——党的历史材料》,第625页。

第一节　驱杨学潮与学生运动的领导者

一、"壕堑战"与学潮初的旁观

1925 年 3 月 11 日,鲁迅收到了自己任教的女师大国文系学生许广平的一封求救信,她"惶急"地告诉鲁迅学生反对校长杨荫榆的风潮"情形是一天天的恶化了",因而希望他不要"洁身远引",而应"救人一命,胜造七级浮屠"①。此信无疑是希望作为老师的鲁迅能介入学潮帮助学生们,但鲁迅却复信表示没有"指导青年的本领""真是没有法子",而且他还强调:

> 对于社会的战斗,我是并不挺身而出的,我不劝别人牺牲什么之类者就为此。欧战的时候,最重"壕堑战",战士伏在壕中,有时吸烟,也唱歌,打纸牌,喝酒,也在壕内开美术展览会,但有时忽向敌人开他几枪。中国多暗箭,挺身而出的勇士容易丧命,这种战法是必要的罢。②

显然,鲁迅不但拒绝参与女师大风潮,而且他也不赞成学潮这种战斗方式。鲁迅早年一直信奉"任个人而排众数""是非不可公于众"的"超人"③观念,直到五四时期仍旧坚持"'个人的自大',就是独异,是对庸众宣战"④,因而他一向对群众性运动持有怀疑、否定的态度。孙伏园曾回忆五四运动那天,"鲁迅先生详细问我天安门大会场的情形,还详细问我游行时大街上的情形"⑤,不难看出,鲁迅对爱国民众运动非常关注,但他并不像陈独秀、李大钊那样积极参与其中。而对于非爱国性的学潮,鲁迅更是明显不赞成。1922 年 10 月冯省三因为在北大讲义风潮中挺身而出被开除,为此鲁迅撰文批评了参与风潮的其他学生:"现在讲义费已经取消,学生是得胜了,然而并没有听得有谁为那做了这次风潮的牺牲祝福","凡有牺牲在祭坛前沥血之后,所留给大家的,实在只有'散胙'这一件事了"。⑥ 而对于 1925 年年初的东南大学换校长风潮,鲁迅同样觉得"怪状更是层出不穷,东南大学事

---

① 许广平:《250311 致鲁迅》,载鲁迅、景宋《两地书全编》,第 392 页。

② 鲁迅:《250311 致许广平》,载鲁迅、景宋《两地书全编》,第 394、395 页。

③ 迅行(鲁迅):《文化偏至论》,《河南》第 7 号,1908 年 8 月。

④ 迅(鲁迅):《随感录 三十八》,《新青年》第 5 卷第 5 号,1918 年 11 月 15 日。

⑤ 孙伏园:《五四运动中的鲁迅先生》,载孙伏园、孙福熙著,章征天、张能耿、裘士雄编《孙氏兄弟谈鲁迅》,第 60 页。

⑥ 鲁迅:《即小见大》,《晨报副镌》,1922 年 11 月 18 日。

件就是其一,倘细细剖析,真要为中国前途万分悲哀"①,所以他对学潮中的师与生的评价大都是负面性的。

除了不认同学潮这种战法,更认同"壕堑战"即"专与苦痛捣乱,将无赖手段当作胜利,硬唱凯歌,算是乐趣"②才有现实性外,鲁迅不愿介入学潮的另一个原因,是他和校长杨荫榆虽然分属法日派和英美派,但最初并不存在特别的矛盾。

杨荫榆 1924 年 2 月出任校长,实际上她本人就是在"迎杨驱许"风潮中上台的。女师大一向学潮不断,"近七年来每年皆有风潮"③,从 1919 年 4 月到 1925 年 8 月,更是"六年之内六易校长"④,先后换过方还、毛邦伟(两度任职)、熊崇熙、许寿裳、杨荫榆五人六任,大多数校长都是因为学潮而被逐。鲁迅对这些历史自然深有了解,他于 1923 年 7 月被许寿裳聘为国文系小说史科兼任教员,杨荫榆接任校长之后,虽然进行了大刀阔斧的改革,但周氏兄弟"在杨女士治下,也是颇被校长所优容的",他们对于杨荫榆所属的英美派有看法,但对其"个人并无什么芥蒂"。⑤ 1924 年暑假,鲁迅和周作人先后寄还女师大聘书,表示下学期不再续聘,周作人指出辞职的原因是"很怕在女学校里教书,尤其怕在女人底下的女学校里",实际上他在许寿裳当校长时就多次请辞过。但杨荫榆对此颇为重视,她不但亲自登门劝说,而且找到"北大'某籍某系'的老大哥马幼渔"出面挽留,最终二人双双续聘。⑥ 所以女师大风潮开始的时候,周作人表示"我个人于杨先生之进退毫无利害关系,本无干预之必要"⑦,而鲁迅"每周任课的时间不多,因而对学校的腐败情形是不很清楚的,所以,当女师大风潮发生的时候,他是颇为沉默的"⑧。

女师大风潮 1925 年年初发生,是杨荫榆 1924 年年底处理误期返校学生不公所致:

> 十一月初旬,有文预二年同学三人,因阻于东南战事,缺课两月余。

① 鲁迅:《250331 致许广平》,载鲁迅、景宋《两地书全编》,第 405 页。
② 鲁迅:《250311 致许广平》,载鲁迅、景宋《两地书全编》,第 395 页。
③ 《女师大被解散学生与杨校长相持》,《申报》,1925 年 8 月 6 日。
④ 《女师大由阁议决照美专办法停办》,《申报》,1925 年 8 月 9 日。
⑤ 周作人:《与友人论章杨书》,《京报副刊》,1925 年 8 月 12 日。
⑥ 周作人:《知堂回想录(下)》,第 501、502 页。
⑦ 凯明(周作人):《女师大的学风》,《京报副刊》,1925 年 5 月 22 日。
⑧ 郑奠:《鲁迅先生在女师大风潮中的斗争》,载鲁迅博物馆、鲁迅研究室、《鲁迅研究月刊》选编《鲁迅回忆录(散篇)上》,第 292 页。

同时亦有教哲系同学二人,亦缺两月余,杨则令文预三位同学退学,而教哲系二位同学则准其试验。同一情形,而尝罚悬殊,天下不平之事,宁有胜于此校者乎? ……故文预同学提出学生自治会,请共同主张公道,大动公愤,当即由自治会评议部决议:一致援助,请杨收回成命恢复三位同学之年级。杨氏坚持不允,且厉声辱骂自治会代表,酝酿已久,复遭压迫,此所以一触即发,而不可遏止也。

一月十八日开紧急会议,讨论去杨方针。结果七班全体赞同,本校共十班——其余三班,则声明严守中立,决不反对自治会一切行动,丞碍于他故,其同情杨氏退避贤路者,明矣。于是一致通过,自是日起,即不承认杨氏再长我校,此番运动,即于斯时开幕矣。①

此事的起因看起来并不复杂,它本是一个学生寻求"公道"、反抗校长强权的平权行动,解决起来也并不困难,正如许广平所言的,"学生们其始不过想对自己的学业有所提高,对学校措施有些不满,倘使接受这些正确意见的要求,风潮本可避免"②。然而在杨荫榆看来,"开除学生,本在校长职权以内"③,她无法忍受"近年以来,首都教育受政潮之影响,青年学子遂多越轨行为"④的情况。蒋梦麟指出,"学生们在'五四'胜利之后,果然为成功之酒陶醉了""学校里的学生竟然取代了学校当局聘请或解聘教员的权力。如果所求不遂,他们就罢课闹事"⑤,这些学潮"出以爱国主义反对列强的实际只占百分之六·八五,最多的是反对新旧校长,占了百分之三九·九一"⑥,所以时人认为"今日学风之应加整顿,殆成普通之舆论"⑦。而杨荫榆"蒙大部委任,极思挽救颓风"⑧,其表现大大出乎学生的意料,因为此前"京师各校,以革除学生而谋逐校长,已非一次,其后因缘事变,借口调停,大抵革生留而

---

① 晚愚:《女师大风潮纪事》,载北京师范大学中文系编《文学论文集及鲁迅珍藏有关北师大史料》,北京师范大学出版社,1981 年,第 355 页。

② 许广平著,周海婴主编:《鲁迅回忆录(手稿本)》,第 25 页。

③ 杨荫榆:《国立北京女子师范学校校长杨荫榆致马裕藻教员函》,载北京师范大学中文系编《文学论文集及鲁迅珍藏有关北师大史料》,第 384 页。

④ 杨荫榆:《杨荫榆呈教育总长文》,载北京师范大学中文系编《文学论文集及鲁迅珍藏有关北师大史料》,第 377 页。

⑤ 蒋梦麟:《西潮·新潮》,第 131 页。

⑥ 吕芳上:《从学生运动到运动学生:民国八年至十八年》,台北"中央研究院"近代史研究所,1994 年,第 22 页。

⑦ 渊泉(陈博生):《女师大事件平议》,《晨报》,1925 年 8 月 25 日。

⑧ 杨荫榆:《杨荫榆呈教育总长文》,载北京师范大学中文系编《文学论文集及鲁迅珍藏有关北师大史料》,第 377 页。

校长去,胜负之数,伏于事先"①,但这次杨荫榆却"素极强硬""恋栈不去","教育当局逼辞数次,杨以奉职毫无贻误,置之不理"②,同时附中主任欧阳晓澜策动附中毕业的女师大学生退出学潮,导致"全体到教育部请愿"时,"全班只有三分之一参加请愿"③。

正是在这种不利情况下,许广平不得已给鲁迅写了求救信,然而她没想到被拒绝了。在回信中,许广平强调"叫他去预备给人斫肉糜则可,叫他去作'壕堑战'是按捺不下的"④,对于中国这个"黑缸""索性拿个大砖头打破它,或者拿铁钉钢片密封它"⑤,鲁迅则一直表示"我又无拳无勇,真没有法,在手头的只有笔墨,能写这封信一类的不得要领的东西而已",他欢迎许广平来"发牢骚",但"倘曰'马前卒',则吾岂敢"⑥。许广平对鲁迅的远水不解近渴的"思想革命"明显不感兴趣,她强调"现时所最急切的问题待解决者正刻不容缓,如果必俟若干时筹备,若干时进行,若干时收效,恐索国魂于枯鱼之肆矣"⑦,但在鲁迅看来,"性急是好的,但生在麻木如中国的地方,却容易吃亏,纵使如何牺牲,也无非毁灭自己,于国度没有影响",所以"要治这麻木状态的国度,只有一法,就是'韧',也就是'锲而不舍'"⑧。

总之,鲁迅对于女师大风潮反复表示"但我究竟不明白内中的情形"⑨"学校的事,也许暂时要不死不活罢"⑩,这无疑和许广平的期待相去甚远,她作为学潮的领导者,"现在所最愁不过的,就是风潮闹了数月,不死不活""迁延不决,则恋栈人的手段益完全,学生软化消极的愈多,终至事情无形打消,只落得一场瞎闹⑪。但鲁迅不过是女师大的一名兼职讲师,这个学潮和自己没有真正的利害关系,更重要的是他此时正忙于"思想革命"的发动,更关心文明批评和国民性改造,对于学潮这种"虽然可以快一时之意,而与大局是无关的"⑫事情并不赞成,因而他始终拒绝介入其中。

---

① 章士钊:《停办北京女子师范大学呈文》,《甲寅》第1卷第4号,1925年8月8日。
② 《女师大昨开师生联席会议》,《晨报》,1925年5月13日。
③ 吕云章:《吕云章回忆录》,龙文出版社股份有限公司,1990年,第30页。
④ 许广平:《250315致鲁迅》,载鲁迅、景宋《两地书全编》,第397页。
⑤ 许广平:《250320致鲁迅》,载鲁迅、景宋《两地书全编》,第400页。
⑥ 鲁迅:《250331致许广平》,载鲁迅、景宋《两地书全编》,第405、406页。
⑦ 许广平:《250410致鲁迅》,载鲁迅、景宋《两地书全编》,第413页。
⑧ 鲁迅:《250414致许广平》,载鲁迅、景宋《两地书全编》,第415、416页。
⑨ 鲁迅:《250408致许广平》,载鲁迅、景宋《两地书全编》,第410页。
⑩ 鲁迅:《250414致许广平》,载鲁迅、景宋《两地书全编》,第415页。
⑪ 许广平:《250410致鲁迅》,载鲁迅、景宋《两地书全编》,第413页。
⑫ 鲁迅:《250414致许广平》,载鲁迅、景宋《两地书全编》,第415页。

虽然"这种满纸是'将来'和'准备'的'教训',其实不过是空言,恐怕于'小鬼'无甚好处"①,但正如"小鬼"这个昵称所传达的,鲁迅和许广平的感情正在不断深化,他们在短短两个月时间内相互通信二十封,许广平的自称也从"小学生"变成了"小鬼",她不但前来鲁迅家造访,而且开始和他开起各种玩笑,二人逐渐超越了一般师生的关系,感情日趋密切。鲁迅的变化尤其表现在4月23日所作的《死火》中,他采用了极为隐喻的方式说:"朋友!你用了你的温热,将我惊醒了""倘你不给我温热,使我重行烧起,我不久就须灭亡"。② 而在年初的时候,鲁迅的内心还处在"寂寞""衰老""空虚"③的状态,如今的"死火重温"虽有思想革命重启的原因,但许广平的出现无疑是重要的刺激因素。

正当鲁迅与许广平的关系进一步发展的时候,女师大风潮也开始变得激烈起来。5月7日,女师大学生在礼堂举行了国耻纪念日十周年纪念大会,杨荫榆试图以校长身份入场主持,但被学生轰了出来,她大怒之下召集评议会,议决"学生蒲振声、许广平、张平江、姜伯谛、刘和珍、郑德音屡犯校规。今日五七国耻礼堂开会来宾演讲之际又复扰乱秩序,侮辱师长,应即开除"④。在这种不利的情况下,学生四出向老师们求援,鲁迅也因此放下了刚刚起步的思想革命工作,正式加入了女师大风潮,从旁观的立场走向了中心的位置。

二、"挑剔风潮"与教潮的策划

民初的学潮一般只要学生群起反对,多数校长都会选择离开,譬如许寿裳在收到学生自治会的请退函后,即三次呈文要求辞职,但杨荫榆态度非常强硬,她就是要打破"北京近年来学潮无论是非,学生终占胜利"⑤的现象,而且她此时得到了新任教育总长章士钊的支持,后者在4月14日上台后就发布了"整饬学风令",于是杨荫榆借助教育部力量和"五七风潮"主动出击,开除了六名学生自治会成员,让学潮一下子失去了领导者。5月9日正式通告发布后,"这一天,全校处在紧张的情绪中,不少的同学气愤到哭起来了"⑥"六个

---

① 鲁迅:《250323 致许广平》,载鲁迅、景宋《两地书全编》,第402页。
② 鲁迅:《死火》,《语丝》第25期,1925年5月4日。
③ 鲁迅:《希望》,《语丝》第10期,1925年1月19日。
④ 《本校纪事》,载北京师范大学中文系编《文学论文集及鲁迅珍藏有关北师大史料》,第374页。
⑤ 《杨荫榆昨晚有辞职说》,《晨报》,1925年8月5日。
⑥ 许广平:《鲁迅先生与女师大事件》,载海婴编《许广平文集(第二卷)》,第118页。

学生都是外乡人,家都不在北京……离开了学校到哪里去呢?"①从学生的恐惧反应不难看出此举的效力,但杨荫榆低估了这些学生的能量。

时人曾总结过当时学潮的发展模式:"先由学生方面,骤起暴动,封锁门户,断绝交通,殴辱校长(或教职员);继以罢课,打电报,发宣言,请愿官厅,求援外界。后由校长呈报官厅,借助军警之力来开除学生,或解散学校。"②女师大风潮实际也照此发展:一方面,学生自治会5月11日"在风雨操场开会,议决援照已被解散之美专学生闹风潮的办法,进而封锁校长办公室,寝室,秘书室,防守校门,拒杨到校"③;另一方面,许广平建议"被开除了几个人不要紧,要紧的是请出几位说人话的先生来",于是"同学分头去谒见各级主任和教员",其中鲁迅是由其舍友林卓凤"去申诉要请出来主持正义的"④,而她自己则在5月9日当晚写信告知了鲁迅被开除一事。

向老师们求助是学潮的常态,"学生运动自从民国八年开始以来,背后一直有教员在支持。就是□清时代的首次学潮,也是有教员支持的"⑤,而女师大也一直有这个传统,罗静轩曾回忆1919年"我们驱方运动之所以能够胜利,是与老师们的支持分不开的。我们列举方还十条罪状的传单,曾由老师代为删订。李大钊先生曾为我们向教育总长傅增湘做了工作,建议撤换方还,以毛邦伟代理女高师校长职务"⑥,许羡苏则回忆1920年毛邦伟反对女生剪发时,"我的保证人是本校教员周作人,他就退了聘书表示抗议,鲁迅先生则因此写了一篇《头发的故事》,其中提到的'M'校长就是当时的女高师校长毛邦伟"⑦。而在看到自己亲近的人又遭遇压迫后,鲁迅挺身而出,开始对女师大风潮发表公开意见,痛斥杨荫榆依靠权势压迫"毫无武力的同性",开除"私意所不喜"的学生,他向"所敬爱的羊们保证","羊,诚然是弱的,但还不至于如此"⑧。对于鲁迅从"漠然"到"反抗"的转变,许广平问他:"这句话是为对小鬼而说的么?恐怕自身也当同样的设想吧!"⑨鲁迅

① 许广平:《附录一:许广平对三次来访的创作组成员的谈话记录》,载许广平著,周海婴主编《鲁迅回忆录(手稿本)》,第204页。
② 杨中明:《民国十一年之学潮》,《新教育》第6卷第2期,1923年2月。
③ 《京女师大风潮尚在相持中》,《申报》,1925年5月18日。
④ 许广平:《鲁迅先生与女师大事件》,载海婴编《许广平文集(第二卷)》,第118页。
⑤ 蒋梦麟:《西潮·新潮》,第136页。
⑥ 罗静轩:《北京女高师在五四运动中》,《文史资料选辑》1979年第5辑。
⑦ 许羡苏:《回忆鲁迅先生》,载鲁迅博物馆、鲁迅研究室、《鲁迅研究月刊》选编《鲁迅回忆录(散篇)上》,第312页。
⑧ 鲁迅:《忽然想到(七)》,《京报副刊》,1925年5月12日。
⑨ 许广平:《250527 致鲁迅》,载鲁迅、景宋《两地书全编》,第435页。

回答不是为了自己，"这些话，确是'为对小鬼而说的'"①。

5月11日下午，学生自治会发出《恳请本校教员维持校务函》，但第二天到场参加师生联席会议的教职员只有二十余人，马幼渔在会上"大声疾呼，当众申说，奖以此番行为，足洗女界弱点，今后种种，力戒五分钟热度"，学生们则"咸奉先生之言。鼓掌动地"。② 杨荫榆上任之初，本来与兼任北大和女师大两个国文系主任的马幼渔关系尚可，但随着她改革文科，"打算把北大教员辞掉，换请鸳鸯蝴蝶派的"③，双方关系就彻底破裂了，马幼渔于是以辞去国文系主任为抗议，自此杨荫榆就发现"本校国文系诸生，自先生离职主任后，时有事端"④，而随着马幼渔率领教师们公开反杨，社会上也开始出现"连马友[幼]渔老先生也起了做女师大校长的雄心"⑤的传言，所以鲁迅参与女师大风潮，并不仅仅是为了支持许广平，也是在支持马幼渔和"某藉某系"。

在5月12日的会上，鲁迅为学生代拟了要求撤换校长的教育部呈文，他特别强调"校长溺职滥罚，全体冤愤""可知杨一日不去，即如刀俎在前，学生为鱼肉之不暇，更何论于学业"。⑥ 但是体育系和音乐系学生看到呈文后，却在5月17日的《晨报》上声明"严守中立"，强调"同人等抱求学宗旨，研究所学，校课繁多，不遑更涉他事"⑦，接着是教育系预科学生5月19日发表启事，强调"矢不与闻"，反对"每次宣言，均用自治会全体名义"⑧，再然后是哲教系学生5月20日在《晨报》刊登启事，否认"对于此次校长风潮绝对服从自治会之说"，强调"并未参与"⑨。可以看出，女师大学生并非鲁迅呈文所说的"全体冤愤"，其内部存在着严重的分歧，驱杨最积极的只是预科和文科，尤其是大学预科甲乙两部、教育预科一年级四班、国文系三年级，而自治会的核心成员正是由她们构成。

---

① 鲁迅：《250530 致许广平》，载鲁迅、景宋《两地书全编》，第437页。

② 杨荫榆：《国立北京女子师范学校校长杨荫榆致马裕藻教员函》，载北京师范大学中文系编《文学论文集及鲁迅珍藏有关北师大史料》，第385页。

③ 许广平：《我所敬的许寿裳先生》，载海婴编《许广平文集（第一卷）》，第198页。

④ 杨荫榆：《国立北京女子师范学校校长杨荫榆致马裕藻教员函》，载北京师范大学中文系编《文学论文集及鲁迅珍藏有关北师大史料》，第385页。

⑤ 朱经农：《朱经农致胡适、陶孟和等》，载中国社会科学院近代史研究所中华民国史研究室编《胡适来往书信选（上）》，第344页。

⑥ 《学生自治会上教育部呈文》，载北京师范大学中文系编《文学论文集及鲁迅珍藏有关北师大史料》，第315、316页。

⑦ 《国立北京女子师范大学体育系音乐系紧要启事》，《晨报》，1925年5月17日。

⑧ 《国立北京女子师范大学教育系预科学生启事》，载北京师范大学中文系编《文学论文集及鲁迅珍藏有关北师大史料》，第382页。

⑨ 《国立北京女子师范大学哲教系全体学生紧要启事》，《晨报》，1925年5月20日。

在看到 5 月 17 日体育系、音乐系的启事后,意识到危机的许广平立即给鲁迅写信,批评"群众是浮躁急不及待的。忍耐不过,众寡不敌,自难免日久变生,越发不可收拾",她担心"六人的出校"只是"无益的牺牲"。① 鲁迅在复信中表示"群众不过如此,由来久矣",但他没想到"女师大教员也太可怜了,只见暗中活动之鬼,而竟没有站出来说话的人",在这种情况下,鲁迅提出"世界岂真不过如此而已么? 我还要反抗,试他一试",同时"教员之类该有一番宣言,说明事件的真相",而自己"肯负这一点责任(署名)"。② 在鲁迅的策划下,《京报副刊》开始和《晨报》唱起了对台戏,连续发表了周作人的《女师大的学风》和萧度的《"拉杂谰言"》,他们纷纷讽刺杨荫榆,不久《语丝》和《莽原》也都加入了驱杨的阵营。

而学生自治会面对越来越多的学生声明反对的不利局面,决定在 21 日召开校务维持讨论会,想请全体教职员商讨应对办法,杨荫榆则针锋相对,也决定同日邀请全体主任、专任教员和评议会成员召开校务紧急会议。不过双方都未得到满意结果:杨荫榆方面有不少人反对她"调警迫令被革学生六人出校"和"提前放暑假"的非常举措,"会议遂无结果而散";学生方面则"教员到者有十余人",参加者比上次会议又少了不少。③ 鲁迅对此极为不满,他当晚做了《"碰壁"之后》,批评"一有事故,教员也不见了,学生也慢慢躲开了;结局只剩下几个傻子给大家做牺牲,算是收束"④。

在支持者越来越少的情况下,鲁迅开始和许广平、吕云章、张平江这些自治会骨干频频联系,商讨对策,他首先在 5 月 24 日第二次为学生拟教育部呈文,催促另聘校长,然后在 5 月 27 日的《京报》上发表了《对于北京女子师范大学风潮宣言》,这是一篇"鲁迅拟稿,针对杨荫榆的《感言》为学生仗义执言,并邀请马裕藻先生转请其他先生连名的宣言"⑤。5 月 20 日杨荫榆在《晨报》上发表了《"教育之前途棘矣"! ——杨荫榆之宣言》,向社会各界详细陈述了闹事学生的"暴烈",使她们在舆论上处于极为被动的地位,于是鲁迅"邀请到马裕藻、沈尹默、李泰棻、钱玄同、沈兼士和他等人共同联名发出,证明学生被无辜开除和学业品性'平素尤绝无惩戒记过之迹'"⑥,同时也表示教师们不再袖手旁观,"同人忝为教员,因知大概,义难默尔,敢

① 许广平:《250517 致鲁迅》,载鲁迅、景宋《两地书全编》,第 433 页。
② 鲁迅:《250518 致许广平》,载鲁迅、景宋《两地书全编》,第 433、434 页。
③ 《女师大风潮与教员》,《晨报》,1925 年 5 月 23 日。
④ 鲁迅:《"碰壁"之后》,《语丝》第 29 期,1925 年 6 月 1 日。
⑤ 《鲁迅亲拟的〈对于北京女子师范大学风潮宣言〉》,载北京师范大学中文系编《文学论文集及鲁迅珍藏有关北师大史料》,第 287 页。按,此话是许广平在原件上的批语。
⑥ 许广平著,周海婴主编:《鲁迅回忆录(手稿本)》,第 28 页。

布区区"①。由于《晨报》一直支持杨荫榆,而她又运动《京报》不登学生方面的消息,吕云章"就在夜里两点跑到鲁迅家里,由他把消息发到报馆去",最终鲁迅在 5 月 25 日"寄邵飘萍信"后,宣言才得以在《京报》登出。②

此时的女师大风潮,已经不再是一个学生自治会领导的校内师生对抗的"学潮",而是变成了老师主导尤其是法日派和英美派对抗的"教潮",其中鲁迅处于重要的策划领导地位,其作用正如女师大学生刘亚雄后来总结的:

> 教授和学生中对杨不满的人很多,但运动初期能挺身而出的并不多。在斗争中,真正大力支持我们的教员只有鲁迅,他自始至终地帮助了我们。运动刚爆发时,鲁迅就积极为学生出主意,介绍学生跟"语丝派"的人和其他进步人士接触;女师大学生会的六名骨干被杨荫榆无理开除后,鲁迅联合其他进步教员在《京报》发表宣言,为学生伸张正义;女师大偏安于宗帽胡同时,鲁迅带病义务授课,并在校务维持会负责全校的教务工作,直到斗争胜利,鲁迅亲自带领学生返回石驸马大街原校址。可以说,如果没有鲁迅,单靠学生力量,女师大学生运动是搞不起来的,更不可能搞得这样声势浩大。③

而杨荫榆在看到七教授的《宣言》后极为愤怒,她在 5 月 30 日致函领衔者马裕藻,逐条批驳宣言中的指责,尤其是指出"六生中学绩多有考试不及格者",而"公意两字,学生中文字反对,报纸声明,拒绝服从,既非偶见",至于"开除学生,本在校长职权以内",并且"全体一致,并无异议"。④ 与此同时,看到《宣言》后的陈西滢也开始在《现代评论》的《闲话》专栏,批评《宣言》"偏袒一方,不大平允",揭露是"某藉某系"的人在背后"挑剔风潮"。此文一出,标志着女师大风潮已从校内逐渐转向了校外,从一个学校的风潮开始向整个教育界、思想界的派系斗争方向发展,同时也使鲁迅等人处在与教育部公开对抗的不利位置上。

三、"牺牲"与反思文学家作用

5 月 30 日这天还发生了更大的时变,改变现代历史走向的五卅运动爆

---

① 《鲁迅亲拟的〈对于北京女子师范大学风潮宣言〉》,载北京师范大学中文系编《文学论文集及鲁迅珍藏有关北师大史料》,第 287 页。
② 吕云章:《吕云章回忆录》,第 31 页。
③ 《刘亚雄同志谈女师大风潮》,载鲁迅研究室编《鲁迅研究资料 2》。
④ 杨荫榆:《国立北京女子师范学校校长杨荫榆致马裕藻教员函》,载北京师范大学中文系编《文学论文集及鲁迅珍藏有关北师大史料》,第 384 页。

发了,所有人关注的重心迅速从女师大风潮转向了国共两党策划的反帝爱国运动。而学潮的弱点"一是不耐久战,一是必得寻求社会各阶层的同情与支持,否则难于成事"①,眼瞅着学运因民运而延宕,许广平只能私下向鲁迅诉说内心的郁闷:

> 小问题(校长)还未解决,大问题——上海事件——又起来! 平时最顾忌的提前放假,现在自动的罢课起来了! 虽则每日有讲演,募捐,宣传……的工作,但是暑假期到了! 恐怕男女的在校的办事人,设法拆学生之台,相率离去,那时电灯不开,自来水不流,……饭自己可以往外买,其余怎办呢? 这是一件公私(国,校)相连的问题,政治又呈不安之象,现时"救死惟恐不暇",这个教育的部分小问题,谁有闲情逸致打扫这不香气的"毛厕"呢? 无怪我们在"毛厕"坑的人,永陷不拔了!②

此时不但社会各界的注意力被五卅运动吸引走了,即便是女师大学生也积极投身于爱国运动,然而许广平关心校事更甚于"排着队游行,高喊着不易索解的无济于事的口号",在她这里,"打倒杨荫榆"的"迎头一击的痛快""比游过'午门'的高兴,快活,可算是过之无不及"③,因此她公开抱怨说:"谁都知道某校风潮发生了半年多,而大家不管。这是中国人不负责任,互相推诿的一件最好不过的证据。"④鲁迅回信安慰了许广平,表示"上海的风潮,也出于意料之外""唯一的希望,就是等候意外飞来的'公理'",所以还是"要缓而韧,不要急而猛"。⑤

但鲁迅本人其实也非常愤懑,他没想到自己挺身而出介入风潮后应者寥寥,不但女师大的老师和学生陆续退出,而且己方阵地《京报副刊》"登载几篇反杨之稿,盖出于不得已",甚至"联合战线"中还有人爆出了"某藉某系""挑剔风潮"的流言,这都让鲁迅开始反思"牺牲"这个问题。起初他担心的是"白用了许多牺牲",自己会像冯省三那样"牺牲为群众祈福,祀了神道之后,群众就分了他的肉,散胙"⑥,之后鲁迅从《京报副刊》与陈西滢私下联络,"简直有卖《语丝》以与《现代》拉拢之观",开始意识到自己的牺牲"反

---

① 吕芳上:《从学生运动到运动学生:民国八年至十八年》,第13页。
② 许广平:《250605 致鲁迅》,载鲁迅、景宋《两地书全编》,第441页。
③ 许广平:《250605 致鲁迅》,载鲁迅、景宋《两地书全编》,第440页。
④ 景宋(许广平):《过时的话》,《莽原》第15期,1925年7月31日。
⑤ 鲁迅:《250613 致许广平》,载鲁迅、景宋《两地书全编》,第443页。
⑥ 鲁迅:《250518 致许广平》,载鲁迅、景宋《两地书全编》,第434页。

为巧人取得自利的机会",他说:

> 我明知道几个人做事,真出于"为天下"是很少的。但人于现状,总该有点不平,反抗,改良的意思。只这一点共同目的,便可以合作。即使含些"利用"的私心,也不妨,利用别人,又给别人做点事,说得好看一点,就是"互助"。但是,我总是"罪孽深重,祸延"自己,每每终于发见纯粹的利用,连"互"字也安不上,被用之后,只剩下耗了气力的自己而已。①

许广平对此感同身受,她说:"公举你出来做事时,个个都说做后盾,个个都在你面前塞火药,等你灌足了,火线点起了! 他们就远远的赶快跳[逃]跑,结果你不果[过]做一个炸弹壳,五花粉碎"②"出来说话做事的,都往往吃力不讨好,也惹一身脏,好比七个先生的事,就是前车,以后的人,自然不愿意轻举妄动。结果,还是大家不管的女师大"③。受到"牺牲"和"利用"刺激的鲁迅,将其感受写入《野草》,他在六七月间所写的《失掉的好地狱》《墓碣文》《颓败线的颤动》《立论》《死后》等文章里,反复表达了先驱者在无边的荒野和可怖的地狱中的牺牲、自噬与被噬,但他同时也强调了自己的不妥协,"我却总是既不安乐,也不灭亡地不上不下地生活下来,都不能副任何一面的期望"④。

五卅运动不但搁置了女师大风潮,使其处于无人问津和领头者"牺牲"的困境,而且"因为沪案发生以后,没有一个文学家出来'狂喊',就有人发了疑问了,曰:'文学家究竟有什么用处?'"鲁迅对这个说法非常不满,他先是反讽"文学家除了诌几句所谓诗文之外,实在毫无用处",接着指出真的文学大家"不是'诗文大全',每一个题目一定有一篇文章,每一回案件一定有一通狂喊。他会在万籁无声时大呼,也会在金鼓喧阗中沉默",实际上"即使上海和汉口的牺牲者的姓名早已忘得干干净净,诗文却往往更久地存在,或者还要感动别人,启发后人"。⑤

此时的五卅爱国舆论宣传,推崇的是"一致对外""砍下手指""到民间去"等"民气论",但在鲁迅看来,这些都是"足以破灭这运动的持续的危

①　鲁迅:《250613 致许广平》,载鲁迅、景宋《两地书全编》,第 444 页。
②　许广平:《250617 致鲁迅》,载鲁迅、景宋《两地书全编》,第 446 页。
③　许广平:《250619 致鲁迅》,载鲁迅、景宋《两地书全编》,第 447 页。
④　鲁迅:《死后》,《语丝》第 36 期,1925 年 7 月 20 日。
⑤　鲁迅:《忽然想到(十一)》,《民众周刊》第 25 号,1925 年 6 月 23 日。

机","一是日夜偏注于表面的宣传,鄙弃他事;二是对同类太操切,稍有不合,便呼之为国贼,为洋奴;三是有许多巧人,反利用机会,来猎取自己目前的利益"。① 可以看出,鲁迅的五卅运动着眼点和其他知识分子大有不同,像朱自清、叶圣陶、张申府等人,之前一直相信可以通过文化启蒙来拯救中国,但五卅流血事件发生后,"严峻的事实迫使朱自清及其'五四'伙伴们,重新估价启蒙遗产",同时"在革命运动频繁的 1920 年代,他们又发现了一条新的解放途径:群众运动。这种新发现使他们重新认识教育家与鼓动家之间的关系""经过这种漫长的思考,他们最终从学者转变为具有社会意识但政治上谦恭的知识分子阶层"。②

但是,鲁迅的关注点并不在暴力流血和群众运动,而是五卅运动中暴露出来的"国民性"问题,他重点批判了"民气论""五分钟热度"等"自欺欺人"的现象,认为"国民倘没有智,没有勇,而单靠一种所谓'气',实在是非常危险的"③,而"'五分热'是地方病,不是学生病。这已不是学生的耻辱,而是全国民的耻辱了"④,所以他建议"将华夏传统的所有小巧的玩艺儿全都放掉,倒去屈尊学学枪击我们的洋鬼子,这才可望有新的希望的萌芽"⑤。而对于国共两党策动的民族主义运动,鲁迅也不是从反帝爱国外因论而是从思想革命内因论来着眼,他看到的不是群众运动的力量,而是"历史指示过我们,遭殃的不是什么敌手而是自己的同胞和子孙"⑥,"外人不足责,而本国的别的灰冷的民众,有权者,袖手旁观者,也都于事后来嘲笑,实在是无耻而且昏庸!"⑦

显然,鲁迅的态度是舒衡哲说的"坚持把注意力放在国内问题上,继续完成在国内实现'人道与公正'的未竟事业,这就是以启蒙为中心的反帝特征"⑧,他既不想放弃思想启蒙而转向群众运动,也不想放弃启蒙者的领导作用而让渡给社会鼓动家。相反,此时的鲁迅仍旧相信文学家和文艺的力量,仍旧坚持国民性批判,所以他翻译了金子筑水的《新时代与文艺》,作者在文中提出了"文艺究竟可有做改造的领港师的资格",以及"凡将来的文

① 鲁迅:《忽然想到(十)》,《民众文艺》第 24 号,1925 年 6 月 16 日。
② 〔美〕舒衡哲:《中国启蒙运动——知识分子与五四遗产》,刘京建译,新星出版社,2007年,第 171、199 页。
③ 鲁迅:《杂忆》,《莽原》第 9 期,1925 年 6 月 19 日。
④ 鲁迅:《补白(三)》,《莽原》第 12 期,1925 年 7 月 10 日。
⑤ 鲁迅:《忽然想到(十一)》,《民众周刊》第 25 号,1925 年 6 月 23 日。
⑥ 鲁迅:《杂忆》,《莽原》第 9 期,1925 年 6 月 19 日。
⑦ 鲁迅:《补白(三)》,《莽原》第 12 期,1925 年 7 月 10 日。
⑧ 〔美〕舒衡哲:《中国启蒙运动——知识分子与五四遗产》,刘京建译,第 195 页。

艺家""总该是闯头阵的雄赳赳的勇士"①的观点,鲁迅也写了《论睁了眼看》,系统陈述了自己的文艺观:

> 文艺是国民精神所发的火光,同时也是引导国民精神的前途的灯火。这是互为因果的,正如麻油从芝麻榨出,但以浸芝麻,就使它更油。倘以油为上,就不必说,否则,当参入别的东西,或水或碱去。中国人向来因为不敢正视人生,只好瞒和骗,由此也生出瞒和骗的文艺来,由这文艺,更令中国人更深地陷入瞒和骗的大泽中,甚而至于已经自己不觉得。世界日日改变,我们的作家取下假面,真诚地,深入地,大胆地看取人生并且写出他的血和肉来的时候早到了;早就应该有一片崭新的文场,早就应该有几个凶猛的闯将!②

不仅如此,鲁迅还写了《论"他妈的!"》等文章,因为他觉得"治中国应该有两种方法,对新的用新法,对旧的用旧法","对于满抱着传统思想的人们"以及陈西滢类的"外表虽然没有什么,而骨子里却还是'他妈的'思想"的文章,"倒不如直捷爽快地骂出来,就是'即以其人之道,还治其人之身'"。③

不过现实的实践参与,也让鲁迅体会到文学家所受的冲击,在挺身介入女师大风潮后,面对有权有势的官方势力,他多次表示:"我现在愈加相信说话和弄笔的都是不中用的人,无论你说话如何有理,文章如何动人,都是空的。他们即使怎么样无理,事实上却着着得胜"④,"我明知道笔是无用的,可是现在只有这个,只有这个而且还要为鬼魅所妨害"⑤。而随着五卅运动的展开,鲁迅更是进一步发现"不独英雄式的名号而已,便是悲壮淋漓的诗文,也不过是纸片上的东西,于后来的武昌起义怕没有什么大关系"⑥,所以他也产生了一些自我怀疑:"现在做'文学家'似乎有些做厌了,仿佛要变成机械,所以倒很愿意从所谓'文坛'上摔下来。"⑦

总的来看,介入学潮深化了鲁迅对现实和自身的认识,他已经注意到了时代形势的新变化,逐渐意识到旧的身份和作战方式与之不协调,鲁迅开始

---

① 〔日〕金子筑水:《新时代与文艺》,鲁迅译,《莽原》第 14 期,1925 年 7 月 24 日。
② 鲁迅:《论睁了眼看》,《语丝》第 38 期,1925 年 8 月 3 日。
③ 鲁迅:《250729 致许广平》,载鲁迅、景宋《两地书全编》,第 462 页。
④ 鲁迅:《250518 致许广平》,载鲁迅、景宋《两地书全编》,第 434 页。
⑤ 鲁迅:《250530 致许广平》,载鲁迅、景宋《两地书全编》,第 437 页。
⑥ 鲁迅:《杂忆》,《莽原》第 9 期,1925 年 6 月 19 日。
⑦ 鲁迅:《250729 致许广平》,载鲁迅、景宋《两地书全编》,第 461 页。

从一个注重"文明批评和社会批评"的思想启蒙者,尝试着转向一个积极介入现实的"新时代的先导和指引"①,而激变的时代形势一方面强化了鲁迅的现实性和批判性,另一方面让他开始反省自己的启蒙理念。不过,政治革命对鲁迅的触动此时还没有真正到来,五卅运动和学潮被搁置只是给他提供了一个反思的契机,这种反思虽然让他意识到了自己的无力,但并非放弃思想革命和文化领导权,而是要将启蒙思想与社会行动相结合。

第二节 反章政潮与"国民革命同路人"

一、学生运动与国共两党的介入

五卅运动让女师大风潮中的学生一方陷入困境,给了校方以有利的机会。本来被逐出学校的杨荫榆已经陷入困境,只能暂时"密设'女师大校长临时办公处'于新平路乙字十一号,托庇美国旗帜之下"②,为了打破僵局她请人设法调停,但是学生要求"1. 杨立免职,2. 六人事交新校长处办,3. 新校长须由学生选择,4. 杨去留不得以六人为要挟"③。正在和解失败、前路难测之际,由于北洋政府急于与列强重开关税会议,他们开始对五卅运动从支持转向压制,7月28日段祺瑞再度调任章士钊为教育总长,意图整顿学风,压制青年爱国运动。而得到支持的杨荫榆在7月29日贴出布告,借口修理校舍,要求学生搬出学校,并宣布解散学生自治会,然而"学生方面,竟将布告撕碎,并发出通电,沥述杨之罪恶。杨见事实至此,即于三十一日赴教部谒见章士钊,请示办法"④,最终决定解散闹学潮的四个主要班级。

8月1日上午,杨荫榆带领警察来到学校,但"学生纷持木棍砖石,追击校长"⑤,杨荫榆一怒之下停水、断电、封闭校门。其中一些学生设法逃出学校向外寻求帮助,吕云章回忆说:"张邦珍等发起消息,我和张平江负责交际,就坐着汽车到有关各显要家或教授家去通知,不到晚就跑遍了四城,这个风潮就闹大啦。"⑥不久,学生联合会和各校代表纷纷前来慰问支援,女

---

① 〔日〕金子筑水:《新时代与文艺》,鲁迅译,《莽原》第14期,1925年7月24日。
② 晚愚:《女师大风潮纪事》,载北京师范大学中文系编《文学论文集及鲁迅珍藏有关北师大史料》,第358页。
③ 许广平:《250717致鲁迅》,载鲁迅、景宋《两地书全编》,第461页。
④ 《昨日女师大解散四班》,《晨报》,1925年8月2日。
⑤ 孤桐(章士钊):《与李君石曾谈话记》,《甲寅》第1卷第4号,1925年8月8日。
⑥ 吕云章:《吕云章回忆录》,第30页。

师大学生自治会同时发布《紧急启事》,宣称有同学被打受伤,并强调杨荫榆是想解散"沪案后援会"来破坏反帝爱国运动。而为了防止出现"男女混杂"的不利流言,"鲁迅先生在这个时候毅然住到女师大来。李石曾夫人、顾孟余夫人她们住在里面学生宿舍一起,鲁迅先生住在外面的教员休息室内"①。

学生联合会 8 月 1 日当天召集了各校开会讨论,公议"发表宣言传单,反对章杨"②,第二天共产党控制下的全国学联总会也"通电各地同学,群起驱章,以为声援"③。国民党方面则联合女师大自治会及北京各校代表在中央公园开会,推举李泰棻、王世杰、李石曾、易培基等人为代表,去拜访警察总监朱深并表示抗议,李石曾在会上发言指出:

> 兄弟今日到会,不是用教育界资格,是以国民资格,予预国家之一种事情,因为军警压迫女校,关系是很重大的,不单独是女师大一校问题,且是章士钊前次长教,即干涉五七爱国运动,此次复职之第二日,又派军警解散女师四班,当然是受帝国主义之指使,我们要举外交,非清内政不可,章既愿受帝国主义之驱遣,我们国民当竭全力驱逐。④

随着外部势力特别是国共两党的参与,女师大风潮开始从"驱杨"转向"反章"、从学潮变成政潮、从一校矛盾升级为全国性事件,而随着性质的转变,风潮的实际推动者也纷纷从幕后走到了台前。实际上,女师大学生除了利用老师的力量,也一直在"依靠外面的政治力量,在共产党和国民党左派的帮助下"和校方对抗,譬如"张平江是国民党是四川人,她去和张继、李石曾、易培基等联系","有一个姓郑的同学郑一红(?)当时是共产党员。大概通过党的关系也去找过李大钊同志"⑤,所以许广平自言"即如我校风潮,寒假时的确不敢说办事的人没色彩,所以我不敢做,不过袖手旁观,现在也不敢说她们没色彩"⑥。女师大风潮其实从一开始背后就有"色彩",是"先有

---

① 许广平:《附录一:许广平对三次来访的创作组成员的谈话记录》,载许广平著,周海婴主编《鲁迅回忆录(手稿本)》,第 208 页。
② 《昨日女师大解散四班》,《晨报》,1925 年 8 月 2 日。
③ 《学总会援助北京女师大之两电》,《申报》,1925 年 8 月 3 日。
④ 《京女师大解散四班风潮扩大》,《申报》,1925 年 8 月 5 日。
⑤ 许广平:《附录一:许广平对三次来访的创作组成员的谈话记录》,载许广平著,周海婴主编《鲁迅回忆录(手稿本)》,第 204、205 页。
⑥ 许广平:《250617 致鲁迅》,载鲁迅、景宋《两地书全编》,第 446 页。

校长之候补者,而后有反杨之运动,是有人利用"①,据周作人回忆:

> 在二月廿八日的日记里记有"女高师旧生田罗二女士来访,为女师大事也"的记载。她们说是中立派,来为学校求解决,只要换掉校长,风潮便自平息。那时是马夷初以教育部次长代理部务,我当晚就打电话到马次长的家里转达此意,马次长说这事好办,校长可以撤换,但学生不能指定后任为谁,如一定要易培基,便难以办到。②

易培基曾任孙中山秘书,"十三年由广东大学校长邹鲁先生委托,奉国父大本营委任状,为庚款分配事到北京,并持有汪精卫介绍信,向国民党人士多方接洽"③,由于"受知于党国要人李煜瀛(石曾);同年十一月十日,培基得李力荐,任黄郛摄政内阁教育总长"④。而李石曾是同盟会元老,从法国归来后一直在北大任教,国民党一大改组时被选为中央监察委员,他是国民党北方国民革命活动的重要策划者,先是参与了冯玉祥政变以及黄郛摄政内阁的安排,后来段祺瑞上台他又接管了清室善后委员会和中法教育基金委员会,时评认为"李氏因周旋民党左右派间,时而自承为无政府主义者,时而又若与共产党相结托。实则李为巧于沽名之士,近年在教育界占甚大势力,闻由其管理之教育机关不下五六十处,反对之者至有学界帝国主义者之谥"⑤。

易培基随摄政内阁辞职后,"主旨仍在教育,故重视北京大学。但对该校人事生疏,其时蔡元培已出国,校务由蒋梦麟代"⑥,在北大校长无望的情况下,李石曾试图让其成为女师大校长,而这些谋划的目的"是蓄意打倒蔡孑民"⑦。因为蔡元培和胡适等英美派在1919年到1923年间一直倡导"教育独立论",主张力学救国,反对学生干预政治,他们利用学制改革的机会掌握了教育领导权,导致五四后的学生运动逐渐趋于沉寂,为此李石曾采用了不少手段来控制北京的高校,一是打击教育界的英美派势力,二是在学生中推行国民党的"党化教育",所以女师大风潮的背后,不但关涉教育领导权的争夺,更有明显的政治斗争色彩。

鲁迅最初并不清楚幕后的"色彩",但随着风潮的推进他渐渐有所了解。

---

① 渊泉(陈博生):《女师大事件平议》,《晨报》,1925年8月25日。
② 周作人:《知堂回想录(下)》,第503页。
③ 白瑜:《湖南第一师范与校长易培基》,台湾《传记文学》第28卷第5期,1976年5月。
④ 《民国人物小传(七十)·易培基》,台湾《传记文学》第37卷第1期,1980年7月。
⑤ 政之(胡政之):《三一八案之根本善后》,《国闻周报》第3卷第13期,1926年4月11日。
⑥ 傅清石:《易培基的生平及晚年遭遇(上)》,台湾《传记文学》第34卷第1期,1979年1月。
⑦ 顾颉刚:《顾颉刚自述》,载高增德、丁东编《世纪学人自述(第一卷)》,第27页。

鲁迅对国民党的态度颇为复杂,他曾是光复会和共和党成员,这两个组织一向和国民党的前身同盟会不睦,尤其是同盟会曾指使蒋介石刺杀了鲁迅的好友、光复会要员陶成章,所以他既讳言自己的光复会身份,又与国民党保持距离,只是和国民党党员蔡元培等有个人联系。而眼见辛亥革命和二次革命的相继失败,鲁迅对以国民党名义推行的国民革命起初也缺乏信心,所以他1925年年初时觉得"在中国活动的现有两种'主义者',外表都很新的,但我研究他们的精神,还是旧货,所以我现在无所属"①"近几年似乎他们也觉悟了,开起军官学校来,惜已太晚"②。而随着1923年蔡元培因抗议教育总长彭允彝离职出国,失去庇护人的"某藉某系"在沈尹默的带领下转而依附李石曾,形成了颇具势力的法日派。由于国民党"意欲多延北大教授入党"③,沈尹默、沈兼士、马幼渔、徐旭生等人纷纷加入国民党,鲁迅虽然"一向佩服""石曾先生"④,但并未跟随他们加入国民党。

然而,随着鲁迅在风潮中的介入越来越深以及影响力越来越大,各方政治势力纷纷前来,譬如国民党北京执行部宣传部秘书邹明初,就曾与张平江一同拜访鲁迅,商量风潮事宜,而中共方面的李大钊也曾指示女师大共青团交通员刘弄潮常去拜访鲁迅⑤,刘亚雄也回忆"鲁迅在北京期间与很多党员都有个人联系,北京学联和女师大的党员常拜访他,我们也常去鲁迅家交谈"⑥。不过鲁迅此时与国共两党的联系,更多是基于共同斗争需要而形成的合作关系,正如顾颉刚认为的,"鲁迅、周作人,我相信他们绝不会帮李氏抢地盘的,只因他们会写文章,李氏就叫人激他们,使他们自己觉得发于正义感而攻击杨荫榆了"⑦。

这一点也可以从学生向其咨询入党时看出来,由于在风潮中表现突出,许广平和吕云章被吸收进国民党,于是她们都先后商之于鲁迅,鲁迅的答复分别是"入国民党我不反对,可是你得记住一个党有时是同志杀同志"⑧"这种团体,一定有范围,尚服从公决的。所以只要自己决定,如要思想自由,特

① 鲁迅:《250331 致许广平》,载鲁迅、景宋《两地书全编》,第405页。
② 鲁迅:《250408 致许广平》,载鲁迅、景宋《两地书全编》,第411页。
③ 《汪精卫为北京党务致戴季陶、廖仲恺函(节录)(1924年4月17日)》,载中共北京市委党史研究室编《第一次国共合作在北京》,第89页。
④ 荆有麟:《鲁迅的个性》,载鲁迅博物馆、鲁迅研究室、《鲁迅研究月刊》选编《鲁迅回忆录(专著)上》,第127页。
⑤ 参看刘弄潮:《李大钊和鲁迅的战斗友谊》,载西北大学鲁迅研究室编《鲁迅研究年刊》,陕西人民出版社,1979年。
⑥ 《刘亚雄同志谈女师大风潮》,载鲁迅研究室编《鲁迅研究资料 2》。
⑦ 顾颉刚:《顾颉刚自述》,载高增德、丁东编《世纪学人自述(第一卷)》,第28页。
⑧ 吕云章:《吕云章回忆录》,第84页。

立独行,便不相宜。如能牺牲若干自己的意见,就可以"①。从这些话不难看出,鲁迅对当时北京的政党政治有一定了解,也不反对学生加入政党,但他本人试图保持独立,并不愿参与其中。

而国共两党虽然是女师大风潮的幕后推手,但相互之间也存在竞争,他们不但争夺鲁迅,而且争夺学生,由此导致女师大在五卅运动之后形成了两个团体:一部分学生参加了中共领导的"北京学联",刘亚雄回忆说"蒲振声、郑德音、雷瑜和我是参加学联的代表"②;另一部分学生参加了"北京各校沪案后援会",其中许广平是"女师大师生沪案后援会"简章的四名起草成员之一,而李石曾则是沪案后援会的主要领导者。虽然双方在对抗北洋政府方面一致行动,但总的来看,女师大一直控制在国民党李石曾派系手中,直到三一八惨案之后,共青团北京地委才在工作报告中表明"反动派所把持之工大、女师大现在已完全在我们指导之下"③。

许广平后来曾说:"一个女学校的风潮事件实很普遍,何至闹出若大问题,牵连许多人物?"④从上面的分析看,问题就在于女师大风潮背后的复杂"色彩",它最初只是学生和校长的矛盾,随着幕后势力的进入,逐渐演变成法日派和英美派的教育领导权争夺,但五卅运动之后,风潮在革命党的介入下变成了反抗政府的政治行为。

二、反章政潮与对抗北洋政府

女师大风潮从驱杨到反章的政治升级,激化了各方矛盾,它对鲁迅的最大影响,是将他和章士钊的文化观念对立放大成了政治立场对立,并因此将鲁迅推到了与教育部乃至临时执政府对抗的位置上。

章士钊的早年经历与鲁迅有相似之处,他最初追随黄兴和孙中山参加革命,但"既经挫败,顿悟实行非己所长,即决口不谈政治,转以文学为鹄"⑤,1914年他创办了影响很大的《甲寅》月刊,实际是后来的《新青年》和新文化运动的先导。但是1916年后,章士钊受西方工业文明破产论的影响,逐渐倾向于"新旧调和"的主张,同时在政治上也变得保守,先是1918年依附岑春煊,后被孙中山领导的非常国会以附逆的名义开除,1924年又接

---

① 鲁迅:《250530 致许广平》,载鲁迅、景宋《两地书全编》,第437页。
② 《刘亚雄同志谈女师大风潮》,载鲁迅研究室编《鲁迅研究资料 2》。
③ 《柏经狄工作报告(1926 年 5 月)》,载中共北京市委党史研究室编《北京青年运动史料(1919—1927)》,第432页。
④ 许广平著,周海婴主编:《鲁迅回忆录(手稿本)》,第25页。
⑤ 孤桐(章士钊):《慨言》,《甲寅》第 1 卷第 16 号,1925 年 10 月 31 日。

受段祺瑞之子段宏业的邀请加入了北洋集团,对于他从国民党入政学系再入安福系的一路退化,吴稚晖直言是"跌于粪坑深处矣"①。

1925 年 4 月 14 日,章士钊以司法总长兼署教育总长,成为鲁迅的顶头上司。许广平随即告知"新任的总长,听说和研究系大有渊源——杨是得研究系捧出来的"②,鲁迅非常不屑:

> 今之教育当局,则我不知其人。但看他挽孙中山对联中之自夸,与完全"道不同"之段祺瑞之密切,为人亦可想而知。所闻的历来举止,似是大言无实,欺善怕恶之流而已。要之在这昏浊的政局中,居然出为高官,清流大约决无这种手段,由我看来,王九龄要比他好得多罢。③

章士钊被起用做教育总长的原因,是南北政府因国民会议决裂后,国共两党开始利用学潮、民运来对抗段祺瑞政府,所以他上台后就发布了"整饬学风令",同时提出了恢复读经书、合并八所大学、严格学生考试、考核教授等改革计划。于是北京教育界从最初的支持转向反对,五七国耻纪念日这一天,由于京师警察厅要求教育部禁止学生五一、五四、五七游行演讲,结果学生们捣毁了章士钊的住宅,他随后也在国共两党制造的政治风潮中辞职离京,"一般舆论之对于章氏,就事论事,固多许其整顿教育计划为不误,并属望其持以毅力,切实施行,而于教员学生之昌言反对,多不肯作盲目的同情"④。章士钊下台后,鲁迅多次在文章和私信里加以讽刺,并对"北京全体(?)学生而不能去一章士钉"⑤表示遗憾。7 月 18 日,章士钊在段祺瑞的支持下复刊《甲寅》并提倡尊孔读经,鲁迅两天后在给钱玄同的信中,讽刺"然则文言大将,盖非白话邪宗之敌矣。此辈已经不值驳诘"⑥。可以看出,此时鲁迅对章士钊的不满集中在文白之争和言行操守,多数批评还都是在私下通信里表达的。

7 月 28 日章士钊再次出任教育总长,"现决计本五七以前策划,积极进行,将各校学风,切实整顿"⑦,杨荫榆则在其授意下重整女师大,所以社会各界才将"章杨"放在一起加以反对。8 月 2 日,李石曾代理校长的中法大

---

① 稚晖(吴稚晖):《官欤——共产党欤——吴稚晖欤》,《京报副刊》,1925 年 12 月 1 日。
② 许广平:《250416 致鲁迅》,载鲁迅、景宋《两地书全编》,第 418 页。
③ 鲁迅:《250422 致许广平》,载鲁迅、景宋《两地书全编》,第 420、421 页。
④ 伯韬:《哀哉学潮中之教员与学生》,《国闻周报》,1925 年 5 月 17 日。
⑤ 鲁迅:《250613 致许广平》,载鲁迅、景宋《两地书全编》,第 443 页。
⑥ 鲁迅:《250720 致钱玄同》,载《鲁迅全集(第十一卷)》,第 510 页。
⑦ 《教长章士钊将整顿学风》,《申报》,1925 年 8 月 2 日。

学倡导成立了以易培基为会长的"女师大教育维持会",他们第二天宴请了章士钊并向其施压,于是章士钊8月4日偕同部员前往女师大调查,然而学生明确提出希望易培基担任校长。看到国民党势力全面控制了女师大后,章士钊向内阁提议停办女师大,然后他批准杨荫榆的辞职,并在8月10日正式颁布了停办令,同一天女师大学生也发布启事,宣布"若章士钊在部,敝校与教育部完全脱离关系"①。

鲁迅此时开始积极介入女师大的校务活动:8月7日参加校务维持会的成立,8月8日被校务维持会选举为总务主任,8月13日他又被推举为校务维持会委员。鲁迅本月前后十多次参加了校务维持会,成为其中的重要人物,"周树人"的名字频频出现在报端,这也意味着他处在了和章士钊及教育部公开对抗的位置上。教育部专门教育司司长刘百昭指出"该维持会系少数不良学生,及数位捣乱学阀所组成"②,而杨荫榆则将矛头直指鲁迅和李石曾,认为"风潮内幕,现已暴露,前如北大教员□□诸人之宣言,近如中央公园开会所谓'市民'对于该校学生之演说",同时强调"现在该校既属政治问题"③。对于鲁迅的这些行为,章士钊自然有所了解,他于是"派人向鲁迅说,你不要闹(因鲁迅站在青年一边),将来给你做校长"④,但被鲁迅拒绝。在沟通失败的情况下,8月12日章士钊呈请段祺瑞将其免职,理由是鲁迅"于本部下令停办该校以后,结合党徒,附和女生,倡设校务维持会,充任委员。似此违法抗令,殊属不合,应请明令免去本职,以示惩戒"⑤。对于鲁迅的免职,《晨报》认为"近因女师大风潮发生,周颇为学生出力,章认为不对,前日呈请执政,下令免职,周大愤,闻已预备控诉书"⑥。自此之后,双方的矛盾彻底公开化,鲁迅开始发文频繁嘲讽章士钊。

8月17日,教育部决定将女师大改为"国立女子大学",章士钊自兼筹备处长。8月18日女师大校务维持会开会,宣布不承认改办女子大学,并决定从25日起招考新生,李石曾则同日策动北京大学评议会通过了北大脱离教部案,来向教育部施加压力。8月19日刘百昭带领警察和部员接收女师大,但学生撕毁牌匾部令,与警察发生了冲突,盛怒的段祺瑞第二天召开内阁会议,通过了整饬学风令,要求速行严办,8月22日刘百昭

---

① 《国立北京女子师范大学紧要启事》,《京报》,1925年8月10日。

② 《女师大停办令昨始正式发表》,《晨报》,1925年8月11日。

③ 《杨荫榆昨晚有辞职说》,《晨报》,1925年8月5日。

④ 许广平著,周海婴主编:《鲁迅回忆录(手稿本)》,第29页。

⑤ 《章士钊呈请临时执政审批的免职文》,载薛绥之主编《鲁迅生平史料汇编(第三辑)》,天津人民出版社,1983年,第345页。

⑥ 《周树人将控章士钊》,《晨报》,1925年8月15日。

再次带领警察和女佣,强行将二十余名学生迁出。8 月 26 日,教育部任命胡敦复为国立女子大学校长,8 月 27 日,女师大校务维持会和自治会在报子街女师大附设的补习学校设立临时办事处,不久开始招收学生举行考试,9 月 21 日在宗帽胡同新校址正式开学。在刘百昭看来,女师大"公然宣言独立,直接虽云反抗教部,间接确系反抗政府",因为"政府此次整顿学风,系经国务会议通过,换言之,即政府全部所决定之教育方针,教育部不过一种执行机关"。①

这种情况出现的根源,自然是国共两党助推的结果,而他们之所以这么做,是因为段祺瑞对五卅运动的态度出现了逆转,"此前,执政府面临严重的政治危机,而五卅事件的爆发让形势有了转机。执政府在沪案初期交涉中有意识地利用民众运动,迫使外人让步,并挟民意对抗强势军人,以便保持其地位"②,此举也让国共两党在五卅运动中得到了充分的发展,但是随着西方国家在关税会议问题上做出了让步,段祺瑞政府便开始抑制民运以取悦列强,8 月 20 日下令取缔罢工,8 月 26 日发布《整饬学风令》,9 月 19 日禁止一切集会。正是在这种情况下,"女师大事件,就是当时北京的革命知识分子、青年学生,和卖国的军阀政府之间斗争的一个环节"③。

但在批评者看来,"惟少数学生,何能如此,实以政客学阀,利用十余女青年,盘据学校,致使二百余女子,无求学之地"④,尤其是李石曾等"干涉女师大事,且强指为外交问题,以图风潮扩大,遂其扫除异己之谋"⑤,而反对国共两党的《醒狮》杂志更是明确指出"如果没有人利用学潮以鼓动政潮,顶着女师大为打倒章士钊的工具,则女师大的解散,无机爆发""这次风潮中的杨章固然该受攻击,但学阀的倾轧,假名流的把持和利用,也是应该受攻击的"⑥。其实,参与风潮的自治会学生党员也很清楚政党的背后操控,吕云章回忆说"我们虽然仅二三十人,但是支持我们的后台却都很重要,八大学的联合会,舆论界和国民党",女师大被解散后,她们"就到于右任先生的公馆,请他帮忙。夜深以后回家。那时如邹鲁、李石曾、吴稚晖先生等都曾帮忙",而在宗帽胡同"开学那天,凡是和国民党有关的教授,或名教授都到我们这里上课"。⑦ 许广平也指出"宗帽胡同的地方是张平江想法搞来的",

① 《教育部敦促蔡元培回国》,《申报》,1925 年 9 月 8 日。
② 冯筱才:《沪案交涉、五卅运动与一九二五年的执政府》,《历史研究》2004 年第 1 期。
③ 许广平:《女师大风潮与"三一八"惨案》,载海婴编《许广平文集(第二卷)》,第 210 页。
④ 《女子大学之筹备忙》,《晨报》,1925 年 8 月 31 日。
⑤ 向绍轩:《李石曾》,《甲寅》第 1 卷第 7 号,1925 年 8 月 29 日。
⑥ 谭慕愚:《关于北京教育界及女师大风潮的一封信》,《醒狮》第 50 号,1925 年 9 月 19 日。
⑦ 吕云章:《吕云章回忆录》,第 32 页。

"她是国民党的活动份子,同张继有关系","所有教授都是免费的,付房租,维持学生的费用,则由李石曾负责解决"。① 甚至因为"易培基为援助女师大用钱不少"②,一度引起了学联会代表的不满。

不过,学生们也逐渐意识到政党操控的不利一面,正如章士钊批评的,"强令守死不去,以尝试其征服异己之计,至该女生等之真正利益,恐亦未遑讲求"③,像国民党领导人江绍模曾要求学生制造惨案,以此扩大事件的影响,但吕云章"当时反对说:'造血案固然可以把事件扩大,但是死亡的同学也不得不顾及。'"④而许广平也发现"当时,李石曾对学生们的请求是口惠而实不至,其他教授们有的也明哲保身"⑤,所以吕芳上认为:

> 政治斗争在长远的发展上看,固属至高的艺术,但一落到现实社会,便往往是惨烈、赤裸的权力争逐的游戏。学运变成政治运动,自主性便会逐步消失,学生组织便会沦为政治党派的附庸。于是政争没有不投射到学运,而学运组织也很难在政治纠葛的泥淖中脱身。⑥

而对鲁迅来说,虽然他"决不会帮李氏抢地盘的",但女师大斗争的现实需要,还是让鲁迅实际上"在不知不觉间给他利用了"⑦。不断激化的政治形势和共同斗争的需要,将鲁迅和革命党紧紧地裹在了一起,双方如果不合作就必然会失败。

三、乙刊编辑与亲近国民革命

北大脱离教育部后,形势的发展却有些出乎李石曾的预料:首先是财长李思浩并未直接拨款给北大,相反在段祺瑞的压力下停发了北大的经费;其次是"北大宣布独立后,各校寂然无应者,即各校学生方面,亦无以学校为依据而单独表示者,李石曾等之原来计画,至是归于失败"⑧;最后是"李石

① 许广平:《附录一:许广平对三次来访的创作组成员的谈话记录》,载许广平著,周海婴主编《鲁迅回忆录(手稿本)》,第 209、210 页。
② 《女师大风潮尚未了结》,《晨报》,1927 年 8 月 27 日。
③ 《时评》,《甲寅》第 1 卷第 5 号,1925 年 8 月 15 日。
④ 吕云章:《吕云章回忆录》,第 31 页。
⑤ 许广平:《附录一:许广平对三次来访的创作组成员的谈话记录》,载许广平著,周海婴主编《鲁迅回忆录(手稿本)》,第 205 页。
⑥ 吕芳上:《从学生运动到运动学生:民国八年至十八年》,第 327、328 页。
⑦ 顾颉刚:《顾颉刚自述》,载高增德、丁东编《世纪学人自述(第一卷)》,第 28 页。
⑧ 《北京大学脱离教部之索隐》,《申报》,1925 年 9 月 12 日。

曾等所主持之女师大,马(二十一)开学,到学生七十余,女大收学生共三百余,内旧女师大生百余"①,双方的优劣对比非常明显,其中女师大"当时新招的学生有三十多人,录取标准主要看政治态度,并不拘泥于考试分数"②。在这种不利情况下,鲁迅不但坚持为女师大义务授课,还主动将课时增加了一倍,作为同事的郑奠指出:

> 自女师大校务维持会于一九二五年八月设立起,到一九二六年一月继任校长定人为止,鲁迅先生对于女师大,可以说是始终不懈,负责到底的一位最重要的校务维持会的委员兼教员。

> 鲁迅先生,这时候,不仅仅在校务维持会中操劳,对于校内外的大小事情都很关心和照顾,而且几乎成为敌人最注目的一位学校的代表,当然也是教职员们的代表了。③

不过,鲁迅的过度操劳让其肺病复发,前后持续了四个月,同时因为免职的原因,他被迫带病到黎明中学、大中公学、中国大学上课挣钱,这些学校都有国民党背景:黎明中学的校长是李石曾的侄子李宗侗;大中公学"即大中山主义的意思,这是在华北掩护同志秘密工作的机关"④,它由国民党邹鲁等人创办,李石曾、易培基是校董,"广东政府每月补助经费五百元""大中公学的师生和各校同学一起、坚决支持鲁迅先生和女师大受害师生。当时,女师大学生张平江、吕云章和一部分同学均到大中公学避难,直到1925年女师大胜利复校"⑤;中国大学的创办人是孙中山,校长是国民党高层王正廷,他聘请鲁迅兼任国文系小说科讲师。不难看出,这些兼课既是国民党方面对鲁迅的经济援助,也反映出双方政治联系的日渐紧密。

女师大与教育部和政府的对峙在持续了两个多月后,最终因为政治形势的发展而得以破局。10月浙奉战争爆发,国共两党借机发起"反奉倒段"运动,11月23日奉军的郭松龄秘密联系冯玉祥在滦州倒戈,北京内阁中的奉系阁员纷纷逃跑,其他阁员也在11月25日总辞职,北京陷入

---

① 《教育消息》,《申报》,1925年9月22日。
② 《刘亚雄同志谈女师大风潮》,载鲁迅研究室编《鲁迅研究资料 2》。
③ 郑奠:《鲁迅先生在女师大风潮中的斗争》,载鲁迅博物馆、鲁迅研究室、《鲁迅研究月刊》选编《鲁迅回忆录(散篇)上》,第292页。
④ 邹鲁:《邹鲁回忆录》,东方出版社,2010年,第94页。
⑤ 邹明初:《回忆孙中山先生北上及北京〈民国日报〉被查封的经过》,载中共北京市委党史研究室编《第一次国共合作在北京》,第470、471页。

无政府状态。以中共北方区委为主导的国民党左派趁机联合右派和青年党,发动了推翻段祺瑞政府的"首都革命",试图建立以左派徐谦为主席的政权。11 月 28 日革命按计划爆发,群众高呼"拥护广东国民革命政府""驱逐段祺瑞"等口号,捣毁了章士钊、朱深、李思浩、刘百昭的住宅。29 日群众再度游行示威,但因为冯玉祥自身没有独掌政府的能力,为了让段祺瑞维持局面,下令鹿钟麟加以保护,同时禁止群众集会,而国民党内左右派相互牵制,最后群众集会不得不解散,部分人转往晨报社,放火烧了晨报馆。

女师大学生则趁这个有利时机,举行了复校运动,11 月 30 日"有一二同学,因私人感情,为女师大传言:'若女大今晚不去欢迎师大,女师大学生,明早将请国民军保护入校'等语,恫吓同学","因之有少数同学赞成欢迎,于是所谓代表女大全体之二三份子,即前往欢迎。六时许,女师大同学,齐集女大校门,打毁校匾,一拥而入"①。实际上,当天下午是鲁迅和许寿裳等人一起护送学生进行的复校,她们随即发表了《复校宣言》。

"首都革命"之后,段祺瑞增设了国务院,大量起用冯玉祥系和国民党人,其中易培基成为教育总长兼女师大校长。1926 年 1 月 13 日易培基到任,许广平发言强调"我们学生,只为求学,并不知道谁是研究系,谁是政学系,谁是国民党。我们为求学而受摧残,只知求正义的有力的援助"②,而代表校务维持会致欢迎词的鲁迅表示:

> 易先生的学问,道德,尤其是主持公道,同恶势力奋斗的勇气,是本会同人素来所钦佩的。当恢复之初,即曾公推为校长,而易先生过于谦退,没有就,但维持仍然不遗余力。同人又二次敦请,且用公文请政府任命,这才将向来的希望完全达到。③

这些话自然都有言外之意,易培基的所谓"谦退"只是为了避嫌,他担任教育总长后,任命了很多国民党人掌管北京高校,其中王宠惠任法大校长、徐谦任俄专校长、李石曾任农大校长、林风眠任艺专校长,并下令正式认可了李石曾创办的中法大学。由于鲁迅在女师大风潮中的积极表现,

---

① 《女大与女师大仍在相持中》,《晨报》,1925 年 12 月 9 日。
② 《学生自治会代表许广平先生演说辞》,载北京师范大学中文系编《文学论文集及鲁迅珍藏有关北师大史料》,第 298 页。
③ 《校务维持会代表周豫才先生欢迎词》,载北京师范大学中文系编《文学论文集及鲁迅珍藏有关北师大史料》,第 290 页。

"易培基接任教长后,即以部令令之复职"①,同时打破兼职教员只任讲师的惯例,正式聘鲁迅为国文系教授,不久他又当选为教职员会代表和评议会委员。

此时的鲁迅从女师大风潮的苦苦僵持到胜利解决中,看到了革命党较之青年学生和知识阶级更为强大的力量,他觉得"这希望的达到,也几乎是到现在为止中国别处所没有希望到的创举"②。"首都革命"之后,鲁迅开始参与一些国民革命的外围活动,"一九二五年冬天,国民党左翼的机关报《国民新报》在十二月五日出版了。其副刊叫《国民新报副刊》,分甲乙两种,甲刊是社会科学,由陈启修主编;乙刊是文学艺术,由鲁迅和张定璜主编。这个报纸在当时算是革命的最前锋,战斗性是很强的"③。据《国民党北京特别市党部党务报告》指出,《国民新报》"可谓吾党在北方之唯一喉舌","此报创办仅数月,对'五卅'惨案、关税自主、反奉、反段等运动宣传甚力,影响于民众甚大,每日消[销]数一万余份"④,主编是曾任国民党北京执行部青年部秘书的邓飞黄,他邀请鲁迅担任乙刊编辑,由于"《国民新报》是代表国民党方面一部分人的意见。那时北方对于国民党是很压迫的。先生认为应予合作,就和几位朋友一同负起编副刊的职务了"⑤。

此前鲁迅就曾在孙中山行辕创办的《民国日报副刊》上发表过《长明灯》,以至于李大钊看到后,认为他有"'灭神灯'、'要放火'的表示"⑥,于是派刘弄潮去联络鲁迅。不久冯玉祥联合国民党创办了《民报》,"便由素园出面去编辑,鲁迅先生还代他各方面拉稿"⑦,而他自己也和"吴稚晖、徐季龙、李石曾、易寅村、汪精卫、顾孟余、戴季陶"等人一起做了撰稿人。从一般投稿到安排学生编辑再到亲自做编辑,这些变化反映出鲁迅与国民革命关系正日渐密切,而他也一方面编辑《国民新报副刊》,发表了一系列批判现实黑暗及帮闲文人的战斗性文章,另一方面开始购买阅读《文学与革命》《无产者文化论》等革命书籍,试图了解和紧跟时代的巨变。

---

① 《周树人等将复职》,《晨报》,1926年1月16日。

② 《校务维持会代表周豫才先生欢迎词》,载北京师范大学中文系编《文学论文集及鲁迅珍藏有关北师大史料》,第290页。

③ 孙伏园:《鲁迅和当年北京的几个副刊》,载孙伏园、孙福熙著,章征天、张能耿、裘士雄编《孙氏兄弟谈鲁迅》,第65、66页。

④ 郭春涛:《国民党北京特别市党部党务报告(1926年1月11日)》,载中共北京市委党史研究室编《第一次国共合作在北京》,第276页。

⑤ 许广平:《鲁迅和青年们》,载海婴编《许广平文集(第二卷)》,第14页。

⑥ 刘弄潮:《李大钊和鲁迅的战斗友谊》,载西北大学鲁迅研究室编《鲁迅研究年刊》,第54页。

⑦ 荆有麟:《鲁迅的个性》,载鲁迅博物馆、鲁迅研究室、《鲁迅研究月刊》选编《鲁迅回忆录(专著)上》,第129页。

　　鲁迅这一时期和国民党以及国民革命的贴近,最典型的表现是他为《国民新报》的"孙中山先生逝世周年纪念特刊"写了《中山先生逝世后一周年》,他在文中称赞孙中山是"创造民国的战士,而且是第一人",并且援引托洛茨基关于"什么是革命艺术"的观点,赞扬孙中山"是一个全体,永远的革命者",最后强调在"革命尚未成功"的情况下,"新的革命者"应继续前行,"一同努力于进向近于完全的革命的工作"。① 如果对比鲁迅一年前关于国民革命"惜已太晚"的评价,可以看出"首都革命"中政府的脆弱以及国民党展现出的巨大能量,让鲁迅对国民革命的前景有了更多的乐观期待,而在国民党的机关报上援引苏共领袖的言论,强调孙中山"同志仍须努力"的遗志,无疑显示出鲁迅此时的积极的革命态度。

　　在看到双方关系越来越密切后,高长虹"问鲁迅先生为什么不加入国民党",因为"那时加入国民党的人很多,成了一时期的风气",鲁迅回答说"他想骂的人不一定是国民党要骂的人,国民党要骂的人他不一定想骂,所以他不加入国民党"。② 显然,鲁迅虽然"现了战士身而出世",但他并不想成为一名"服从公决"的党员,而更愿做一个保持自身独立性和批判性的"国民革命同路人",一个"带着社会改造的理想的文明批评家;不单是住在象牙之塔里的",他会"于本国的微温,中道,妥协,虚假,小气,自大,保守等世态,一一加以毒辣的攻击和无所假借的批评"。③ 可以看出,鲁迅的自我定位已经从启蒙者变成了战士,不过他此时理解的"战士"仍旧偏于"精神界之战士",其投枪所刺的对象还是"慈善家,学者,文士,长者,青年,雅人,君子",以及"学问,道德,国粹,民意,逻辑,公义,东方文明"④,不过他已经逐渐"弃了艺术的批评和创作","以社会改造论者与世间战斗"⑤。而最能体现鲁迅社会改造战斗精神的,是他这时写的《论"费厄泼赖"应该缓行》,他在文章里不但提出了"痛打落水狗"的口号,而且批判了知识阶级的宽容理性精神,这不仅仅是对敌人的攻击,也是对"思想革命"先天缺陷的反思批判,所以鲁迅强调"自此以后,是应该改换些态度和方法的"⑥。

---

① 鲁迅:《中山先生逝世后一周年》,《国民新报·孙中山先生逝世周年纪念特刊》,1926年3月12日。
② 高长虹:《一点回忆——关于鲁迅和我》,载山西省盂县《高长虹全集》编辑委员会编《高长虹全集(第四卷)》,第362页。
③ 鲁迅:《〈出了象牙之塔〉译本后记》,《语丝》第57期,1925年12月14日。
④ 鲁迅:《这样的战士》,《语丝》第58期,1925年12月21日。
⑤ 〔日〕厨川白村:《从艺术到社会改造》,鲁迅译,载王世家、止庵编《鲁迅著译编年全集(陆)》,人民出版社,2009年,第497页。
⑥ 鲁迅:《论"费厄泼赖"应该缓行》,《莽原》半月刊第1期,1926年1月10日。

第三节　街头政治与"青年叛徒的领袖"

一、民众运动与"三一八惨案"

"首都革命"之后的鲁迅,看到的还是国民革命所向披靡的一面,这是一个"革命的浪漫的、文学的、蜜月式的阶段",王凡西指出:

> 自从"五四"以后,一直到"三一八"以前,北京的学生运动,仿佛始终不曾越出思想革命与文学革命的范围。虽然"五四运动"本身就是一种政治斗争,但五六年来北京学生的政治运动,却远落在上海和广州之后,它在社会意义上未曾深化,在斗争的形式上也老守着天安门开会及向政府请愿的一套。因孙中山入京及其死后所形成的京中政治空气,虽然浓厚生动,却并不严肃深刻。这个空气里带有节日的欢乐意味,有大团圆的升平景象。操军权的冯玉祥系,操政权的安福系与政学系,以及主学政的国民党、研究系和共产党领袖之间,似乎彼此并不存在着不可调和的斗争。人事关系错综复杂,思想界限很不清楚。在少数的上层领袖,多数的下层群众中,流行着普遍印象,仿佛革命问题可以解决于私人联络,能取胜于文字争辩,能赢得于示威请愿。这个"时代",我们可以称之为革命的浪漫的、文学的、蜜月式的阶段。①

国共两党之所以能在北京掀起反帝反军阀的民众运动,甚至能够发动首都革命,首先是利用了冯玉祥的支持和郭松龄反戈奉系的有利时机,其次是"政府号令不出都门(或许不出铁狮子胡同),而日日政府所作为者,又不足以厘正人心,表率社会"②。但是这个胜利是暂时性的,随着张作霖在日本的帮助下迅速击溃郭松龄,同时和吴佩孚达成谅解,建立了奉直"讨赤联军"来合围国民军,导致国民革命在北方的形势逆转,"由进步势力结合进攻反动势力的局面,转而成了反动势力结合反攻进步势力的局面"③。

1926 年 1 月,奉系军阀以追击郭松龄残部为借口入关,在各方军队的围攻下,冯玉祥的国民军节节败退。"倘若国民军在北方完全失败,则全国将

---

① 王凡西:《双山回忆录》,第 20 页。
② 渊泉(陈博生):《女师大事件平议》,《晨报》,1925 年 8 月 25 日。
③ 《中共中央、共青团中央为吴佩孚联奉进攻国民军事告全国民众》,载中共中央书记处编《六大以前——党的历史材料》,第 409 页。

陷于顶反动的局面,广东政府在这样大的反动势力包围之中亦将不免于陷落,这是中国革命的一个生死存亡关头"①,因而共产国际要求"中国共产党员和国民党底任务,应该是对于这个组织民主革命底军事力量的事业予以最坚决的维护""应当发展最广泛的政治工作,并组织群众的行动去支持国民军底斗争"②。于是,中共中央制定了"在北方目前的军事工作,唯一是在帮助国民军"③的方针,中共北方区委接连发动了反对"讨赤联军"的群众运动。但国民军方面担心授敌以"赤化"口实,"为缓和帝国主义之进攻计,张之江有整顿学风之通电,以表示其反赤"④,他强调"江窃以为中国之可虑者,不在内忧,不在外患,惟此邪说横行,甚于洪水猛兽",故而"万火急"地请求段祺瑞"整顿学风"。⑤ 这显然是国民军否定"赤化"、撇清自己的丢卒保车之策,对此章士钊复电表示嘉许,随即政府命令教育部会同军警机关切实"整顿学风",而"所谓'整顿学风',实即防止赤化,取缔共产的修辞"⑥。

国民军的右转无疑为政府的镇压提供了有利帮助,正当北京群众运动失去了屏障将要陷入困境时,3月12日日本军舰炮击大沽口这个意外,却为此事带来了转机。国共两党利用民众的民族主义情绪,趁机掀起反帝反军阀的群众运动,试图逼迫国民军重新左转,国民党北京市党部一方面要求"本党同志千万抓住这千钧一发的时期,应该积极领导民众,帮助国民军与帝国主义作殊死战"⑦,另一方面呼吁"民众应极力援助,一致作战,使其能因民众拥护而死战,而完全变成为民众的武力"⑧。

3月17日,国民党北京市党部联合一百五十多个团体召开紧急会议,定

① 《中国共产党中央、中国共产主义青年团中央为段政府惨杀爱国学生紧急通告(1926年3月20日)》,载中共北京市委党史研究室编《北京青年运动史料(1919—1927)》,第380页。
② 《共产国际执行委员会第六次扩大会议中国问题议决案》,载中共中央书记处编《六大以前——党的历史材料》,第413页。
③ 《中共中央特别会议文件(节录)(1926年2月21日—24日)》,载中共北京市委党史研究室编《第一次国共合作在北京》,第299页。
④ 仁静(刘仁静):《对北京惨案杂感》,《中国青年》第118期,1926年4月3日。
⑤ 《张之江主张"整顿学风"致段祺瑞电》,《世界日报》,1926年3月11日,载江长仁编《三一八惨案资料汇编》,第4页。
⑥ 《中国全国国家主义团体联合会宣言》,《商报》,1926年3月25日,载江长仁编《三一八惨案资料汇编》,第208页。按,以上引文均为说明当时国民军的态度,为交代背景、说明问题而引用,并不代表作者和出版社的观点。
⑦ 《国民党北京市党部反对八国通牒通告》,《国民新报》,1926年3月18日,载江长仁编《三一八惨案资料汇编》,第30页。
⑧ 《国民党北京市党部告民众书》,《国民新报》,1926年3月19日,载江长仁编《三一八惨案资料汇编》,第32页。

于 3 月 18 日上午在天安门开国民大会,会后一些组织者像"徐谦、顾孟余、黄昌谷等,即各自散去"①,两千多群众在王一飞(有国共双重党籍,广东国民外交代表团代表)率领下前往执政府请愿,"中共北方区党委、共青团委、在北京的中共党员、青年团员除个别人(如范鸿洁同志因守区委机关)外,全体都参加了"②,而其"提出条件有三:㈠解除国务院卫兵武装;㈡交出昨日(十七日)殴辱请愿代表主使人;㈢推倒段祺瑞"③。之后发生的事情,据《时报》消息:

> 卫兵见群众至,即将栅门紧闭,群众立门首大呼见贾德耀,卫队长官自门内答贾总理不在院,众大哗,狂呼"打倒帝国主义!""驱逐八国公使出境!""打倒段祺瑞!"等口号,同时并高唱"国民革命歌",呼声彻云霄。当是时,忽有人在群众后大呼"冲锋!""杀进去!"于是后面群众向前猛拥,群众多执木棍,棍端嵌铁钉以为武器,卫队与群众既逼,始则互报以恶声,俄而冲突愈烈,卫队向空鸣枪,群众仍奋勇向前,不稍畏缩,至是,卫队乃实弹开枪,向群众射击,而空前惨剧遂开幕矣。④

三一八惨案"在北京是第一回大屠杀","死者四十余人,伤者约二百人","因为都是'同胞的枪弹',更令人切齿呀"⑤,它的发生宣告了政府合法性的彻底丧失,反过来证明了暴力革命的合法性,因而成了国民革命和民众运动在北京的一个转折点。

惨案发生后,执政府为了推卸责任,阁议"本日徐谦以共产党执行委员会名义,散布传单,率领暴徒数百人,闯袭国务院,泼灌火油,抛掷炸弹,手枪木棍,丛击军警,各军警因正当防御,以致互有死伤"⑥,随后国务院通电各省,并在第二天发出了通缉令。鲁迅当天看到这个"诬之为'暴徒'"的通电后非常愤怒,他指出"墨写的谎说,决掩不住血写的事实",实际的真相是"段祺瑞政府使卫兵用步枪大刀,在国务院门前包围虐杀徒手请愿,意在援助外交之青年男女,至数百人之多","如此残虐险狠的行为,不但在禽兽中

---

① 《国务院门前浮尸遍地》,《时报》,1926 年 3 月 26 日。

② 萧三:《"三·一八"烈士永垂不朽》,载《三一八运动资料》,人民出版社,1984 年,第 517 页。按,应为范鸿劼。

③ 《国务院门前浮尸遍地》,《时报》,1926 年 3 月 26 日。

④ 《国务院门前浮尸遍地》,《时报》,1926 年 3 月 26 日。

⑤ 自清(朱自清):《执政府大屠杀记》,《语丝》第 72 期,1926 年 3 月 29 日。

⑥ 《段祺瑞政府的通缉令》,《京报》,1926 年 3 月 20 日,载《三一八运动资料》,第 77 页。

所未曾见,便是在人类中也极少有的"。①

鲁迅的激烈反应,表明惨案给他带来了"血的洗礼"。在此之前,无论是知识阶级还是学生青年,都过于迷信思想革命和街头政治的力量,不但"'五四'知识分子们并没有对往后的革命运动做好心理准备。北大时期塑造了他们性格的启蒙运动,乃'非暴力'阶段的历史产物"②,而且"学生们在'五四'胜利之后,果然为成功之酒陶醉了","学生运动在校内享有教师的同情,在校外又有国民党员和共产党员的支持,因此势力更见强大"③。然而"同胞的枪弹"和"红的热血从上面滴到我的手背上,马褂上了"④,让朱自清他们意识到了革命流血的残酷,王凡西对此有过总结:

> 它用了四十七位男女青年的生命,以及数以百计的人所流的鲜血,给当时北京的情况以一种决定性的转变。如果说,这惨案结束了北京知识青年的一个特有的时代,那是并不夸张的。
>
> 这个"时代",我们可以称之为革命的浪漫的、文学的、蜜月式的阶段。这个阶段在历史上经常以热的铅和红的血来结束,而"三一八惨案"恰好就提供了这两件必需的东西。⑤

鲁迅一向并不迷信这种街头政治,他看到的更多是"五分钟热度"和民气不可用,所以不像朱自清那样在五卅后质疑启蒙并亲身参与请愿,他并不打算放弃自己的思想革命、彻底参与街头行动。但是从介入女师大风潮开始,现实斗争一再打击鲁迅的启蒙信念,以致他在五卅运动和"首都革命"之后,产生过"文学家有什么用"的反思,如今惨案"实弹打出来的却是青年的血",再一次让其意识到"以上都是空话。笔写的,有什么相干?"⑥所以,从鲁迅称赞刘和珍"她不是'苟活到现在的我'的学生,是为了中国而死的中国的青年"的话中,可以看出他此时的矛盾心理,正如舒衡哲对周氏兄弟的分析:

> 但是他们只是思想王国的斗士,从未做好要投身到血腥的政治斗

---

① 鲁迅:《无花的蔷薇之二》,《语丝》第72期,1926年3月29日。
② 〔美〕舒衡哲:《中国启蒙运动——知识分子与五四遗产》,刘京建译,第173页。
③ 蒋梦麟:《西潮·新潮》,第131、136页。
④ 自清(朱自清):《执政府大屠杀记》,《语丝》第72期,1926年3月29日。
⑤ 王凡西:《双山回忆录》,第19、20页。
⑥ 鲁迅:《无花的蔷薇之二》,《语丝》第72期,1926年3月29日。

争中去的准备。1926 年 3 月 18 日他们的学生的死亡,迫使这两位启蒙的辩护士,不得不正视他们文化理想的政治代价。他们都为暴力所震惊,提笔撰写长文,以表达个人的内疚与悲愤。他们的文章反映了他们作为幸存者的罪恶感。周作人文风忧郁,鲁迅则充满了激情的愤怒。①

不过暴力流血的影响是双重性的,"在思想体系内激起创造性的变革,同时也封住了思想家的嘴口"②,像周作人就在迫压下逐渐下行退隐,而鲁迅却变得更加激进,不但立志做一个"出于人间"的"叛逆的猛士"③,而且提出要加倍复仇,"血债必须用同物偿还"④。事实上,"每当他的朋友出于政治原因遭到杀害","都促使他加快在政治上走向激进主义的步伐",而"鲁迅逐渐转向激进主义——女师大事件和一九二六年的血腥屠杀对他施加了极大的影响——这种转变也表现在其他三个方面","第一,他比先前更为直接地批评其他的事件","第二,他与亲国民党、反军阀的出版界建立了越来越密切的联系","第三,鲁迅对苏俄文学显示了新的兴趣"。⑤

二、革命问责与"道出青年心声"

三一八惨案发生后,社会各界一方面谴责杀人者,另一方面开始反思原因追究责任,因而舆情对"群众领袖"的批评非常多:政府方面,时任总理贾德耀指出"徐谦等阴谋破坏,非伊朝夕,与真正请愿学生,显有区别,藉端生事,酿成巨变"⑥,孙传芳、陈陶遗则认为"驱人就死,而自策安全,居心狡毒,实属罪不容诛"⑦;国家主义派批评群众领袖"当众报告,毫无危险,事类欺骗;事变既出,领袖无一人被伤,亦无一人自首者"⑧,"故此辈虽非有意置民众于死地,但见事不明,以人命为儿戏,实罪无可逭"⑨;《晨报》方面批评"临

---

① 〔美〕舒衡哲:《中国启蒙运动——知识分子与五四遗产》,刘京建译,第 184 页。
② 〔美〕舒衡哲:《中国启蒙运动——知识分子与五四遗产》,刘京建译,第 175 页。
③ 鲁迅:《淡淡的血痕中》,《语丝》第 75 期,1926 年 4 月 19 日。
④ 鲁迅:《无花的蔷薇之二》,《语丝》第 72 期,1926 年 3 月 29 日。
⑤ 〔美〕哈雷特·密尔斯:《鲁迅:文学与革命——从摩罗到马克思》,龚文庠译,载乐黛云编《国外鲁迅研究论集(1960—1980)》,北京大学出版社,1981 年,第 31、18 页。
⑥ 《贾总理之谈话》,《顺天时报》,1926 年 3 月 21 日。
⑦ 《孙传芳、陈陶遗对惨案通电》,《益世报》,1926 年 3 月 26 日,载江长仁编《三一八惨案资料汇编》,第 69 页。
⑧ 周传儒:《三月十八案之责任问题》,《清华周刊》第 25 卷第 5 号,1926 年 3 月 26 日。
⑨ 《中国全国国家主义团体联合会宣言》,《商报》,1926 年 3 月 25 日,载江长仁编《三一八惨案资料汇编》,第 209 页。

到实际犯难时,领袖们早已不见踪迹"①,他们实在是"以救国为手段,以猎官为目的,以青年为壑"②;现代评论派也批评"做父兄,尤其是做师长的"不能"脱卸自己的责任""至少有一部分人的死,是由主席的那几句话"③。

这些批评从惨案发生后就不断蔓延,使国共两党处在一个极有压力的位置,为此《国民新报》发表社论《卖国贼及其走狗之妖言》,将这些批评对象分为两类:一是"帝国主义之走狗——卖国贼段祺瑞、章士钊、贾德耀等",特别是制造"诬陷之词"的章士钊;二是"卖国贼之走狗",包括"北京知识阶级所谓大学教授如马君武、燕树棠、查良钊","尤有最可痛恨者,则北京言论机关"如《顺天时报》《晨报》等,"谓爱国运动为受人利用""以图转移民众攻击之目标"。④ 共产党则向全国民众发出通告,指出"是老卖国贼段祺瑞受了英日指使,为拥护辛丑条约而屠杀爱国同胞"⑤,同时要求各地组织"我们应利用这次屠杀,鼓动一个全国民众的大运动",但"对国民一军勿加攻击。他们政策的右倾乃现时所处的危险地位使然,只严电冯军将领速起讨段"⑥。国民党也发表了口径与共产党一致的《对北京惨案宣言》,号召民众"能因帝国主义者及其走狗之横暴行为,彻底明了国民革命之意义与其必要,万众一心以趋此目的,本党同志与国民政府当竭尽全力以勉为前驱"⑦。在两党的号召下,全国各地展开了声势很大的示威声援运动,要求查清事实真相、严惩凶手并逼迫段祺瑞下台。

在鲁迅看来,这些指责革命党和群众领袖的言论,不过是政府的有意诬陷和帮闲的卸责流言,他首先看到的是"四十多个青年的血,洋溢在我的周围,使我艰于呼吸视听",在这种情况下,一切推卸屠杀者责任的"阴险的论调"只会让他"出离愤怒"。⑧ 所以,该谴责的只能是凶残的"当局"和下劣的"流言家":3 月 25 日鲁迅针对《晨报》和国家主义派的攻击作《"死地"》,批评"几个论客,以为学生们本不应当自蹈死地,前去送死的"的看法;3 月 26 日作《可惨与可笑》,批评流言家和政府"将请愿者作共产党论";4

① 徐志摩:《梁先生病院谈话记》,《晨报》,1926 年 3 月 31 日。

② 林学衡:《为青年流血问题敬告全国国民》,《晨报》,1926 年 3 月 20 日。

③ 西滢(陈西滢):《闲话》,《现代评论》第 3 卷第 68 期,1926 年 3 月 27 日。

④ 《卖国贼及其走狗之妖言》,《国民新报》,1926 年 3 月 21 日,载江长仁编《三一八惨案资料汇编》,第 231、232 页。

⑤ 《中国共产党为段祺瑞屠杀人民告全国民众》,《向导周报》第 147 期,1926 年 3 月 27 日。

⑥ 《中国共产党中央、中国共产主义青年团中央为段政府惨杀爱国学生紧急通告(1926 年 3 月 20 日)》,载中共北京市委党史研究室编《北京青年运动史料(1919—1927)》,第 380、381 页。

⑦ 《中国国民党对北京惨案宣言》,《政治周报》第 8 期,1926 年 4 月 19 日。

⑧ 鲁迅:《记念刘和珍君》,《语丝》第 74 期,1926 年 4 月 12 日。

月 1 日作《记念刘和珍君》,批评"流言家竟至如此之下劣";4 月 2 日作《空谈》,否定"群众领袖应负道义上的责任"。

可以看出,鲁迅的立场和革命党一致,他不是"问责革命"而是"基于革命的问责",不过他并非不清楚革命党背后的运作,据许广平回忆:

> 在"三·一八"前,我们去访问于右任。于右任带着煽动性的对我们说:"你们尽管去,黄花岗烈士中也没有一个女的,你们去干吧。"他一再鼓动我们去当女烈士,我们一听,就"寒心"了。
>
> 在"三·一七"晚上,在女师大一个院子里,加入国民党的几个学生在相互说话,相约明天要穿厚一点的衣服,可能挨打,穿厚了可以顶枪棍、水笼头浇,可见他们已晓得什么消息了,但我是学生会的人,他们没来通知我们,听见这种话,心里大不高兴,但当时也想不到会开枪。①

这些消息鲁迅自然会从许广平那里知晓,三一八那天他也阻止了许广平去集会请愿。而在惨案发生后,鲁迅私下里其实"也说出了对当时领导纯真的学生的部分领导者的利己行为感到憎恶的话",辛岛骁曾回忆说:

> 在谈话的过程中,鲁迅很神气地从凳子上站了起来,他的因为喝了酒而发热的脸孔,由于愤怒更加泛红。他一面飞快地伸出手臂,一面表演着指挥学生群众的人物的模样,说:"他们发出'前进! 前进!'的号召,叫纯真的学生朝着枪口冲击,可是他们自己决不站在前面把胸脯朝着枪弹。只是从旁边发出号召,这就是中国的领导者的姿态。你以为这样就能救中国吗?"这时鲁迅连眼泪也流出来了,凝视着我的脸孔。②

从这些情况来看,鲁迅选择维护群众领袖的立场,很大程度是从当时政治斗争的需要出发的,毕竟他是国民革命的支持者和《国民新报副刊》乙刊的编辑,实际上"他还与李石曾、马叙伦等教授们,在中央公园有过一次集会。商讨怎样应付及怎样反对那种暴行"③。

---

① 许广平:《附录一:许广平对三次来访的创作组成员的谈话记录》,载许广平著,周海婴主编《鲁迅回忆录(手稿本)》,第 206、207 页。

② 〔日〕辛岛骁:《回忆鲁迅》,任钧译,载鲁迅博物馆、鲁迅研究室、《鲁迅研究月刊》选编《鲁迅回忆录(散篇)下》,第 1514 页。

③ 荆有麟:《鲁迅避难在北平》,载鲁迅博物馆、鲁迅研究室、《鲁迅研究月刊》选编《鲁迅回忆录(专著)上》,第 135 页。

而除了批评群众领袖,当时的舆论对国民军的抨击也很多,因为"这次事变发生在国民军驻扎之地,而且事前曾得警察厅许可,所以这次惨案国民军应负相当的责任"①,甚至"杀学生之罪不在段张而在国民军"②。国家主义派在其宣言中提出了几点理由:第一,国民军"对北京治安应负绝对的责任";第二,大沽口事件"鹿钟麟首递降表,其丧权辱国,实为激起北京市民反抗之直接原因";第三,"在此事发生前一星期,冯系军人张之江曾有'整顿学风'的通电","冯系军人李鸣钟亦表示赞成,愿以军警为后盾,故段氏始有屠杀民众的决心";第四,"冯军四面受敌,地位岌岌可危,且弹尽饷缺,军队已不虞哗变,故命贺得霖向列强进行五千万元大借款,但列强以防止赤化为条件,故冯玉祥及冯系军人不得不授意段祺瑞及贾内阁开枪屠杀民众为自己洗刷赤化,且为此五千万元大借款之代价"。③

实际上,支持革命的一方对国民军也很有意见,像周作人发表了《对于大残杀的感想》和《为三月十八日国务院残杀事件忠告国民军》,首先对"张之江与章士钊贾德耀唱和的整顿学风电"④表示不满,然后指出"这个北京是完全在国民军治下",因此"对于国民军的首领也不能曲为谅解"⑤。张定璜则发表了《檄告国民军》,斥之为"民众之敌",称"'国民军'三个字是一种欺骗",要求国民军去逮捕"段祺瑞、贾德耀、章士钊"。⑥ 而国共两党私下也对国民军的右转非常不满,共青团北京地委就批评"在国民军几无人不公认其投降于帝国主义""而张之江的整顿学风,至少是助成三一八惨案的导火线"⑦,国民党也在文件中认为"国民军现已一反以前所为,为民众所唾弃,国民军实无以自解于民众""国民军右倾之态度,已极鲜明"⑧。然而为了"继续作抓住国民军,建立反直奉的联合战线的工作"⑨,国共两党都没有公

---

① 《学生总会对三月十八惨案宣传大纲》,《国民新报》,1926 年 3 月 26 日,载江长仁编《三一八惨案资料汇编》,第 66 页。

② 芷:《对国民军之怀疑》,《清华周刊》第 25 卷第 5 号,1926 年 3 月 26 日。

③ 《中国全国国家主义团体联合会宣言》,《商报》,1926 年 3 月 25 日,载江长仁编《三一八惨案资料汇编》,第 208、209 页。

④ 岂明(周作人):《对于大残杀的感想》,《京报副刊》,1926 年 3 月 20 日。

⑤ 岂明(周作人):《为三月十八日国务院残杀事件忠告国民军》,《京报副刊》,1926 年 3 月 21 日。

⑥ 张定璜:《檄告国民军》,《语丝》第 71 期,1926 年 3 月 22 日。

⑦ 《柏经狄三、四月份工作报告(1926 年)》,载中共北京市委党史研究室编《北京青年运动史料(1919—1927)》,第 413 页。

⑧ 《国民党北京特别市执行委员会对于"三一八"惨案之经过呈报中央执行委员会书(1926 年 5 月 1 日)》,载中共北京市委党史研究室编《第一次国共合作在北京》,第 333 页。

⑨ 《柏经狄三、四月份工作报告(1926 年)》,载中共北京市委党史研究室编《北京青年运动史料(1919—1927)》,第 413 页。

开指责国民军。

鲁迅对于国民军的责任同样没有加以批评,作为国民革命的支持者,鲁迅更多选择了沉默,他只能在《"死地"》《记念刘和珍君》《空谈》等文章中,含蓄地表达自己对革命党人战法的批评:

> 但我却恳切地希望:"请愿"的事,从此可以停止了。①
>
> 至于此外的深的意义,我总觉得很寥寥,因为这实在不过是徒手的请愿。人类的血战前行的历史,正如煤的形成,当时用大量的木材,结果却只是一小块,但请愿是不在其中的,更何况是徒手。②
>
> 至于现在似的发明了许多火器的时代,交兵就都用壕堑战。这并非吝惜生命,乃是不肯虚掷生命,因为战士的生命是宝贵的。在战士不多的地方,这生命就愈宝贵。③

但是,青年人并没有重视这些含蓄的批评,他们更关注鲁迅文章中那些战斗性言论,甚至将"但愿这样的请愿,从此停止就好"和"教给继续战斗者以别种方法的战斗"④,做了相反的理解:

> 在那个被鲁迅称为"民国以来最黑暗的一天"的夜里,北京青年人的悲愤是无法形容的,而在我们大学的宿舍里,最容易听到的感慨是"百无一用是书生"。鲁迅在那几天里写下不少篇精彩文章,道出了我们普遍的心声:
>
> "现在竟如何,不过多了几篇诗文,多了若干谈助。"
>
> "笔写的,有什么相干?"
>
> "但愿这样的请愿,从此停止就好。"
>
> "这回死者的遗给后来的功德,是……教给继续战斗者以别种方法的战斗。"
>
> "血债必须以同物偿还。"
>
> 是的,必须继续战斗,而且必须以别种方法来战斗,就这样,"三一八惨案"在北京青年中掀起了"投笔从戎"的汹涌暗潮:要以枪杆子来

---

① 鲁迅:《"死地"》,《国民新报副刊》,1926 年 3 月 30 日。
② 鲁迅:《记念刘和珍君》,《语丝》第 74 期,1926 年 4 月 12 日。
③ 鲁迅:《空谈》,《国民新报副刊》,1926 年 4 月 10 日。
④ 鲁迅:《空谈》,《国民新报副刊》,1926 年 4 月 10 日。

代替笔杆子。①

正是在这个王凡西所言的"越发鄙弃琐碎无力的文学争论了。人们渴望行动,拼命追求与行动有关的思想和理论"②的时代,鲁迅的影响经由三一八惨案的激化而就此跨出思想文艺界,成为"青年叛徒的领袖"。周锦指出:"而鲁迅真正在文坛发生影响是这个事情,以前没有了,以前纯粹是一个作家。鲁迅在女师大事件是非很难判断,但在三一八事件,鲁迅所持的态度是公开的,攻击北洋政府最厉害的就是鲁迅,而且所持的就是'血债要用血还'。那对青年学生影响太大,他在人群的地位也在那时建立起来。"③

三、"文化政治"与革命文化领导权

回头来看鲁迅在北京的国民革命参与过程,尤其是在女师大风潮从学潮(权利斗争)到教潮(文化斗争)再到政潮(政治斗争)的演变中,可以明显发现不同阶段有不同的主导力量,由此形成一个三方互动但又各有分工的国民革命联盟,其中青年学生是运动的主体,知识阶级掌握文化领导权,革命党则控制了政治权力,他们利用冯玉祥国民军的支持和学潮、民运的方式在北京公开活动,一度所向披靡。

鲁迅在这个革命进程和三角联盟当中,也明显有一个从"思想界的权威者"到"青年叛徒的领袖"的变化。实际上,"青年叛徒的领袖"最初是一个和"思想界的先驱者"并举的口号,因为《莽原》从一开始就既批判"特殊智识阶级"的反动,又鼓励青年们起来反抗,所以被认为是"思想界的'梁山泊'","伏着青年叛徒"的思想,而鲁迅也因此被称为"青年叛徒的领袖"。④但是随着鲁迅参与女师大风潮,他逐渐将"青年叛徒"的扶持从思想革命中的叛逆文学青年,转向了学生运动中的激进青年学生,其影响也就从思想文化领域扩展到社会运动和政治革命之中。尤其是在三一八惨案之后,鲁迅通过自己的"热骂"和"批评",在政府之外制造了一个公共舆论平台,以代言人的方式传达了民众的普遍意志和心声,并且将他们转化成反抗现有政权的"公众",其"杂感"也在将革命精神转化成公众精神的过程中,成了一种表征国民革命意识形态的文体,而鲁迅也从一个文人作家一跃而成为国

---

① 王凡西:《双山回忆录》,第20页。
② 王凡西:《双山回忆录》,第20页。
③ 丘彦明记录整理:《如果鲁迅不死——三十年代文学问题对谈》,载《鲁迅传记资料》,天一出版社,1985年。
④ 冬芬(董秋芳):《读过〈莽原〉》,《京报副刊》,1926年3月6日。

民革命时代的"首要政治家"。

之所以如此，是因为鲁迅式知识阶级左派实现了权威和权力的分离，证明了大众社会文化领导权争夺和革命意识形态合法性论证的重要性，因而其革命文化领导权才能与政府的现实政治控制和革命党的政治领导权三足鼎立，由此也创造了"文化政治"的知识阶级的新参与方式。不过，"文化政治"虽然摆脱了五四时期"文化"与"政治"分离的状态，但还存在一些问题，一是仍没有摆脱文化本体论和文学工具论，二是其"政治"观明于反政府政治，昧于革命内部的政治压迫，像鲁迅就因为在三一八惨案后没有批评国民军和革命党，而被现代评论派讥讽为迎合民众。而更值得反思的"文化政治"问题是：知识阶级左派为何只是取得了革命联盟的文化领导权，却不能进一步掌握政治领导权，从而发动一场以知识阶级为主体的革命呢？

从女师大风潮的发展可以发现，国民革命的兴起及其北方民运的斗争方式，其实给过知识阶级独立领导革命、充当"普遍阶级"的机会，譬如他们曾经在"教潮"阶段取得过全面的主导地位，但最终的结果还是不行。从表面看这是被革命挤压的结果，因为按照马克思主义的经济决定论，知识阶级只是一个消费阶层而非生产阶级，革命的真正主体或是资产阶级（民族民主革命）或是无产阶级（社会主义革命），而"智识阶级始终只是社会的喉舌，无论如何做不到主体"[1]，他们不过是"民主主义的联合战线"的一个组成部分。在国共两党眼中，"小资产阶级的知识阶级，他本没有经济的基础，其实不能构成一个独立的阶级"[2]，因而中共一般称之为"小资产阶级"的"知识分子"[3]，国民党则常用"智识界"[4]的概念指代。革命党不仅认为知识阶级"是不成其为阶级的"，而且认为"五卅后阶级分化急遽的过程里，他们都渐渐的'各有其主'，而分属于各社会阶级了"[5]，相当一部分甚至成了国民革命的"反动派"。

不过革命挤压只是外因，更关键的根源来自知识阶级自身的先天结构缺陷——他们缺乏马克思政治经济学意义上的"阶级"观念，在其客观阶级

---

① 秋白（瞿秋白）：《政治运动与智识阶级》，《向导周报》第 18 期，1923 年 1 月 31 日。

② 独秀（陈独秀）：《中国国民革命与社会各阶级》，《前锋》第 2 期，1923 年 12 月 1 日。

③ 《共产国际执行委员会关于中国共产党与国民党的关系问题的决议（一九二三年一月十二日）》，载彭明主编《中国现代史资料选辑第一册（1919—1923）》，中国人民大学出版社，1987 年，第 479 页。

④ 《国民政府对农民运动第三次宣言》，《中国农民》第 9 期，1926 年 11 月。

⑤ 瞿秋白：《中国革命中之争论问题》，载中共中央书记处编《六大以前——党的历史材料》，第 709 页。

归属(经济结构)和主观阶级认同(文化政治)之间存在着断裂,总是习惯性
地着眼于思想文化("知识"),实际从晚清的士阶层解体开始,就不断因认
同问题分裂而非凝聚本阶级的力量,所以其文化革命路径,正是导致知识阶
级难以成为普遍阶级的根源。

第一,文化革命着眼于国民性批判,缺乏充分的政治经济关注,致使知
识阶级忽视国民革命的核心诉求。像鲁迅在五卅运动中看到的就不是群众
运动的力量,而是"外人不足责,而本国的别的灰冷的民众,有权者,袖手旁
观者,也都于事后来嘲笑,实在是无耻而且昏庸!"①所以他一直坚持五四国
民性批判和世界主义立场,反复批判"民气论",这就和国民革命的民主主义
和民族主义诉求严重脱节。既然知识阶级总是着眼于本阶级的兴趣,不能
顾及其他阶级的利益,自然也就难以成为普遍阶级。

第二,文化革命作为一种话语革命,具有现实不及物性。鲁迅能够占据
了文化领导权依靠的是他的"笔墨",但他反对赤膊上阵的街头政治,坚持壕
堑战,由此知识阶级的立场和身体的在场分离了,他成了一个"不上街"的
"青年叛徒的领袖"。这种非行动性和不及物性的无力感不但被求助的许广
平批评,而且反复被鲁迅自己体验到,也正因为如此,五四之后"不少知识精
英关注的重心开始由文化向政治转移,并在新的意义上'再发现'了坐而言
不如起而行的旧说"②。

正是基于这些缺陷,国共两党的国民革命取代了知识阶级的新文化运
动,他们将阶级压迫和殖民压迫确定为中国问题的根源,把反帝反封建树立
为新的斗争目标,以阶级斗争和社会革命为新的斗争方式,"使北京的学生
和一般知识分子的文艺运动配合到全国革命的主力战中去"③,进而将知识
阶级的先进分子转化成了国民革命的同路人。不过,知识阶级左派的国民
革命联盟文化领导权存在的时间并不长,它是北京政变后特定政治时空的
产物。

首先是依赖街头政治和大众政治。北京的国民革命在北伐之前,采用
的是学潮、民运的方式,因而"'民意'、'人民的普遍呼声'以及'公众精神'
等可以说表示的是反对党可以诉诸的实体"④,而鲁迅的作用正在于民意表
达、公众塑造以及革命意识形态合法性的建构;其次是冯玉祥国民军的支

---

① 鲁迅:《补白(三)》,《莽原》第 12 期,1925 年 7 月 10 日。
② 罗志田:《激变时代的文化与政治——从新文化运动到北伐》,北京大学出版社,2006 年,
第 2、3 页。
③ 王凡西:《双山回忆录》,第 19 页。
④ 〔德〕哈贝马斯:《公共领域的结构转型》,曹卫东等译,学林出版社,1999 年,第 75 页。

撑，"他们对民众运动采取消极不干涉的状态之下，民众本身在政治上的力量，总得遂其相当的发展"①；最后，"北平的段祺瑞政府算得是很放任的，亦极尊重出版和开会的自由"②，因而"权威已与权力分离开来，政治已与政府管理分离开来，公共讨论在政府机构之外的领域展开"，这就"赋予了'文人'、'启蒙哲人'和'作家'一种新的功能和责任"③，"政治生活被强烈地推入文学之中，文人控制了舆论的领导，一时间占据了在自由国家里通常由政党领袖占有的位置。再没人能够与作家争夺这个地位"④。

但是随着三一八惨案后执政府倒台，"奉军大踏步来北京矣，枪决邵飘萍，继之以'宣传赤化……一律处死刑'的告白，于是北京顿成了恐怖时代"⑤，同时奉系军阀还"拟以赤化嫌疑名义，根本改组北大，尽驱逐一般进步的教员和学生"⑥。在这种情况下，"北京各大学虽仍上课不辍，然而教授中之有政治色彩者，均不自安，纷纷南下"⑦，由于谣传鲁迅也出现在通缉名单上，因而他四处避难，最终"近来忽然还想活下去了"⑧的他选择跟着林语堂南下"大逃亡"：

> 我们知道北洋政府是开始下毒手了。当时军阀手中平时坦直批评政府的左翼教授名单上，共有五十四个人名字，包括共产党员李大钊。
>
> 在林大夫家藏了三个星期，我决定回厦门去。由于朋友联系，我和鲁迅，沈兼士，还有北京大学几个很杰出的人物，和厦门大学签订了聘约，我们前去教书。⑨

回顾北京鲁迅这一年多的经历，可以发现他在国民革命这个"激变时代"，一直在努力调整着自己的目标和位置，这实际也是当时五四知识分子面临的普遍问题。不过相对于陈独秀、胡适等人在五四之后的主动求变来

---

① 《柏经狄三、四月份工作报告（1926 年）》，载中共北京市委党史研究室编《北京青年运动史料（1919—1927）》，第 406 页。
② 林语堂：《林语堂自传》，陕西师范大学出版社，2005 年，第 39 页。
③ 〔法〕罗杰·夏蒂埃：《法国大革命的文化起源》，洪庆明译，译林出版社，2015 年，第 10 页。
④ 〔法〕托克维尔：《旧制度与大革命》，冯棠译，第 182 页。
⑤ 《柏经狄三、四月份工作报告（1926 年）》，载中共北京市委党史研究室编《北京青年运动史料（1919—1927）》，第 413 页。
⑥ 雷音：《奉系军阀统治下的北京》，《向导周报》第 151 期，1926 年 5 月 1 日。
⑦ 李璜：《我卷入了国民革命的政治漩涡中》，台湾《传记文学》第 22 卷第 1 期，1973 年 1 月。
⑧ 鲁迅：《260617 致李秉中》，载《鲁迅全集（第十一卷）》，第 528 页。
⑨ 林语堂：《林语堂自传》，第 118、119 页。

说,鲁迅的反应要迟缓、被动得多,他直到 1925 年中期才试图重启思想革命,而且要不是介入女师大学潮,他和国民革命的相遇可能还要推迟。但是对中国社会变革的责任感,决定了鲁迅不会始终置身于国民革命这个时代大潮之外,并且其思想革命要想对 20 世纪 20 年代的中国社会有所作用,实际也对政治革命有着一定的依赖性。正是在参与女师大风潮的过程中,鲁迅逐渐从一个文学家变成了政治左翼,他将思想革命和国民革命结合起来,不断反省知识阶级及其文化启蒙理念的局限性,尤其是"首都革命"的胜利和三一八惨案的发生,成了他观念转变的重要催化剂,前者让他看到了国共两党的革命力量,后者则促使他公开批判政府。

但必须注意的是,鲁迅对国民革命的支持并非是无限绝对的,他其实并不太了解国民革命的具体内涵和实际运作,他支持"除军阀"更甚于"打倒列强",而且他对群众运动始终持怀疑态度,此时他的思想革命批判和世界主义立场仍旧重于国民革命的民族主义和民主主义诉求。虽然鲁迅做了一些呼应甚至配合国民革命的工作,但他自言"政治上的事,我其实不很了然"①,他和革命党人之间更多是一种基于共同斗争需要而形成的合作关系,甚至直到他面临政治迫害之后,他在《大衍发微》中对通缉名单的解读,仍然着眼于教育界的派系冲突,而非国民革命和政党政治的眼光。尤其是国民革命在北京溃败得如此迅速,还不能从根本上打动鲁迅,所以他才会在北伐刚开始的时候颇为悲观地说:

> 中国自民元革命以来,所谓文艺家,没有萎黄的,也没有受伤的,自然更没有消灭,也没有苦痛和愉悦之歌。这就是因为没有新的山崩地塌般的大波,也就是因为没有革命。②

---

① 鲁迅:《可惨与可笑》,《京报副刊》,1926 年 3 月 28 日。
② 鲁迅:《马上日记之二》,《世界日报副刊》,1926 年 7 月 19 日。

第四章 "火老鸦"与厦门国民
革命梦想的形成

鲁迅最初南下并不是为了参加革命,而是不得已为之,"如果不是和段章之流大斗,致列于几十位被捕者之林,和另外的原因,大约未必会离开北京的",而他之所以选择了厦门,是因为他和许广平"约好:希望在比较清明的情境之下,分头苦干两年"。① 显然,避难和挣钱是两个核心目的,所以在南下之前,鲁迅跟李秉中谈了自己的计划:

> 但是我实在困倦极了,很想休息休息,今年秋天,也许要到别的地方去,地方还未定,大约是南边。目的是:一,专门讲书,少问别事(但这也难说,恐怕仍然要说话),二,弄几文钱,以助家用,因为靠版税究竟还不够。家眷不动,自己一人去,期间是少则一年,多则两年,此后我还想仍到热闹地方,照例捣乱。②

但是,厦门鲁迅并非《〈自选集〉自序》所说的"逃出北京,躲进厦门,只在大楼上写了几则《故事新编》和十篇《朝花夕拾》"③那么简单,实际上,"在厦门,是到时静悄悄,后来大热闹"④,等到鲁迅"离开厦门的时候,思想已经有些改变"⑤,"沉静而大胆,颓唐的气息全没有了"⑥,"抱着和爱而一类的梦,到了广州"⑦。显然,鲁迅在厦门虽然只待了一百三十五天,但他并非只是一个"孤岛过客",这期间发生了一些具有强烈冲击性的事件,让他摆

---

① 许广平:《鲁迅和青年们》,载海婴编《许广平文集(第二卷)》,第 17 页。按,"另外的原因"指爱情。

② 鲁迅:《260617 致李秉中》,载《鲁迅全集(第十一卷)》,第 528 页。

③ 鲁迅:《〈自选集〉自序》,载《鲁迅全集(第四卷)》,第 469 页。

④ 鲁迅:《通信》,《语丝》第 151 期,1927 年 10 月 1 日。

⑤ 鲁迅:《答有恒先生》,《北新》第 1 卷第 49、50 期合刊,1927 年 10 月 1 日。

⑥ 鲁迅:《270102 致许广平》,载鲁迅、景宋《两地书全编》,第 599 页。

⑦ 鲁迅:《在钟楼上——夜记之二》,《语丝》第 4 卷第 1 期,1927 年 12 月 17 日。

脱了苦闷颓唐的状态,最终在厦门形成了他的国民革命之"梦",从而期待着进入广州这个革命中心大展身手。

第一节 欢迎革命军北伐与支持国民党左派

一、欢迎北伐与"有军才能革命"

鲁迅最初到了厦门不做长久之计,但不久后,他就发现"有生活而无'费',固然痛苦;在此地则似乎有'费'而没有了生活,更使人没有趣味了"①,他向催稿的《莽原》同人说:"我竟什么也做不出。一者这学校孤立海滨,和社会隔离,一点刺激也没有;二者我因为编讲义,天天看中国旧书,弄得什么思想都没有了,而且仍然没有整段的时间。"②由于"近处买不到一种北京或上海的新的出版物"③,所以本地报纸就成了鲁迅了解外界信息的渠道,此时正值广东国民政府大举北伐之际,他对报上登载的国民革命军北伐胜利的消息,表现出极大的关心和期待。

鲁迅一直相信"改革最快的还是火与剑"④,他1904年在东京加入光复会,追随老师章太炎参加了反清革命,虽然光复会和同盟会关系不睦。但辛亥革命之后,鲁迅不但组织学生上街武装巡行,同民众一起庆祝杭州光复,还撰文称赞武昌起义,认为"华夏故物,光复太半,东南大府,亦赫然归其主人。越人于是得三大自由"⑤。拥护革命和共和的鲁迅,"爱护中华民国,焦唇敝舌,恐其衰微"⑥,然而随着袁世凯称帝、张勋复辟以及二次革命的失败,他开始陷入颓唐失望。鲁迅希望孙中山能继续革命,再造民国,但也感觉"孙中山奔波一世,而中国还是如此者,最大原因还在他没有党军,因此不能不迁就有武力的别人"⑦。实际上孙中山本人也很清楚这一点,护法时他曾组建过"党军",交由陈炯明指挥,全体官兵宣布"入党",但陈炯明的叛变证明其效果不佳。在此情况下孙中山以俄为师,转而学习苏联的"赤军"制度,1924年国民党进行了一大改组,提出了以党建国、以党治国的方针,随

---

① 鲁迅:《260926 致许广平》,载鲁迅、景宋《两地书全编》,第483页。
② 鲁迅:《261004 致韦丛芜、韦素园、李霁野》,载《鲁迅全集(第十一卷)》,第562页。
③ 鲁迅:《厦门通信》,载《鲁迅全集(第三卷)》,第388页。
④ 鲁迅:《250408 致许广平》,载鲁迅、景宋《两地书全编》,第411页。
⑤ 黄棘(鲁迅):《〈越铎〉出世辞》,载《鲁迅全集(第八卷)》,第41页。
⑥ 鲁迅:《因太炎先生而想起的二三事》,载《鲁迅全集(第六卷)》,第576页。
⑦ 鲁迅:《250408 致许广平》,载鲁迅、景宋《两地书全编》,第411页。

后成立黄埔军校和国民政府,将"党军"和"党国"体制付诸实践:

> "党军"的意义,不仅意味着以党建军、以党控军,而且要求军队服从党的意识形态,将党的组织细胞渗透到军队的组织系统中,连以上建立党的基层组织,党员成为士兵之表率,军官认同党的意识形态。①

"然而对于这样一次重要的改革,最初并没有引起北方军阀的重视,甚至也没有引起全国舆论的深切关注"②,这自然包括鲁迅在内,像他也认为"近几年似乎他们也觉悟了,开起军官学校来,惜已太晚"③。此时的广东国民政府因为忙于内部平叛,无暇他顾,所以在北方一直采用联络军阀互斗和五四群众运动的办法,"在斗争的形式上也老守着天安门开会及向政府请愿的一套",然而国民军右转和三一八惨案的发生,一方面宣告了依靠军阀和街头政治的失败,另一方面"掀起了'投笔从戎'的汹涌暗潮",许多年轻人纷纷南下广东参加革命。④ 正是在这种情况下,1926 年国民党的北伐就呼应了时代潮流,具有了"有道伐无道"的革命正义性,不过"北方各军阀仍未把北伐军当成自己的一个重大威胁,或认为蒋介石的北伐也会像过去'孙大炮'(孙中山)的几次北伐一样半途而折"⑤。像吴佩孚甚至根本没把北伐军放在眼里,他正联合张作霖试图消灭南口的冯玉祥的国民军,等到其部队 8 月底一败再败,然后汉口失陷武昌被围,南方的党军党政府一下子引起了全国舆论的关注,开始有人称之为"第二辛亥革命"⑥。

随着国民革命军的节节胜利,鲁迅开始不断和许广平交流北伐的信息和看法。9 月 14 日鲁迅高兴地说:"此地北伐顺利的消息也甚多,极快人意。"⑦9 月 30 日他又告诉许广平:"北伐军是顺手的,看今天的报章,登有上海电(但这些电甚什来路,却不明),总结起来:武昌还未降,大约要攻击;南昌猛扑数次,未取得。孙传芳已出兵。吴佩孚似乎在郑州,现正与奉天方面暗争保定大名。"⑧随着 10 月 10 日武昌守军开门投诚,国民革命的即将成功让鲁迅非常兴奋,他在参加完厦门的"双十节"庆祝活动后告诉许广平:

---

① 王奇生:《国共合作与国民革命(1924—1927)》,江苏人民出版社,2006 年,第 61 页。
② 王奇生:《国共合作与国民革命(1924—1927)》,第 246 页。
③ 鲁迅:《250408 致许广平》,载鲁迅、景宋《两地书全编》,第 411 页。
④ 王凡西:《双山回忆录》,第 19、20 页。
⑤ 王奇生:《国共合作与国民革命(1924—1927)》,第 247 页。
⑥ 天马:《不离其宗》,《大公报》,1926 年 9 月 9 日。
⑦ 鲁迅:《260914 致许广平》,载鲁迅、景宋《两地书全编》,第 473 页。
⑧ 鲁迅:《260930 致许广平》,载鲁迅、景宋《两地书全编》,第 488 页。

"此地的人民的思想,我看其实是'国民党的',并不老旧。"①

不难看出,此时的鲁迅不但内心充满了喜悦,而且他开始将"国民党的"视为革命的、进步的,因为它让鲁迅看到了国家再度统一与和平的希望,他以喜悦的心情关注着正在进行的北伐革命:"今天听到一种传说,说孙传芳的主力兵已败,没有什么可用的了,不知确否。"②而在听到武昌、九江攻下后,他表示"今天本地报上的消息很好,但自然不知道可确的"③,但是随着夏超被杀,他又失望地抱怨"浙江独立早已灰色,夏超确已死了,是为自己的兵所杀的,浙江的警备队,全不中用"④。等到革命军占领漳州,形势重新转好,鲁迅又开心地说"昨天又听到一消息,说陈仪入浙后,也独立了,这使我很高兴"⑤,但是过了一个月后,他失望地对许广平说"陈仪独立是不确的,廿二日被孙缴械了,此人真无用"⑥。

从九月到十二月,身在厦门的鲁迅一直密切关注着北伐的进展,心情也随之不断起伏,他自觉站在了国民革命的立场上,积极拥护南方国民政府的军事行动,直到"清党"前一个月北伐军占领上海、南京时,他仍表示"沪宁的克复,在看见电报的那天,我已经一个人私自高兴过两回了"⑦。事实上,北伐之后的"民十五六年之间,全国多数人心的倾向中国国民党,真是六七十年来所没有的新气象"⑧,而当时的知识阶级也普遍对国民政府的北伐持肯定态度,譬如身处北京奉系恐怖统治下的周作人,就针对有些报刊宣传北伐是"南北之战"的说法,撰文指出"这不是两地方的人的战争,乃是思想的战争。南北之战,应当改称民主思想与酋长思想之战才对"⑨。远在伦敦的胡适也一反之前的否定,向英国人表达了自己对南方政府的支持:

> 据权威人士的观察,南方政府是中国最好的、最有效率的政府。
> 由于理想的激励,并受胜利战果的鼓舞,南方军队终将获胜。
> 南方革命军的北伐赢得了人民的同情和支持。但它不是红色

---

① 鲁迅:《261010 致许广平》,载鲁迅、景宋《两地书全编》,第497页。
② 鲁迅:《261010 致许广平》,载鲁迅、景宋《两地书全编》,第497页。
③ 鲁迅:《261015 致许广平》,载鲁迅、景宋《两地书全编》,第503页。
④ 鲁迅:《261108 致许广平》,载鲁迅、景宋《两地书全编》,第530页。
⑤ 鲁迅:《261109 致许广平》,载鲁迅、景宋《两地书全编》,第531页。
⑥ 鲁迅:《261224 致许广平》,载鲁迅、景宋《两地书全编》,第591页。
⑦ 鲁迅:《庆祝沪宁克复的那一边》,载《鲁迅全集(第八卷)》,第196页。
⑧ 胡适:《惨痛的回忆与反省》,《独立评论》第18号,1932年9月18日。
⑨ 岂明(周作人):《南北》,《语丝》第104期,1926年11月6日。

政权。①

　　此时的舆论几乎众口一词地将北伐的成功归结为"党军"的设置,认为"革命军之所以能达战无不利之效果,实原由该项制度之设立"②,而那些本来批评一党专政和暴力革命的自由主义者,也开始对"党化"大加赞赏,像张君劢就认为"主义之昭示""军队之政化""民众之合作"是南方军队取胜的几个因素③。不仅如此,由于"革命军胜利的声浪震撼全国,虽妇人孺子亦能举蒋介石之名并附会以许多神话"④,一些知识分子也开始称赞这位国民革命军总司令,胡适在 10 月 14 日的日记中说:"介石之能在军事上建功,是无疑的。但他有眼光识力做政治上的大事业吗? 此事我很关心。我深盼他能有政治上的手腕与见解。"⑤鲁迅也说:"现在我最恨什么'学者只讲学问,不问派别'这些话,假如研究造炮的学者,将不问是蒋介石,是吴佩孚,都为之造么?"⑥

　　但其实国民革命军对知识阶级并不友好,"据说党军所到的地方,墙上贴有'打倒智识阶级'的一个标语"⑦,所以胡适他们明知自己被敌视还支持北伐战争、推崇蒋介石这类军事强人,实际是出于一种"两害相较权其轻"的想法。据他在伦敦谈话的见证人沈刚伯回忆:

　　　　我就大胆的问他:"您这几次讲演的话是否有意宣传?"他回答我的大意是说他本来反对武力革命同一党专政,但是革命既爆发,便只有助其早日完成,才能减少战争,从事建设。目前中国所急需的是一个近代化的政府,国民党总比北洋军阀有现代知识,只要他们真能实行三民主义,便可有利于国,一般知识分子是应该加以支持的。⑧

　　胡适的这种看法,其实是当时自由主义知识阶级普遍存在的一种矛盾

---

① 曹伯言整理:《胡适全集(第 30 卷)》,第 404、405 页。
② 《日陆军中将南游后之革命军观察(上)》,《广州民国日报》,1926 年 12 月 21 日。
③ 张嘉森(张君劢):《一党政治之评价:一党能独治耶?》,《晨报》,1926 年 12 月 5 日。
④ 《中央局关于全国政治情形及党的策略的报告(十、十一月份)》,载《中共党史参考资料(第十三册)》,人民出版社,1979 年,第 407 页。
⑤ 曹伯言整理:《胡适全集(第 30 卷)》,第 376 页。
⑥ 鲁迅:《261020 致许广平》,载鲁迅、景宋《两地书全编》,第 508 页。
⑦ 宇文:《打倒智识阶级》,《现代评论》第 5 卷第 116 期,1927 年 2 月 26 日。
⑧ 胡颂平编著:《胡适之先生年谱长编初稿》第二册,台北联经出版事业公司,1984 年,第 664、665 页。

心态,他们最初都信奉"无血之破坏""无血革命",然而最终都被迫接受了流血的政治革命。不过,鲁迅对暴力革命和蒋介石的支持与胡适他们不同,他更接近于陈独秀:"我们为什么要革命?是因为现社会底制度和分子不良,用和平的方法改革不了才取革命的手段。革命不过是手段不是目的,除旧布新才是目的。"①虽然三一八惨案之后,鲁迅曾经针对学生的牺牲说过"以血的洪流淹死一个敌人,以同胞的尸体填满一个缺陷,已经是陈腐的话了。从最新的战术的眼光看起来,这是多么大的损失"②,但这不过是对革命战法的批评,他始终都是一个坚定的革命支持者。鲁迅曾对荆有麟说:

> 革命不能不估计牺牲,因革命是为拯救大多数。牺牲少数,自然可以。若牺牲多数,所解放者,仅是少数,那我一向是不赞成的。③

鲁迅一直都在寻求真正能够改变中国的"革命"和"革命人",而其现实模板就是辛亥革命和孙中山,在他看来,辛亥革命不只是"光复"了"华夏",更重要的是"共和之治,人仔于肩,同为主人,有殊台隶"④,而他也一直推崇孙中山的"永远革命"精神。所以在厦门时期的鲁迅眼中,北伐战争正是"第二辛亥革命",而蒋介石则是孙中山的继承者,他从中看到了"革命"的再生,所以才积极支持北伐革命,认为"先要有军,才能革命"⑤,"中国现在的社会情状,止有实地的革命战争,一首诗吓不走孙传芳,一炮就把孙传芳轰走了"⑥。不仅如此,鲁迅甚至还反对"国民党有力时,对于异党宽容大量"⑦,认为必须像列宁说的那样,"准备消灭敌人,因为现在敌人只是被征服了,而距消灭的程度还远得很"⑧。所以,鲁迅与那些本质上畏惧革命的自由主义知识阶级不同,他"眼见,身历了革命了,知道这里面有破坏,有流血,有矛盾,但也并非无创造,所以他决没有绝望之心。这正是革命时代的活着的人的心"⑨。

正是北伐的巨大胜利,唤起了鲁迅因辛亥革命的失败而熄灭的政治革

---

① 独秀(陈独秀):《革命与作乱》,《新青年》第8卷第4号,1920年12月1日。

② 鲁迅:《空谈》,《国民新报副刊》,1926年4月10日。

③ 荆有麟:《鲁迅的个性》,载鲁迅博物馆、鲁迅研究室、《鲁迅研究月刊》选编《鲁迅回忆录(专著)上》,第127页。

④ 黄棘(鲁迅):《〈越铎〉出世辞》,载《鲁迅全集(第八卷)》,第41页。

⑤ 鲁迅:《文艺和革命》,《语丝》第4卷第7期,1928年1月28日。

⑥ 鲁迅:《革命时代的文学》,载《鲁迅全集(第三卷)》,第442页。

⑦ 鲁迅:《261020 致许广平》,载鲁迅、景宋《两地书全编》,第508页。

⑧ 鲁迅:《庆祝沪宁克复的那一边》,载《鲁迅全集(第八卷)》,第196页。

⑨ 鲁迅:《马上日记之二》,《世界日报副刊》,1926年7月19日。

命热情,他意识到"在一个最大的社会改变的时代,文学家不能做旁观者"①,因而急切期待进入广州这个革命的中心。

二、支持左派与广州改革的憧憬

相对于欢迎"党军"北伐和革命战争,更值得关注的,其实是此时鲁迅与许广平在厦门通信中支持国民党左派的言论,不过这些政治讨论在 1933 年《两地书》出版时进行了大幅删改,造成了既往研究长期忽略厦门时的鲁迅与国民党的关系。

鲁迅最初是光复会成员,但因为蒋介石刺杀陶成章,他一直对同盟会耿耿于怀,后来又在北京加入过反对国民党的共和党。总的来看,鲁迅对国民党的态度颇为复杂:他支持后者的革命行动,但又与其保持距离。随着鲁迅参与女师大风潮,他开始卷入国民党的北方革命运动,并和李石曾、易培基形成合作关系。至于许广平,她是国民党激进左派党员,回广州后担任省立女师训育主任,支持顾孟余等汪精卫派,努力打击校内的邹鲁西山会议派,以期"能稍尽力于党,使学校改变旧日右倾而左转"②。

而在听到鲁迅多次抱怨厦门的枯寂无聊后,许广平主动提出让顾孟余等左派人士帮助他赴粤工作:"广州似乎还不至如此办学无状,你也有熟人,如顾某等,如现时地位不好住,也愿意来此间尝试否?"③但是鲁迅顾虑重重,他回信指出:"当初我也未尝不想起广州,后来一听情形,就暂时不作此想了,你看陈惺农尚且站不住,何况我呢。"④陈惺农即陈启修,他有国共两党双重党籍,不但是鲁迅在北大和女师大的同事,而且也是《国民新报副刊》(甲刊)的编辑,三一八惨案后同因列入黑名单而南下,出任中山大学法科主任兼广州《民国日报》社长,但是由于广州左右派矛盾激烈,他一直受到排挤,许广平多次在信中谈及"广大(中山大学)法科反对陈启修为主任"⑤,"陈启修在此似乎不得意,有向江西等地之说"⑥。正是基于陈启修的这些情况,鲁迅对许广平说:"伏园不远要到广州去看一看,但我的事绝不想他留心,所以我也不要他在顾先生面前说。我的离开厦门,现在似乎时机未到,看后来罢。"⑦

---

① 鲁迅:《在钟楼上——夜记之二》,《语丝》第 4 卷第 1 期,1927 年 12 月 17 日。
② 许广平:《261104 致鲁迅》,载鲁迅、景宋《两地书全编》,第 526 页。
③ 许广平:《261007 致鲁迅》,载鲁迅、景宋《两地书全编》,第 494 页。
④ 鲁迅:《261015 致许广平》,载鲁迅、景宋《两地书全编》,第 503 页。
⑤ 许广平:《260923 致鲁迅》,载鲁迅、景宋《两地书全编》,第 478 页。
⑥ 许广平:《261007 致鲁迅》,载鲁迅、景宋《两地书全编》,第 494 页。
⑦ 鲁迅:《261015 致许广平》,载鲁迅、景宋《两地书全编》,第 503 页。

不过时机转眼即到,10 月 16 日朱家骅从广州给沈兼士、林语堂和鲁迅发来电报,"说中山大学已改职(当是'委'字之误)员制,叫我们去指示一切。大概是议定学制罢"①,正是中山大学的改制,给了鲁迅进入广州的机会。中山大学的前身是 1924 年创办的广东大学,1926 年 10 月 14 日中山大学正式改制,戴季陶、顾孟余为正副委员长,徐谦、丁惟汾、朱家骅为委员,其中顾、徐、丁是汪派,戴、朱是蒋派,10 月 16 日国民政府发令:"中山大学为中央最高学府,极应实施纯粹之党化教育,养成革命之前驱,以树建设之基础。……全体学生,应一律复试,分别去取。所有教职员亦一律停职另任。"②戴季陶就职后,首先联合左派来清除以"树的党"为代表的极右派,通过考试淘汰了二百余名学生,而教师则全部重聘,"一切无学识之饭桶,及为树的党拉线之反动分子,已经清除净尽"③。

接到改制电文之后的鲁迅怦然心动,"小半自然也有些私心,但大部分却是为公,我以为中山大学既然需我们商议,应该帮点忙"④,但是因为"上课不到一月,便请假两三星期,又未免难于启口,所以十之九总是不能去了,这实是可惜",不过他表示"至多在本学期之末,离开厦大"⑤。而得知中大要整顿右派的许广平,也劝鲁迅"你如有意,来粤就事,现在设法也是机会,像顾孟余,于树德……你都可以设法"⑥。

顾、于二人与鲁迅关系密切,此时都是国民政府左派要员。于树德是鲁迅好友齐寿山的内弟,1922 年加入共产党,是国民党第一、二届中央执行委员,曾任国民党北京市党部青年部长,此时是广东国民政府中共产派的代表人物,兼任中大政治训育部训育员。相较而言,顾孟余作为法日派的核心人物,和鲁迅在女师大风潮中建立了比较密切的关系,他原是北大教务长和北京教育会会长,曾任国民党北京特别市党部筹备主任,深受李大钊赏识,他对易培基担任女师大校长一事极力推动,并利用自己暂署北大校务的时机,和李石曾一起策动了北大脱离教部案。由于顾孟余在教育界和北方国民革命中的重要性,1925 年 11 月 30 日他被广东国民政府任命为广东大学校长,1926 年 1 月当选为国民党第二届中央执行委员,三一八惨案后因政府通缉而被迫南下后,又在同年 7 月出任中央政治会议委员,并在对抗蒋介石的

① 鲁迅:《261016 致许广平》,载鲁迅、景宋《两地书全编》,第 504 页。
② 《中华民国国民政府令》,《广州民国日报》,1926 年 10 月 18 日。
③ 《中山大学聘定教授讲师》,《广州民国日报》,1926 年 10 月 29 日。
④ 鲁迅:《261020 致许广平》,载鲁迅、景宋《两地书全编》,第 506 页。
⑤ 鲁迅:《261016 致许广平》,载鲁迅、景宋《两地书全编》,第 504 页。
⑥ 许广平:《261018 致鲁迅》,载鲁迅、景宋《两地书全编》,第 505 页。

"迎汪复职"运动中成为汪精卫派的核心人物,深受鲍罗廷和中共方面的赏识。

在李石曾一直躲在东交民巷没有南下的情况下,顾孟余自然就成了鲁迅寻求帮助的主要对象。当时顾孟余主管国民党中央宣传,为了扩大宣传的力度,他电邀也来厦大工作的孙伏园"往粤办报",鲁迅对此非常支持:"我想伏园未必做政论,是办副刊,孟余们的意思,大约以为副刊的效力很大,所以想大大的干一下。"①此后不久,许广平又建议鲁迅:"许先生愿来广东,何不由你处向顾孟余介绍,徐谦做大理院长,石曾先生与他熟,请齐寿山设法就可以。"②于是,鲁迅就趁孙伏园 10 月 20 日赴广州的机会,"托伏园面托孟余"③,一是帮助许寿裳找工作,二是替自己转达愿到中大之意,"孙到校访各委员,具道鲁迅愿至粤意,彼等示欢迎,且言:'我校既欲请鲁迅先生,亦欲请顾颉刚先生',以聘书两份交之"④。

但是,许广平在向鲁迅建议找顾孟余帮忙的同时,却又告诉他"顾先生的态度听说和在北京时有点不同,向后转了"⑤。本来急于赴粤的鲁迅,听到这个坏消息开始变得犹豫起来,他一方面认为"孟余的'后转',大约颇确而实不然,兼士告诉我,孟余的肺病,近来颇重,人一有这种病,便容易灰心,颓唐,那状态也近于后转;但倘若重起来,则党中损失也不少,我们实在担心",另一方面表示"至于我的别处的位置,可从缓议,因为我在此虽无久留之心,但现在也还没有决去之必要"。⑥ 不过,许广平很快告诉鲁迅:

> 现在我又陆续听说,顾不是变态,还与来京一样,又听说,这回改组,是绝对左倾,右派分子已在那里抱怨了,这回又决意多聘北大教授,关于这一层,我希望你们来,否则这里急不暇择,你们不来,郭沫若做官去了,文科人才是否不得你们就去访高一涵,陈源之流,也未可知,岂非大糟其糕,此间对于研究系实在还不大注意到,而研究系又善于作伪,善于挂体面招牌,他们做事心细,无孔不入……⑦

正是因此,许广平觉得鲁迅来广州不但必要紧迫,而且"中大易发展,有

----

① 鲁迅:《261020 致许广平》,载鲁迅、景宋《两地书全编》,第 508 页。
② 许广平:《261010 致鲁迅》,载鲁迅、景宋《两地书全编》,第 498 页。
③ 鲁迅:《261020 致许广平》,载鲁迅、景宋《两地书全编》,第 508 页。
④ 顾颉刚:《顾颉刚日记 第一卷(1913—1926)》,第 832 页。
⑤ 许广平:《261018 致鲁迅》,载鲁迅、景宋《两地书全编》,第 505 页。
⑥ 鲁迅:《261023 致许广平》,载鲁迅、景宋《两地书全编》,第 514 页。
⑦ 许广平:《261027 致鲁迅》,载鲁迅、景宋《两地书全编》,第 516 页。

希望,因交通方便,民气发扬,背后有政府帮助","且思想上言论界受政府监督完全左倾,共产书与人,在此明目张胆"。① 收到此信的鲁迅,于是改变了"暂不赴粤""仍在这里混半年"②的想法,表示"如果中大很想我去,我到后于学校有益,那我便于开学之前到那边去"③。不过,此时中大那边还没有消息传回来,鲁迅对许广平抱怨道:"伏园已有信来,据说季黻的事很有希望,学校的别的事情却没有提"④"他走后给我两封信,关于我的事,一字不提。今天看见中大的考试委员(?)名单,文科中人多得很,他也在内,郭,郁也在,大约正不必再需别人"⑤。不难看出,鲁迅一直在根据广州的政治动向,来调整自己的赴粤态度。

最终孙伏园11月5日从广州回到厦门,带回中山大学希望鲁迅前去教书的好消息,11月11日鲁迅正式收到了中山大学的聘书,他被聘为唯一的正教授,"月薪二百八,无年限的",对于待遇优厚的原因,鲁迅认为"大约那计画是将以教授治校,所以认为非研究系的,不至于开倒车的,不立年限"⑥。确实如其所言,这个聘任方法是之前的中大代理校长经亨颐提出的,他主张"应于教授中,择其努力的党员,与本校有很大的劳迹关系,而根据党的旨趣以进行者,为本校永任教授,正式由校呈请政府备案,不随校长去留"⑦。但是,鲁迅也从孙伏园那里听到了一些坏消息,他对许广平说:"学校又另电请几个人,内有顾颉刚。顾之反对民党,早已显然,而广州则电邀之,对于热心办事如季黻者,说了许多回,则懒懒地不大注意,似乎当局者于看人一端,很不了然,实属无法。"⑧这也印证了许广平的"研究系又善于作伪"和"政府只知其一不知其二"的看法,所以鲁迅提出了自己赴粤后的目标:

> 其实我也还有一点野心,也想到广州后,对于研究系加以打击,至多无非我不能到北京去,并不在意;第二是同创造社连络,造一条战线,更向旧社会进攻,我再勉力做一点文章,也不在意。⑨

---

① 许广平:《261027 致鲁迅》,载鲁迅、景宋《两地书全编》,第516、517页。
② 鲁迅:《261029 致许广平》,载鲁迅、景宋《两地书全编》,第519页。
③ 鲁迅:《261101 致许广平》,载鲁迅、景宋《两地书全编》,第521页。
④ 鲁迅:《261101 致许广平》,载鲁迅、景宋《两地书全编》,第521页。
⑤ 鲁迅:《261104 致许广平》,载鲁迅、景宋《两地书全编》,第523页。
⑥ 鲁迅:《261115 致许广平》,载鲁迅、景宋《两地书全编》,第542页。
⑦ 《中大党部欢迎经代校长宣布革新计划纪略》,《广州民国日报》,1926年9月6日。
⑧ 鲁迅:《261106 致许广平》,载鲁迅、景宋《两地书全编》,第528页。
⑨ 鲁迅:《261107 致许广平》,载鲁迅、景宋《两地书全编》,第530页。

不难看出,虽然鲁迅一直被人"目为没深色彩的"①,但他厦门时的思想已经左倾得很厉害,许广平甚至建议他出任广州《民国日报》的副刊编辑,而他也为"左倾"的创造社成员离开中山大学而"气馁",甚至在听到"政府将移武昌"的消息后颇为失望,担心"广州情状,恐怕比较地要不及先前热闹了"②。

三、鲁顾冲突与同人的左右对立

厦门鲁迅思想的左倾,不仅表现在他对政党的态度上,也表现在知识阶级立场上,他在一步步倾向革命之时,对自我阵营的批判也达到一个激化的程度,这集中表现在鲁迅对顾颉刚看法的变化上。

顾颉刚和鲁迅本属同一阵营,他们在北大是师生关系,最初都是国学研究所和《语丝》的成员。顾颉刚"以鲁迅长我十二岁,尊为前辈",不过他也是胡适整理国故派的重要成员,和陈西滢是好友,所以一直游走于浙派与皖派、英美派与法日派、《语丝》与《现代评论》之间,这种情况最初没有影响,但随着女师大风潮和国民革命的参与深化,两大知识群体的矛盾越来越尖锐,顾颉刚开始体会到"在夹缝中度生活"的"可怜",由于他内心更倾向英美派,"对于鲁迅、启明二人甚生恶感,以其对人之挑剔诟碎,不啻村妇之骂也",所以最终做出了"《语丝》宴会,予亦不去"的举措。③ 另外,顾颉刚开始在《现代评论》上大量发表文章,甚至"告陈通伯,《中国小说史略》剿袭盐古温《支那文学讲话》"④,由此导致鲁迅和现代评论派的冲突更加激烈了。

不过,两人在北京时期并没有公开的矛盾,在厦门初期关系也看似不错,"同室办公,同桌进食,惟卧室不在一处耳"⑤。但随着"顾颉刚是自称只佩服胡适、陈源两个人的"⑥,鲁迅对他的恶感越来越强烈,并且双方的矛盾进一步被国学院人事问题激化。正如顾颉刚发现的,"此次到厦门,挟北大派性以俱往,代表德法日派者,沈兼士、鲁迅、孙伏园、章廷谦(川岛)也。代表英美派者,我也。我本非留学生,且一人亦不能成一派,徒以接近现代评论社之故,遂自成一对立面"⑦。从鲁迅的角度看,他觉得顾颉刚一直在结

---

① 许广平:《270105 致鲁迅》,载鲁迅、景宋《两地书全编》,第 601 页。
② 鲁迅:《261202 致许广平》,载鲁迅、景宋《两地书全编》,第 565 页。
③ 顾颉刚:《顾颉刚日记 第一卷(1913—1926)》,第 832、673、710 页。
④ 顾颉刚:《顾颉刚日记 第二卷(1927—1932)》,第 15 页。
⑤ 顾颉刚:《顾颉刚日记 第一卷(1913—1926)》,第 832 页。
⑥ 鲁迅:《260926 致许广平》,载鲁迅、景宋《两地书全编》,第 481 页。
⑦ 顾颉刚:《顾颉刚日记 第一卷(1913—1926)》,第 778 页。

党营私,所以多次在给许广平的信中加以抨击:

> 在国学院里的,顾颉刚是胡适之的信徒,另外还有两三个,似乎是顾荐的,和他大同小异,而更浅薄。(9月20日)
>
> 而潘家洵陈万里黄坚三人,皆似他所荐引。黄坚(江西人)尤善兴风作浪,他曾在女师大,你知道的罢,现在是玉堂的襄理,还兼别的事,对于较小的职员,气焰不可当,嘴里都是油滑话。(9月26日)
>
> 现在一调查,则他所荐引之人,在此竟有七人之多,玉堂与兼士,真可谓胡涂之至。此人颇阴险,先前所谓不管外事,专看书云云的舆论,乃是全都为其所欺。他颇注意我,说我是名士派,可笑。(9月30日)
>
> 可是本校情形实在太不见佳,顾颉刚之流已在国学院大占势力,周览(鲠生)又要到这里来做法律系主任了,从此现代评论色彩,将弥漫厦大。在北京是国文系对抗着的,而这里的国学院却弄了一大批胡适之陈源之流,我觉得毫无希望。你想:坚士至于如此胡涂,他请了一个顾颉刚,顾就荐三人,陈乃乾,潘家洵,陈万里,他收了;陈万里又荐两人,罗某,崔某,他又收了。(10月16日)

但顾颉刚本人并不这么认为,他后来看到这些信件后,晚年多次在日记里加以说明:

> 此次厦大聘我,本未尝聘介泉(潘家洵),乃介泉恃我交情,看我上船,彼亦踵至。我不得已为言于林玉堂,校长以其本为北大讲师,仍给以讲师职位。彼见我升级太高,遂大肆播弄,生出风波,鲁迅遂斥我为结党矣。
>
> 值鲁迅来,渠本不乐我,闻潘言,以为彼与我同为苏州人,尚且对我如此不满,则我必为一阴谋家,惯于翻云覆雨者,又有伏园、川岛等人从旁挑剔,于是厌我益深,骂我益甚矣。
>
> 罗常培,国故派也,向与予无往来。及予将赴厦门,便来访,请介绍。予知其擅长古音韵学,告诸玉堂,亦聘为讲师。至则加入介泉一伙,谓"顾某专喜欢介绍人,有如吴佩孚之坐镇洛阳,某省出一督军缺,便从夹袋中选一人补缺然。"
>
> 鲁迅不察我与彼等同床异梦,漫谓我有意结成苏党,与彼暨孙、章之绍兴帮相对,于是北京大学之皖、浙之争,移而为厦门大学之浙、苏之争。以我不欲参加党争之习性,俨然成为苏派之首领矣。然此皆鲁迅

在京多年参加党派斗争之习性有以蔽其视听也。①

随着关系的恶化,双方都对彼此充满了误解,甚至是恶意的揣测。此时的北京政府正在合并女师大和女子大学,这让身在厦门的鲁迅知道后非常气愤,他和许广平觉得"这回女师大,简直就是研究系和国民党报仇",在他们心目中,现代评论派和梁启超臭名昭著的《晨报》研究系是一丘之貉,他们一贯"迎合卖国政府,而利己阴谋,可恶可杀"。②在这种背景下,鲁迅觉得厦门"此地研究系的势力,我看要膨涨[胀]起来,当局者的性质,也与此辈相合"③,而顾颉刚之前在北京拒绝参加《语丝》聚会、积极参与《晨报》活动的事,就被鲁迅回忆起来了。如果查顾颉刚1926年的日记,会发现他上半年多次记录与江绍原、徐志摩、陈博生等研究系人宴游、通信和写稿,此外他还在《晨报副刊》上发表了多篇文章,这在当时的确是一种逆潮流的"反动"行为。所以,顾颉刚很快发现"鲁迅公开向学生斥我为'研究系',以其时正值国民革命,国共合作北伐,以研究系梁启超等为打倒之对象也"④,显然,双方的矛盾从派系冲突上升为革命与反革命的对立了。

不过让鲁迅更加不满的,还不是"顾颉刚之流"和现代评论派这些"研究系"占据了厦大国学院,而是广州政府意识不到他们是反动派。先是许广平来信说"政府只知其一不知其二,只知到[道]国家主义的周刊《醒狮》应禁,而不知变相的《醒狮》,随处皆是"⑤,接着孙伏园从广州带回了顾颉刚被中大聘任的消息,这让鲁迅觉得"似乎当局者于看人一端,很不了然",因为"顾之反对民党,早已显然"⑥。鲁迅之所以敢这么说,是因为他很清楚顾颉刚曾在北京参加"救国团"的事情。

1925年五卅运动之后,北大成立了救国团,顾颉刚被推举为出版股主任,负责《救国》特刊的编辑,并在孙伏园主编的《京报副刊》上连载。救国团是一个国家主义派占主导的组织,强调"内除国贼、外抗强权",因而既反苏俄又反国共两党,他们错误地认为"近年来俄国实行以共产主义侵略我们"⑦,"实行共产主义之苏俄,亦切实整顿红军,在在皆足为国际和平之障碍"⑧,

---

① 顾颉刚:《顾颉刚日记 第一卷(1913—1926)》,第782、786、787、798页。
② 许广平:《261014 致鲁迅》,载鲁迅、景宋《两地书全编》,第500、501页。
③ 鲁迅:《261020 致许广平》,载鲁迅、景宋《两地书全编》,第507页。
④ 顾颉刚:《顾颉刚日记 第一卷(1913—1926)》,第778页。
⑤ 许广平:《261027 致鲁迅》,载鲁迅、景宋《两地书全编》,第516页。
⑥ 鲁迅:《261106 致许广平》,载鲁迅、景宋《两地书全编》,第528、529页。
⑦ 林德懿:《我们怎样抵抗列强的侵略政策》,《京报副刊救国特刊(八)》,1925年8月9日。
⑧ 周伦超:《吾人救国之旨趣》,《京报副刊救国特刊(一)》,1925年6月21日。

所以"尤其必须打倒的,是红色帝国主义下的苏俄走狗——共产党"①。由于不满于女师大风潮扰乱了民众对五卅爱国运动的注意力,谭慕愚发表了批评性的公开信,"语侵李石曾、易培基等,李、易责团中国民党员,故反目",后者策动救国团中国民党人反击,谭慕愚被迫退出了文书股,而在顾颉刚看来,"李石曾、易培基本是国民党中坏分子""慕愚反对其人,本是合理行为",为此他在《救国》特刊上发表文章声援谭慕愚,结果"邵飘萍以救国团攻击苏俄,不允将《特刊》继续出版",气愤难平的顾颉刚在最后一期登载谭的文章,将救国团内部"三民主义和国家主义的冲突"公开化,以致"救国团中傅启学、梁渡、李凤举、钟书衡四人来信,责我在《救国特刊》中登谭女士《呐喊后的悲哀》一文,以为我放马后炮,破坏团中名誉",自此双方彻底反目。②

正是基于对顾颉刚这些言行的了解,鲁迅才会认为"顾之反对民党,早已显然",如今许广平说这些人又要在中山大学汇聚,而当局被其伪善所迷惑,所以他提出"想到广州后,对于研究系加以打击"。而据顾颉刚日记记载,他1927年4月18日到广州见到傅斯年后,"始知中大聘书,去年伏园回厦时即已托彼转交,而为彼所吞没。即此可证他们之反对我,早萌芽于厦大风潮之前。惟手段如此卑劣,则为想不到者"③,同时他还指出:

> 鲁迅既得粤校聘书,便急切欲离厦校,而苦于无名,乃专骂林文庆与顾颉刚,谓厦大中胡适派攻击鲁迅派,使鲁迅不安于位,又谓校长克扣经费,使沈兼士无法负研究院责任,逼使回京云云,于是我与林遂为鲁派(旧徒孙伏园、章廷谦,新生谢玉生等)攻击之对象,不徒流言蜚语时时传播,又贴出大字报,为全校及厦门人士所周知,我与林遂均成反革命分子矣。④

回头来看,鲁顾冲突与鲁迅和现代评论派的矛盾有相似但又有不同,它向我们展示了同一阵营的人是如何在国民革命的大背景下逐渐走向尖锐对立的。实际上顾颉刚和鲁迅一样,都是南下近距离接触革命之后,态度有了很大变化,他在致胡适的信中说:"自从北伐军到了福建,使我认识了几位军官,看见了许多印刷品,加入了几次宴会,我深感到国民党是一个有主义、有

---

① 政均:《救国必须打倒卖国奴!》,《京报副刊救国特刊(九)》,1925年8月16日。
② 顾颉刚:《顾颉刚日记 第一卷(1913—1926)》,第657、659、662、669页。
③ 顾颉刚:《顾颉刚日记 第二卷(1927—1932)》,第38页。
④ 顾颉刚:《顾颉刚日记 第一卷(1913—1926)》,第832页。

组织的政党,而国民党的主义是切中于救中国的。"①然而恰如时评指出的,
"今之言打倒一切反革命者,纯是主观的,直率言之,别人皆不足言革命,我
乃是革命,反对我即是反对革命"②,正是在这种时代背景下,顾颉刚遂成了
"反革命分子",而自居革命的鲁迅则"准备消灭敌人,因为现在敌人只是被
征服了,而距消灭的程度还远得很"。

第二节 党化教育与"党同伐异"革命伦理

一、党化教育与广州省立女师风潮

厦门鲁迅与国民革命的关系,除了表现在他和政党、知识分子的关系
外,还涉及青年学生,其中广州省立女师风潮及其背后的党化教育,也是鲁
迅与许广平在厦门通信中反复提及,后在《两地书》出版时大量删改的一个
重要事件。由于此事关涉到广州学潮和派系斗争,它对认识许广平和鲁迅
的政治倾向,特别是这一时期鲁迅对学潮的真实态度是极为重要的。

1926 年夏许广平从女师大毕业后,回到母校广州省立第一女子师范学
校担任训育主任,"教八班,每班每周一小时三民主义"③。训育主任是国民
党推行党化教育后的新设职位,其主要职能是"注重学生风纪,宣传党
义"④,"在党治体制下,训育主任俨然是各校党化教育的执行人,权责繁重,
略近于军队中的党代表,也带有思想警察的角色"⑤。许广平能担任这个重
要职务,是因为表叔陈向庭(他曾任广州市教育局视导)的推荐,而现任省教
育厅厅长正是许广平的堂兄许崇清,更关键的原因是她乃全国学运领袖,并
且是国民党在北京的秘密党员。

党化教育是国民党一大改组后推广其"以党治国"方针的表现,随着北
伐的成功,国民党开始要求"凡属于国民政府治下的地方,所有教育机关,均
须实行党化"⑥,1926 年 5 月广东省教育大会通过了党化教育决议案,提出
"宗旨应注意平民化与革命化之教育,以完成国民革命""校训应定位革命

---

① 顾颉刚:《顾颉刚致胡适》,载中国社会科学院近代史研究所中华民国史研究室编《胡适来
   往书信选(上)》,第 426 页。

② 《反革命》,《大公报》,1927 年 5 月 5 日。

③ 许广平:《260912 致鲁迅》,载鲁迅、景宋《两地书全编》,第 469 页。

④ 许广平:《260923 致鲁迅》,载鲁迅、景宋《两地书全编》,第 478 页。

⑤ 吕芳上:《从学生运动到运动学生:民国八年至十八年》,第 325 页。

⑥ 徐蔚南:《党化教育》,世界书局,1927 年,第 43 页。

尚未成功,同志仍须努力""增设政治训育部"①等要求。许广平很想在训育主任的职位上有所作为,她对鲁迅说:"环境有天然与人力二种,以人力移天工,不是革命人的责任吗?所以,在女师,有时我常常起灰心,但也高兴,希望能转移她们,不是我不白来一次吗?现时学生对我虽非大欢迎,也不厌恶,何妨做做再看呢。"②

鲁迅则提醒许广平:"你初作事,要努力工作,我当然不能说什么,但也须兼顾自己,不要'鞠躬尽瘁'才好。"③可以看出,鲁迅支持许广平以革命的态度对待训育工作,而他虽然对党化教育没有明确发表过意见,但实际也有所了解和参与。党化教育的宗旨尤其是"革命尚未成功,同志仍须努力"的校训,和鲁迅当时对孙中山永远革命精神的推崇是一致的。不仅如此,鲁迅所参与的女师大风潮之目的就是李石曾想在北京高校推行党化教育,而他想去的中山大学也一直以"革命大学""党化大学"自期,1926年年初广东大学改为中山大学时,褚民谊提出了"严定纪律,促成党教育化""规定教职员资格,须信仰中山主义及学力优良者"④等计划,10月16日国民党政府则明令"中山大学为中央最高学府,极应实施纯粹之党化教育,养成革命之前驱,以树建设之基础"⑤,鲁迅也因为在北京国民革命中的表现,被聘为中山大学唯一的"正教授"和文学系主任。

具体到广州省立女师的校内形势而言,由于"这个学校的学生是右倾,而且盲动,好起风潮"⑥,所以许广平的训育压力也很大,她对鲁迅说:"更兼学生为三数右派(西山邹鲁)左右,外有全省学生联合会(广东学生界而为右倾,岂非'出人意表之外')为之援,更外则京沪右派为之助,势力滋蔓,甚难图也,我之职务是要图,图即反抗群众,早晚犯众怒而遭攻击,现时她们幸未窥破我底细,我又固示沉默,渐以图之,如能潜移默化,有回天之力,固政府与学校之福,否则自然是我三十六着走为上着。"⑦

此前广州教育的实际控制者是极右派的邹鲁,后来他在鲍罗廷和汪精卫的排挤下离开广州,北上组织西山会议派。此后蒋介石的地位崛起,成为对抗汪精卫的"新右派",为此国民党左派发起了"迎汪复职"运动,双方的冲突开始公开化。正是由于当时广州左右派的斗争激烈,女师校长廖冰

---

① 《全省教育大会通过党化教育决议案》,《广州民国日报》,1926年5月10日。
② 许广平:《261010 致鲁迅》,载鲁迅、景宋《两地书全编》,第498页。
③ 鲁迅:《261004 致许广平》,载鲁迅、景宋《两地书全编》,第490页。
④ 《广大特别党部欢迎褚民谊》,《广州民国日报》,1926年3月15日。
⑤ 《中华民国国民政府令》,《广州民国日报》,1926年10月18日。
⑥ 许广平:《260912 致鲁迅》,载鲁迅、景宋《两地书全编》,第469页。
⑦ 许广平:《260923 致鲁迅》,载鲁迅、景宋《两地书全编》,第478页。

筼（廖仲恺的妹妹）建议从北京回来的许广平先观察一下形势，晚点交出党员关系，所以女师学生最初并不清楚她的政治倾向，但许广平发现"学生时时蠢蠢欲动，多方探听我色彩"①，同时"此校学生正因向日一部分领袖者曾起风潮反对校长，现在虽然平压下去，但愤愤不平之气，每寻瑕找隙，与办事人为难"，而省立女师的老师"全没一点'师表'气象，而且更难堪的，他们有两位先生自己带老妈婢女来招呼"②。在听到革命中心的复杂政治形势之后，鲁迅颇为惊讶地说：

> 我先前闻粤中学生情形，颇出于"意表之外"，今闻教员情形，又出于"意表之外"，我先前总以为广东学界状况，总该比别处好的多，现在看来，似乎也只是一种幻想。③

虽然许广平就职后抱负很大，但最初工作缺乏进展，因为树的派这些右派"把持学生会"，以致"自入校至前几天，个个教职员都提心吊胆来顺从委曲将就她们"，不过"忽然间一个机会来了"，学生会主席李秀梅私下选举自己的"树的派"成员参加广州学联会议，"但不依校规先通知学校"。④ 于是，许广平以"违法召集会议，违反校规，酿成纠纷，损坏学校名誉"⑤的名义，将李秀梅等人开除，此事引发了轩然大波，学生们向中央党部请愿，但因为"中央，省市各青年部长（管辖学校）亦多与左派接近，故我校反动派虽设法求助，结果学校或者由右而向左转"⑥。而鲁迅在听到这些消息后说：

> 校事也只能这么办。但不知近来如何？但如忙则无须详叙，因为我对于此事并不怎样放在心里，因为这一回的战斗，情形已和对杨荫榆不同也。⑦

鲁迅之所以"不怎样放在心里"，是因为女师大风潮中他和许广平是被政府压迫的一方，而如今许广平在省立女师风潮中却成了官方，所以她自信

---

① 许广平：《260923 致鲁迅》，载鲁迅、景宋《两地书全编》，第478页。
② 许广平：《260928 致鲁迅》，载鲁迅、景宋《两地书全编》，第485、484页。
③ 鲁迅：《261004 致许广平》，载鲁迅、景宋《两地书全编》，第490页。
④ 许广平：《261104 致鲁迅》，载鲁迅、景宋《两地书全编》，第524、525页。
⑤ 《女师学生纠纷彻底解决》，《广州民国日报》，1926年11月5日。
⑥ 许广平：《261104 致鲁迅》，载鲁迅、景宋《两地书全编》，第525页。
⑦ 鲁迅：《261109 致许广平》，载鲁迅、景宋《两地书全编》，第531页。

满满地说:"现时背后有国民政府,自己是有权有势,处置一些反动学生,实在易如反掌,猫和耗了玩,终久是吞下去的,你可知其得意了",此外"我们是具十二分决心,校长教职员,有力者都是左的,事甚好做",而"树的派(右)自中大停办改组后,大本营已铲除,我校把持学生会的分子,实在命在垂危,无多大力量"。① 对于这些"树的派",鲁迅做了这样的评价:

> 中国学生学什么意大利,以趋奉北政府,还说什么"树的党",可笑可恨。别的人就不能用更粗的棍子对打么? 伏园回来说广州学生情形,似乎和北京的大差其远,这很出我意外。②

虽然鲁迅认为树的派"趋奉北政府",但对方并不这么看,她们不但自觉是"革命的同学们",而且认为许广平是"北方军阀学阀之压迫学生之行为"③,这种互称对方为"反革命"的现象,折射出当时政治斗争的激烈。此时占据上风的许广平,一方面得意于"现天假机会,能稍尽力于党,使学校改变旧日右倾而左转"④,另一方面她对鲁迅表示"害马愿为一个实行的先锋,而你是害马的指导者"⑤。鲁迅也对女师风潮的进展颇感满意,认为"校事已见头绪,很好,总算结束了一件事"⑥。

但是,这些被开除的学生也很有斗争策略,她们先是"以共产二字诬校长,教职员"⑦,后又极力酝酿罢课,为此许广平组织成立了"革新学生会同盟会",同几位老师"专暗中指挥革命学生,天天晚上开会训练她们"⑧。但学校的情况却变得越来越差,由于经费拖欠,教职员纷纷辞职,甚至校长廖冰筠也将校事交付许广平等三个主任,自己提出了辞呈。在此情况下,许广平"向学校有力的人表示辞意,但都不答应我,似乎是要我维持下去"⑨,她因此向鲁迅抱怨说:"所谓'社会事业'者,不过说破不值一文钱,你愿我终生被播弄于其中而不自拔?"⑩鲁迅在复信中建议:

---

① 许广平:《261107 致鲁迅》,载鲁迅、景宋《两地书全编》,第 528、527、526 页。
② 鲁迅:《261109 致许广平》,载鲁迅、景宋《两地书全编》,第 532 页。
③ 《省立女师学生会为选派代表出席"各校代表大会"及学校无理开除李秀梅斥退蒋仲箎事宣言》,载鲁迅、景宋《两地书全编》,第 539 页。
④ 许广平:《261104 致鲁迅》,载鲁迅、景宋《两地书全编》,第 526 页。
⑤ 许广平:《261114 致鲁迅》,载鲁迅、景宋《两地书全编》,第 541 页。
⑥ 鲁迅:《261118 致许广平》,载鲁迅、景宋《两地书全编》,第 549 页。
⑦ 许广平:《261113 致鲁迅》,载鲁迅、景宋《两地书全编》,第 540 页。
⑧ 许广平:《261111 致鲁迅》,载鲁迅、景宋《两地书全编》,第 533 页。
⑨ 许广平:《261130 致鲁迅》,载鲁迅、景宋《两地书全编》,第 563 页。
⑩ 许广平:《261202 致鲁迅》,载鲁迅、景宋《两地书全编》,第 564 页。

你们的学校,真是好像"湿手捏了干面粉",粘缠极了。虽说"天下兴亡,匹夫有责",但当局者不讲信用,专责"匹夫",使几个人挑着重担,未免太任意将人做牺牲。我想事到如此,别的都可不管了,以自己为主,觉得耐不住,便即离开;倘因生计关系及别的关系,须敷衍若干时,便如我之在厦大一样,姑且敷衍敷衍。"以德感""以情维系"等等,只好置之度外。一有他处可去,也便即离开,什么都不管它。①

此后形势的发展对许广平越来越不利,为了解决问题,国民党青年部叫停了两个对立的学生会并重新改选,然而"选举结果,仍然是反动派占多数,将来还是把持学生会,向学校对抗"②,她们还骂许广平是共产党的"走狗"。在这种情况下,鲁迅建议许广平"那就最好是不接手,倘难却,就仿'前校长'的方法:躲起来。待有结束后另觅事做"③,但许广平"恐防反对者以为我是在请假候做校长,所以急急搬去什物,以示决绝"④,对此鲁迅表示:

学校现状,可见学生之愚,和教职员之巧,独做傻子,实在不值得,实不如暂逃回家,不闻不问。这种事我遇过好几次,所以世故日深,而有量力为之,不拼死命之说。因为别人太巧,看得生气也。⑤

最终许广平接受了鲁迅"躲起来"的建议,请病假逃回了家里,至此广州省立女师风潮算是告一段落。

二、"火老鸦"与厦门大学风潮

就在广州省立女师风潮结束不久,鲁迅所在的厦门大学也在 1927 年 1 月 7 日爆发了学潮,而它的发生实际是鲁迅和国民革命的合力所致。

厦门大学自建校以来就风潮不断,1921 年林文庆在校董陈嘉庚的支持下出任校长,结果学生就反对他掌校,1924 年又因为他要求"读孔孟之书,保存国粹"⑥而爆发了学潮。此事随之被国民党利用,邵力子、吴稚晖等人煽动一部分学生"出校创校"并提供经费,最终在上海成立了大夏大学。⑦

---

① 鲁迅:《261206 致许广平》,载鲁迅、景宋《两地书全编》,第 570 页。
② 许广平:《261219 致鲁迅》,载鲁迅、景宋《两地书全编》,第 585 页。
③ 鲁迅:《261216 致许广平》,载鲁迅、景宋《两地书全编》,第 584 页。
④ 许广平:《261227 致鲁迅》,载鲁迅、景宋《两地书全编》,第 591 页。
⑤ 鲁迅:《261224 致许广平》,载鲁迅、景宋《两地书全编》,第 590 页。
⑥ 伐木:《厦门大学校长林文庆之怪论》,《民国日报》,1924 年 4 月 14 日。
⑦ 《行将成立之大夏大学》,《申报》,1924 年 7 月 4 日。

鲁迅对此有所了解,他"听说三年前,这里也有一回相类的风潮,结果是学生完全失败,在上海分立了一个大夏大学"①,而学生失败的根源和厦大的性质有关,"当时社会人士以厦门大学为私立学校,苟陈嘉庚氏始终袒护林文庆,则改革一层,颇不易为"②,这种外界眼中的私立学校"组织上之缺点",反倒成了抵抗学运、政潮的武器。但是革命党虽然暂时失败,他们改造厦大的愿望并不会失去,随着国民革命的发动,国共两党 1925 年重新派人回到厦门,"发展国民党左派,建立秘密组织"③,不过"因厦地各界思想太落后,极难接受革命宣传",到 1926 年 4 月厦大左派也只有"五十余人"。④ 在这种情况下,鲁迅等北大新文化派的到来,给他们提供了新的机会。

鲁迅初来厦大,感觉教职员是"浅薄者之多"且"语言无味"⑤,但他发现"学生对我尤好,只恐怕在此住不惯,有几个本地人,甚至于星期六不回家,豫备星期日我要往市上去玩,他们好同去作翻译"⑥。不过,鲁迅很快发现学生们各有所图,"或者希望我提倡白话,和旧社会大闹一通;或者希望我编周刊,鼓吹本地新文艺"⑦:最先来的是俞念远、王方仁、魏兆淇等"一群爱好文学的青年朋友"⑧,他们追慕的是新文学和新文化,但还有一些学生具有政治背景,譬如 10 月 1 日"晚欧阳治来谈",10 月 5 日"林仙亭来访并赠《血泪之花》一本",10 月 11 日"林仙亭及其友四人来",其中欧阳治表面是法科政治系试读生,实际是厦大学生会总委成员和国民党左派,而林仙亭则是国民党福建龙岩县党部成员。鲁迅在了解了他们的真实动机后,告诉许广平:"但还有几个很欢迎我的人,是想我开口攻击此地的社会等等,他们来跟着来开枪"⑨,"有几个学生很希望我走,但并非对我有恶意,乃是要学校倒楣"⑩。显然,这些学生是想借鲁迅到来之机发动起学潮。

鲁迅对这两批人都给予了支持,他首先帮助俞念远、谢玉生、崔真吾、王方仁等人成立了泱泱社,并联系北新书局为其代印刊物《波艇》,同时他还和孙伏园为其看稿写稿。对于自己帮忙的原因,鲁迅表示《波艇》"自然是幼

---

① 鲁迅:《海上通信》,《语丝》第 118 期,1927 年 2 月 12 日。
② 《大夏大学成立经过及其现况》,《教育杂志》第 17 卷第 2 号,1925 年 2 月 20 日。
③ 连尹:《罗明与福建党组织的建立》,《革命人物》1986 年第 4 期。
④ 《夏特志关于三月份的综合情况报告(1926 年 4 月 16 日)》,载《厦大党史资料(第一辑)》,厦门大学出版社,1987 年,第 20、21 页。按,"夏特志"即中共党团混合的厦门市特别支部。
⑤ 鲁迅:《260920 致许广平》,载鲁迅、景宋《两地书全编》,第 476 页。
⑥ 鲁迅:《261010 致许广平》,载鲁迅、景宋《两地书全编》,第 496 页。
⑦ 鲁迅:《261016 致许广平》,载鲁迅、景宋《两地书全编》,第 504 页。
⑧ 俞念远:《我所记得的鲁迅先生》,载薛绥之主编《鲁迅生平史料汇编(第四辑)》,第 48 页。
⑨ 鲁迅:《261010 致许广平》,载鲁迅、景宋《两地书全编》,第 496 页。
⑩ 鲁迅:《261020 致许广平》,载鲁迅、景宋《两地书全编》,第 507 页。

稚,但为鼓动空气计,所以仍然怂恿他们出版"①,而他也参加了国民党学生组织的会议,不过有些担心和不满:

> 本校学生民党不过三十左右,其中不少是新加入者,昨夜开会,我觉他们都不经训练,不深沉,甚至于连暗暗取得学生会以供我用的事情都不知道,真是奈何奈何。开一回会,徒令当局者注意,那夜反民党的职员却在门外窃听。②

许广平对鲁迅的"鼓动空气"非常支持,她认为"学生佳,即不致灰心,幼嫩的种子,不经意地就会萌芽爆发起来",这既是老师作为园丁的"乐趣",也是"革命的人的责任"。③ 所以,她鼓励鲁迅说"学生欢迎,自然增加你兴趣,处处培植些好的禾苗,以喂养大众,救济大众吧。这是精神上的愉快,不虚负此一行"④。但是,随着鲁迅与高长虹冲突的爆发,他再看厦大学生,一度觉得大多人都是空谈,"却还未看见一个真有几分为社会的,他们多是挂新招牌的利己主义者"⑤。不过,这些都是鲁迅私下里的警惕抱怨,他在公开场合一直积极地利用演讲来"鼓动空气",譬如此前他在厦大周会上倡导"'少读中国书'主义,并且说学生应该做'好事之徒'"⑥,此时集美学校又邀请他去演讲,结果鲁迅呼吁学生"应该留心世事,和校长的尊意正相反",校长叶渊后来抱怨"集美学校的闹风潮,都是我不好"⑦。鲁迅的这些演讲"很得学生的信仰"⑧,以致其抱怨"他们总是迷信我,真是无法可想"⑨。

随着11月5日孙伏园带回中山大学聘任的消息,鲁迅决定最迟于本学期末离开这里,但因为合同上订了两年,所以他开始寻找脱身的机会,于是劝林语堂"将此处放弃,明春同赴广州"⑩,林语堂先是拒绝,后来又因为国学院问题开始摇摆:

---

① 鲁迅:《261023 致许广平》,载鲁迅、景宋《两地书全编》,第 515 页。
② 鲁迅:《261125 致许广平》,载鲁迅、景宋《两地书全编》,第 557、558 页。
③ 许广平:《261010 致鲁迅》,载鲁迅、景宋《两地书全编》,第 498 页。
④ 许广平:《261014 致鲁迅》,载鲁迅、景宋《两地书全编》,第 501 页。
⑤ 鲁迅:《261202 致许广平》,载鲁迅、景宋《两地书全编》,第 566 页。
⑥ 鲁迅:《261016 致许广平》,载鲁迅、景宋《两地书全编》,第 505 页。
⑦ 鲁迅:《海上通信》,《语丝》第 118 期,1927 年 2 月 12 日。
⑧ 顾颉刚:《顾颉刚致胡适》,载中国社会科学院近代史研究所中华民国史研究室编《胡适来往书信选(上)》,第 423 页。
⑨ 鲁迅:《261224 致许广平》,载鲁迅、景宋《两地书全编》,第 591 页。
⑩ 鲁迅:《261108 致许广平》,载鲁迅、景宋《两地书全编》,第 530 页。

近日因为校长要减少国学院豫算,玉堂颇愤慨,要辞丰任,我因进言,劝其离开此地,他极以为然。我亦觉此是脱身之机会。今大和校长开谈话会,乃提出强硬之抗议,且露辞职之意,不料校长竟取消前议了,别人自然大满足,玉堂亦软化,反一转而留我,谓至少维持一年,因为教员中途难请云云。又我将赴中大消息,此地报上亦经揭载,大约是从广州报上来的,学生因亦有劝我教满他们一年者。这样看来,年底要脱身恐怕麻烦的很,我的豫计,因此似乎也无从说起了。①

11月27日,鲁迅"向玉堂提出以本学期为止,即须他去的正式要求,并劝他同走",由于他去意坚决且"略有商量的话",林语堂终于"无话可说","只能听我自便"。② 在过了林语堂这一关后,为了给校方和学生一个合理的交待,鲁迅采取了一些策略,他对许广平说:"我的要走已经宣传开去,大半是我自己故意说的"③,"后天校长请客,我在知单写了一个'敬谢',这是在此很少先例的,他由此知道我无留意,听说后天要来访我,我当避开"④。同时以孙伏园辞职赴粤后学校拒发十二月上半月薪水为由,"鲁迅愤谓人,我们便算卖苦力,此十八天短工也应按日算给,何至如此刻薄"⑤。12月31日鲁迅正式递交了辞职书,他对许广平说"不到半年,总算又将厦门大学捣乱了一通,跑掉了。我的旧性似乎并不很改。听说这回我的搅乱,给学生的影响颇不小"⑥。虽然学生代表、教务长和校长先后前来挽留,但都为鲁迅所拒绝。1927年1月4日,鲁迅参加了全体学生送别会,"夜中文科生又开会作别,闻席中颇有鼓吹风潮之言"⑦,然后学生对鲁迅的"挽留运动"就开始变成了"改革厦大运动":

我的辞职消息一传出,竟惹起了不小的波动,许多学生颇愤慨,有些人很慨叹,有些人很恼怒。有的是借此攻击学校,而被攻击的是竭力要将我的人说得坏些,因以减轻罪孽。所以谣言颇多,我但袖手旁观着,煞是好看。⑧

① 鲁迅:《261125 致许广平》,载鲁迅、景宋《两地书全编》,第557页。
② 鲁迅:《261128 致许广平》,载鲁迅、景宋《两地书全编》,第562页。
③ 鲁迅:《261215 致许广平》,载鲁迅、景宋《两地书全编》,第583页。
④ 鲁迅:《261224 致许广平》,载鲁迅、景宋《两地书全编》,第591页。
⑤ 《厦门大学第二次学潮之爆发》,《教育杂志》第19卷第2号,1927年2月20日。
⑥ 鲁迅:《270102 致许广平》,载鲁迅、景宋《两地书全编》,第599页。
⑦ 顾颉刚:《顾颉刚日记 第二卷(1927—1932)》,第2页。
⑧ 鲁迅:《270105 致许广平》,载鲁迅、景宋《两地书全编》,第601页。

校内似乎要有风潮，现在正在酝酿，两三日内怕要爆发，但已由挽留运动转为改革厦大运动，与我不相干。不过我早走，则学生们少一刺激，或者不再举动，现在是不行了。但我却又成为放火者，然而也只得听其自然，放火者就放火者罢。①

鲁迅之所以会成为"放火者"，是因为"这里的恶势力，是积四五年之久而弥漫的，现在学生们要借我的四个月的魔力来打破它"②，以罗扬才为首的厦大国共两党成员迅速行动起来，他们将矛头指向了理科主任刘树杞而不是校长，批判他把持校务、包围校长、排斥异己，这显然是吸取了第一次厦大风潮失败的教训，毕竟私立校长是无法轻易赶下台的。据顾颉刚1月6日的日记记载，"今日聚贤楼一带，贴有驱逐刘树杞之揭帖甚多，风潮恐不能免"③。当晚一百七十多人签名驱刘，7日召开全体大会，推举王方仁、朱斐、刘国一、陈基志、廖立峨、蓝耀文、崔真吾、易谅坤、罗扬才九人为驱刘委员会执行委员，要求校长斥退刘树杞，限二十四小时答复，并呈请国民党政府通缉"反革命刘树杞"。④ 这个决议带有明显的政治色彩，而驱刘委员会主要是由泱泱社和国共两党成员构成。

由于林文庆坚决不愿明令免去刘树杞的职务，并宣布提前放春假来消弭学潮，于是16日，驱刘委员会在国民党福建临时省党部招待各界寻求帮助。校董陈嘉庚得知消息后非常愤怒，他和林文庆磋商后，2月14日宣布停办国学院，22日开除了罗扬才等十九名学生，"此十九人中大部为驱刘委员会执行委员，隶籍国民党者十一人"，学生于是向各界请援，海军警备司令部参谋长林国赓见"被除学生多列名党务者"，"知关键在民党方面，乃找市党部筹备处共出调停"，最终以厦大免去刘树杞职务、实行党化教育、收回开除学生成命等为条件调解成功。⑤

在风潮越闹越大之际，鲁迅自言"此次风潮，根株甚深，并非由我一人而起"⑥，但他的"放火"之功并不小，以致被舆论称作"火老鸦，到一处烧一处"⑦。此文在《北新》发表后，这个"火老鸦"的称号随即传播开来，像沈雁冰就在文中提道"绅士们讨厌他多嘴；把他看做老鸦，一开口就是'不详'。

---

① 鲁迅：《270106 致许广平》，载鲁迅、景宋《两地书全编》，第 603 页。
② 鲁迅：《270106 致许广平》，载鲁迅、景宋《两地书全编》，第 603 页。
③ 顾颉刚：《顾颉刚日记 第二卷(1927—1932)》，第 3 页。
④ 蜀生：《厦门大学的驱刘运动》，《汉口民国日报》，1927 年 1 月 23 日。
⑤ 蜀生：《厦大风潮尚未解决》，《申报》，1927 年 3 月 8 日。
⑥ 鲁迅：《270111 致许广平》，载鲁迅、景宋《两地书全编》，第 606 页。
⑦ 卓治(魏兆淇)：《鲁迅是这样走的》，《北新》第 23 期，1927 年 1 月 29 日。

并且把他看作'火老鸦',他所到的地方就要火着"①,而林语堂也指出鲁迅"凡属他所到的地方,那里便有青年学生们之显著的活动",于是成了"可怜的招人疑忌的乌鸦"②。不难看出,鲁迅为了从厦门大学脱身,很好地利用了学生对他的"信仰",而国共两党则适时跟进渗入,利用校政改革运动来推进国民革命和党化教育,各方的合力最终酿成一次大的学潮。

毫无疑问,鲁迅这颗"火星"能在厦门大学燎原,是借助了国民革命的大背景,所以,顾颉刚认为"厦大的风潮,起于理科与文科的倾轧,而成于鲁迅先生的辞职"③只是看到了表象,福建革命青年团出版的《福建青年》的说法才是对的,"厦大这次风潮的目的就是:一、求整个的——学生教员学校——的生机""二、拯救闽南衰落的文化""三、培植福建的革命气息"④,其背后有着明显的政治动机。

三、"党同伐异"与新革命伦理

鲁迅后来在回顾厦门这段经历时,自觉"是到时静悄悄,后来大热闹"⑤,他本来因为奉系军阀的入京而情绪低落,但是随着国民革命北伐的节节胜利,他的政治热情重新高涨,开始以极大的热情憧憬着进入广州这个革命的策源地。显然,厦门绝非中转站或消沉期,而是鲁迅从思想革命者转向国民革命同路人的最终完成阶段,因而在其思想道路发展中具有重要的意义。但是,厦门鲁迅在日渐左倾和战斗强化之时,也越来越表现出强烈的"党同伐异"倾向,这尤其表现在他对学潮的悖论态度上:一方面在省立女师风潮中支持校方压制学生,另一方面却在厦大风潮中支持学生反抗学校。不仅如此,我们也只见此时的鲁迅批判右派的反动,却不见其反思自身的激进,此时的他不但在厦大校内公开宣传"鲁迅是主张党同伐异的"⑥,而且还撰文公开指出:

> 所以,我就不挂什么"公理正义",什么"批评"的金字招牌。那时,以我为是者我辈,以章为是者章辈;即自称公正的中立的批评之流,在我看来,也是以我为是者我辈,以章为是者章辈。其余一切等等,照此

---

① 方璧(沈雁冰):《鲁迅论》,《小说月报》第18卷第11号,1927年11月10日。
② 林玉堂(林语堂):《鲁迅》,《北新》第3卷第1号,1929年1月1日。
③ 顾颉刚:《顾颉刚致胡适》,载中国社会科学院近代史研究所中华民国史研究室编《胡适来往书信选(上)》,第422页。
④ 《集美停办与厦大风潮之再起》,《福建青年》第4期,1927年2月15日。
⑤ 鲁迅:《通信》,《语丝》第151期,1927年10月1日。
⑥ 顾颉刚:《顾颉刚日记 第一卷(1913—1926)》,第833页。

类推。再说一遍：我乃党同而伐异，"济私"而不"假公"，零卖气力而不全做牺牲，敢卖自己而不卖朋友，以为这样也好者不妨往来，以为不行者无须劳驾；也不收策略的同情，更不要人布施什么忠诚的友谊，简简单单，如此而已。①

虽说这是鲁迅回击高长虹批评其"党同伐异"的话，带有一定的赌气成分，但从其厦门时期的言行来看，国民革命形势的高涨确实引发了鲁迅的知识分子精神和伦理价值观的重大变化。

"党同伐异"在主张"君子矜而不争，群而不党"的中国社会里，一向被认为是"小人"行径，这种看法一直延续到近代，像五四学界也努力倡导"建设的批评论"和"学者的态度"，强调"第一，不可有党同伐异的劣等精神。第二，不可有攻击人身的论调"②。鲁迅最初也认同这种理念，反对"援引多数来恫吓，失了批评的态度的"③，认为"'合群的自大'，'爱国的自大'，是党同伐异，是对少数的天才宣战"④。但是随着鲁迅卷入女师大风潮，其态度逐渐发生了改变，在与现代评论派的论战中，他开始认为"不是上帝，那里能够超然世外，真下公平的批评。人自以为'公平'的时候，就已经有些醉意了。世间都以'党同伐异'为非，可是谁也不做'党异伐同'的事"⑤。等到"首都革命"后女师大复校时，鲁迅明确反对《语丝》同人提出的"费厄泼赖"，他强调"'费厄'必视对手之如何而施，无论其怎样落水，为人也则帮之，为狗也则不管之，为坏狗也则打之。一言以蔽之：'党同伐异'而已矣"⑥。

显然，此时的"党同伐异"已经从一个传统上被否定的对象，变成与西方自由主义的"公理正义"和"费厄泼赖"相对的正面口号，从一种文艺批评态度变成了知识分子的派争伦理。而真正将"党同伐异"进一步提升为政治斗争革命伦理的，毫无疑问是厦门阶段的鲁迅：一方面将"党同"的范围扩大到南方革命政府和国民党左派，从"朋党"转向"政党"、从"文化"转向"政治"；另一方面又将"伐异"指向自我阵营内部，将私人冲突政治化，把顾颉刚塑造成反革命的"研究系"，进而将这种知识分子派争伦理推到学生运动。

① 鲁迅：《新的世故》，《语丝》第 114 期，1927 年 1 月 15 日。
② 成仿吾：《学者的态度——胡适之先生的〈骂人〉的批评》，《创造季刊》第 1 卷第 3 期，1922 年 12 月。
③ 风声（鲁迅）：《反对"含泪"的批评家》，《晨报副镌》，1922 年 11 月 17 日。
④ 迅（鲁迅）：《随感录 三十八》，《新青年》第 5 卷第 5 号，1918 年 11 月 15 日。
⑤ 鲁迅：《并非闲话（二）》，《猛进》第 30 期，1925 年 9 月 25 日。
⑥ 鲁迅：《论"费厄泼赖"应该缓行》，《莽原》半月刊第 1 期，1926 年 1 月 10 日。

这种转变出现的根源是政治形势的变化,由此导致"公平宽容"和"党同伐异"之间的权力关系发生了强弱的逆转。实际上,"宽容总是在强者对弱者,或者两个势均力敌的存在者之间才会呈现的美德",它其实是"强势者认同自由正当性所作出的自我约束",因而"只有在相互承认宽容交往规则的基础上,普遍宽容才有可能"。① 但问题是,不但北洋时代缺乏公共理性、充满怨恨和不宽容,而且在女师大风潮中,鲁迅一方最初处于劣势,因而他只看到了现代评论派这些"章士钊门下走狗"和"段祺瑞的帮闲"依附政治权力压迫己方的伪善,他们"用了公理正义的美名""使无刀无笔的弱者不得喘息""被欺侮到赴诉无门"②。正是在这种情况下,"党同伐异"反而成了团结弱者(在野革命)对抗强者(在朝政治)的必然武器,甚至需要"犯而必校""以牙还牙",以革命的暴力来对抗反革命的暴力。而随着厦门时期国民革命的胜利,逐渐左倾并即将进入广州的鲁迅,开始从"在野革命"转往"在朝革命"、从弱者转为强者,鲁迅不但公开宣扬自己的"党同伐异",还表现出从怨恨心理到报复冲动的明显变化,并有意借助革命势力来打击自己的"敌人"。

显然,正是革命大潮的推进逆转了双方的关系,最终"公理宽容"成了一种反动的"学者"态度,而"党同伐异"则从一种"道德之恶"变成"革命之善",因其反抗和解放的进步功能,从而具有了政治合法性和道德正当性,成了一种与现代革命共生的现代性现象。但随之而来的问题,必然是何者为同,何者为异? 鲁迅认为"我以为只要目的是正的——这所谓正不正,又只专凭自己判断"③,具体来说:

> 我总觉得复仇是不足为奇的,虽然也并不诬无抵抗主义者为无人格。但有时也想:报复,谁来裁判,怎能公平呢? 便又立刻自答:自己裁判,自己执行;既没有上帝来主持,人便不妨以目偿头,也不妨以头偿目。有时也觉得宽恕是美德,但立刻也疑心这话是怯汉所发明,因为他没有报复的勇气;或者倒是卑怯的坏人所创造,因为他贻害于人而怕人来报复,便骗以宽恕的美名。④

可以看出,"党同伐异"反对"公理""上帝"这些外在的绝对性、超越性

---

① 张凤阳等:《政治哲学关键词》,江苏人民出版社,2014 年,第 271、268、273 页。
② 鲁迅:《我还不能"带住"》,《京报副刊》,1926 年 2 月 7 日。
③ 鲁迅:《250503 致许广平》,载鲁迅、景宋《两地书全编》,第 430 页。
④ 鲁迅:《杂忆》,《莽原》第 9 期,1925 年 6 月 19 日。

标准,强调了判断的个人性和主体性,但也因此在"自我/他者"或"我们/他们"的建构中,陷入了主观性和易变性。这种主观易变性尤其表现在鲁迅对女师学潮和厦大学潮的悖论态度上,从"因为这一回的战斗,情形已和对杨荫榆不同也"这句话来看,鲁迅自己并不认为这是一个"党同伐异"的悖论,因为在他的革命"战斗"精神视野里,厦大学生是革命左派,而女师学生是反动右派。由此我们就发现"党同伐异"的背后,实际是革命伦理中唯己独革、唯己真革的师心自用的专断心态。不仅如此,革命人"对于异己的,一概加以'不革命'、'反革命'的罪名,积极消灭"①,也就是说,"敌对者很容易转化成一种邪恶的、野蛮的'非我'"②,最终敌人就变成了恶魔,从而为肉体上将其消灭提供了合法性,这一点在顾颉刚的命运中看得很清楚,他在厦门明显遭遇了一个从私敌到公敌再到"足制死命"的变化。由此,"党同伐异"就陷入了"暴力的辩证法",从"暴力的批判"转变成"批判的暴力",出现武断暴戾的非理性状态,其负面效应开始暴露。

首先是容易忽视论敌的复杂性,实际上顾颉刚只是参与了《晨报》社的一些交游活动,并非真正的研究系政治行动,他其实看不起研究系,曾致信胡适"请求先生,从此与梁任公、丁在君、汤尔和一班人断绝了罢"③,而且他到了厦门后"又感到这一次的革命确比辛亥革命不同,辛亥革命是上级社会的革命,这一次是民众的革命。我对于他们深表同情,如果学问的嗜好不使我却绝他种事务,我真要加入国民党了"④。其次是容易回避自我阵营的反思,顾颉刚就讽刺"鲁迅先生诋杨不遗余力,顾于易之继任乃默无一言,能谓之认识是非乎","北京研究系报纸为《晨报》,我固曾写稿,但鲁迅先生登载《晨报》之文字不较我多得多吗?"⑤最后是"党同伐异"具有以革命的名义施加的自利性,厦大风潮过后元气大伤,"理科六系(物理系、化学系、数学系、动物系、植物系、天文系共廿四年级)只有廿二名。平均每一年级不到一名"⑥,而闹事的文科学生在听到先是停办国学院,后要停办商、工、医、教育

① 邹鲁:《邹鲁回忆录》,第138页。
② 〔美〕罗伯特·达尔:《多头政体——参与和反对》,谭君久、刘惠荣译,商务印书馆,2003年,第121页。
③ 顾颉刚:《顾颉刚致胡适》,载中国社会科学院近代史研究所中华民国史研究室编《胡适来往书信选(上)》,第429页。
④ 顾颉刚:《顾颉刚致胡适》,载中国社会科学院近代史研究所中华民国史研究室编《胡适来往书信选(上)》,第426页。
⑤ 顾颉刚:《顾颉刚日记 第一卷(1913—1926)》,第659、778页。按,"易"指易培基。
⑥ 陈炳塈:《母校开办初期纪述》,载黄宗实、郑文贞选编《厦大校史资料(第一辑)》,厦门大学出版社,1987年,第358页。

诸科时,"噩耗传来,人心惶惑,舆论哗然"①,只好致电陈嘉庚请收回成命,然而鲁迅关心的却是"我到广州后,便又粘带了十来个学生,大约又将不胜其烦,即在这里,也已经应接不暇"②。

显然,日渐左倾的厦门鲁迅在国民革命大潮的激发下,不但没有进行认真区分和自我反思,反而陷入了胡适所言的"层层猜疑,层层误解。猜疑愈深,误解更甚"③的状态,鲁迅其实自己也意识到"研究系应该痛击,但我想,我大约只能乱骂一通,因为我太不冷静,他们的东西一看就生气,所以看不完,结果就只好乱打一通了"④。此时的鲁迅正在像胡适担心的那样,"朝着冷酷、不容忍的方向走"⑤,在他看来,"研究系比狐狸还坏,而国民党则太老实","现在我最恨什么'学者只讲学问,不问派别'这些话,假如研究造炮的学者,将不问是蒋介石,是吴佩孚,都为之造么?国民党有力时,对于异党宽容大量,而他们一有力,则对于民党之压迫陷害,无所不至,但民党复起时,却又忘却了"⑥。

所以回头来看,厦门相对于之前的北京时期,显然是一个"党同伐异"的革命激化阶段,鲁迅的知识分子斗争伦理开始和国民党的革命伦理趋于同一,此时他尚未发现"党同伐异"的问题,更多看到了敌人一方的压迫,对于己方阵营却充满了乐观的期待和想象。然而革命在南和在北是不同的,随着革命党在广州建立了自己的政府,从"在野革命"一转成为"在朝政治",文学激进知识阶级不但要调整自己的角色和位置,而且在一路左倾的革命潮流面前,也面临着从"党同"对象变成"伐异"目标的可能。

第三节 "旧事重提"与鲁迅的"复性革命"

在北伐节节胜利和校内冲突这些外部斗争的催化下,厦门鲁迅逐渐进入了革命激化的状态,但与此同时,其创作却出现了"在纷扰中寻出一点闲静"的现象,他受到"思乡的蛊惑",接连创作了《从百草园到三味书屋》《父

---

① 《厦门大学风潮之余波》,《教育杂志》第 19 卷第 3 号,1927 年 3 月 20 日。
② 鲁迅:《270102 致许广平》,载鲁迅、景宋《两地书全编》,第 599 页。
③ 胡适:《胡适致鲁迅、周作人、陈源(稿)》,载中国社会科学院近代史研究所中华民国史研究室编《胡适来往书信选(上)》,第 378 页。
④ 鲁迅:《261101 致许广平》,载鲁迅、景宋《两地书全编》,第 522 页。
⑤ 胡适:《胡适致鲁迅、周作人、陈源(稿)》,载中国社会科学院近代史研究所中华民国史研究室编《胡适来往书信选(上)》,第 379 页。
⑥ 鲁迅:《261020 致许广平》,载鲁迅、景宋《两地书全编》,第 508 页。

亲的病》《琐记》《藤野先生》《范爱农》，追溯出了一个从幼年读书到外出求学再到辛亥革命的完整人生历程，鲁迅何以在外部革命激进的同时，其内心世界"惟独在记忆上，还有旧来的意味留存。他们也许要哄骗我一生，使我时时反顾"，无疑就成了一个值得深究的大问题。①

既往研究通常都是割裂理解，仅从文本的显性表达出发，将这些文章归为"回忆性散文"，认为它们反映了鲁迅此时的"休息""漂泊""彷徨"乃至"民族之声"的思想②，没有意识到这些"旧事重提"，其实是外部政治革命引发了鲁迅的内面革命，进而出现的回心之旅。这些"旧事"虽以"记忆"和"反顾"的形式出现，但这是一个基于新的自我意识而重新发现的过去，正如米德指出的，"当它在历史中发现它自己的过去时，自我就回头去审视这一过去。它回头审视它，并赋予过去一种新的形式，把它作为它自身由以起源的形式"，而随着"这些老故事以它们的古老的形式被重演"，"一个新的自我产生了，这是一个青春期的、自我意识的自我。它回到过去，再将其经历一遍，经历这样那样的事件并从它自身的现在的立场去表达它们"。③ 也正因为如此，"旧事重提"实际就成了一场返本开新之旅。

一、自我与"寻根"

关于鲁迅早年的经历，他其实曾在 1922 年年底所作的《〈呐喊〉自序》中谈及，但立场和侧重点与"旧事重提"系列散文有着明显不同。在《〈呐喊〉自序》的开端，鲁迅是从"父亲的病"讲起的，他重点谈了自己的苦难屈辱和传统医学的荒诞离奇，接着是家道中落被迫去"学洋务"，从此离开故乡到南京和日本求学，接受现代西方科学文明，然后在仙台医专遭遇了幻灯片事件，领悟到文艺疗心重于医学疗身，但是《新生》的失败最终让其陷入"无聊""悲哀""寂寞"的状态，他开始通过抄古碑来麻醉自己，最终是《新青年》的思想启蒙和小说创作给了他呐喊发声的"希望"。显然，《〈呐喊〉自序》讲述的是一个启蒙者诞生的故事，重点是解释鲁迅为何要加入《新青年》来发声"呐喊"，因而其早年的经历虽然也是"苦于不能全忘却"的"回忆"，但感

---

① 鲁迅：《〈朝花夕拾〉小引》，《莽原》半月刊第 2 卷第 10 期，1927 年 5 月 25 日。
② 参看李怡：《〈朝花夕拾〉：鲁迅的"休息"与"沟通"》，《首都师范大学学报（社会科学版）》2009 年第 1 期。张旭东：《漂泊之路上的回忆闪烁——〈朝花夕拾〉与杂文风格发展的缠绕》，《文艺研究》2022 年第 4 期。宋剑华：《无地彷徨与精神还乡：〈朝花夕拾〉的重新解读》，《鲁迅研究月刊》2014 年第 2 期。李音：《作为民族之声的文学——鲁迅、赫尔德与〈朝花夕拾〉》，《中国现代文学研究丛刊》2021 年第 12 期。
③ 〔美〕乔治 H·米德：《十九世纪的思想运动》，陈虎平、刘芳念译，中国城市出版社，2003 年，第 84、85、86 页。

受却是苦难、挫折、寂寞而非"闲静"。①

与此相反,"旧事重提"系列散文却从儿时趣事谈起,像《从百草园到三味书屋》就构筑了一个充满闲静和温馨的"乐园",幼年鲁迅听到了各种奇谈怪论,喜好民间的传统文化。《父亲的病》里医生的药方虽然仍旧奇怪,但不再充满憎恨,他还略掉了自己出入当铺的屈辱过程,至于离乡求学的经历,也不再是单纯的学习新知、开启蒙昧,而是充满了怀疑和调侃。鲁迅在《琐记》里重点讲述了南京学堂的不伦不类、食洋不化,在《藤野先生》里则提到了中国留学生在日本的放浪,他甚至突出了"分数事件"带来的影响,淡化了"幻灯片事件"的耻感,并略掉弃医从文的经历。而更关键的是,鲁迅没有再提《新生》失败带来的消极沉默,反倒依托《范爱农》讲述了一个"旧朋云散尽,余亦等轻尘"的革命失败的故事。也就是说,鲁迅突出了"辛亥革命与其挫折"的重要性,用辛亥革命原点取代了五四启蒙原点,因而丸山升认为"辛亥革命的败北从根本上颠覆了他之前对于中国变革的设想。甚至可以说,他在这儿迷失了自己的方向",因而他建议探究"将革命作为终极课题而生活着的鲁迅(倘若从他后来的话语中寻找形容这样的鲁迅最合适的词,我想应该是'革命人'吧)生发出文学者鲁迅的这一无限运动"。②

但是,这个看法仅仅是 1926 年南下参与革命的鲁迅的认识,它和 1922 年的《〈呐喊〉自序》一样,都不是鲁迅早年的真实记录,后者只能去他当时所写的文字中寻找。实际上,幼年的鲁迅"遵从读书人家的家教。屏息低头,毫不得轻举妄动"③,所作都是典雅的八股试帖和随笔唱和,即便是外出求学之后,他所留下的都是《戛剑生杂记》《别诸弟》《莲蓬人》等传统诗文。在这些文章中,鲁迅的现代知识分子气息并无特别反映,所谈的都是羁旅谋生、思乡念亲等古典士人情绪,老亲弱弟、故园家国和传统文化是其重要的精神寄托。

显著的内容和文体改变,发生在东渡日本之后。在西方科学思想的冲击下,鲁迅最初试图借助科学翻译和科学小说翻译,宣传进化论、自然科学和工业文明,以期"获一斑之智识,破遗传之迷信,改良思想,补助文明"④。但是随着幻灯片事件的刺激,鲁迅选择了弃医从文的新道路,开始从科学救国转向改变民众的精神,从科技人才变成了"精神界之战士",他受"超人"

---

① 鲁迅:《呐喊自序》,《晨报附刊·文学旬刊》,1923 年 8 月 21 日。
② 〔日〕丸山升:《辛亥革命与其挫折》,载氏著《鲁迅·革命·历史——丸山升现代中国文学论集》,王俊文译,北京大学出版社,2005 年,第 39、30 页。
③ 鲁迅:《忽然想到(五)》,《京报副刊》,1925 年 4 月 18 日。
④ 鲁迅:《〈月界旅行〉辨言》,载《鲁迅全集(第十卷)》,第 164 页。

理论的影响,提出了"掊物质而张灵明,任个人而排众数"的"立人"①主张,其具体路径就是依赖"摩罗诗人",通过文学诗力来"移人性情"②。在鲁迅看来,"人必发挥自性,而脱观念世界之执持。惟此自性,即造物主。惟有此我,本属自由。既本有矣,而更外求也,是曰矛盾"③,然而现实却是"本根剥丧,神气旁皇,华国将自槁于子孙之攻伐,而举天下无违言,寂漠为政,天地闭矣。狂蛊中于人心,妄行者日昌炽"④,正是在这种情况下,"不用之用"的文学就发挥了"撄人心"⑤的作用。

显然,这是一条去蔽、寻根、复性之路,鲁迅预设了人有本真的"自性",但它被后天社会的"观念世界"所操控遮蔽,因而"求之于士大夫,戛戛乎难得矣",只能通过"精神界之战士"发起"第二维新之声",破除这类"伪士"制造的各种"迷信"文化,最终"盖惟声发自心,朕归于我,而人始自有己,人各有己,而群之大觉近矣"。⑥ 如此一来,鲁迅实际就确立了先觉觉后觉的主客体关系,不过此时他对"国民性"的看法,只是认为"多数之说,缪不中经"⑦,是外因导致了民众的"凡庸",而其本性并非如此,鲁迅相信"朴素之民,厥心纯白"⑧。

但是随着鲁迅加入《新青年》,接受新文化运动的启蒙主义,他不仅开始批判"吃人"的礼教文化,还强调"改革国民性",认为国民先天存在着难以改变的"坏根性"⑨,因而他创作了《阿Q正传》,明确提出了"精神上的胜利法"是这种"奴隶根性"的典型反映。然而,从好的国民本根性到坏的国民劣根性的转向也带来了问题,就是"狂人"发现自己也吃过人,先觉者通过"一件小事"发现自己皮袍下也藏着"小",这随之导致启蒙者丧失了主体自信,开始陷入自我怀疑,进而引发了鲁迅的小说主题从"呐喊"到"彷徨"的转向。

在《祝福》《在酒楼上》等小说中,出现了"我看我""我写我"的现象,启蒙者开始分裂为"主我"和"客我",作为叙事主体的是理性先验的自我,而出现在小说中的则是一个肉体经验的自我,后者行走于故乡街头,不但无力

---

① 迅行(鲁迅):《文化偏至论》,《河南》第7号,1908年8月。
② 令飞(鲁迅):《摩罗诗力说》,《河南》第2号,1908年2月。
③ 迅行(鲁迅):《文化偏至论》,《河南》第7号,1908年8月。
④ 迅行(鲁迅):《破恶声论》,《河南》第8号,1908年12月。
⑤ 令飞(鲁迅):《摩罗诗力说》,《河南》第2号,1908年2月。
⑥ 迅行(鲁迅):《破恶声论》,《河南》第8号,1908年12月。
⑦ 迅行(鲁迅):《文化偏至论》,《河南》第7号,1908年8月。
⑧ 迅行(鲁迅):《破恶声论》,《河南》第8号,1908年12月。
⑨ 鲁迅:《250331 致许广平》,载鲁迅、景宋《两地书全编》,第405页。

解决民众的难题,而且陷入消极隔膜,这个同样成为被审视对象的客体之我,经常出现"失语"和"弱势"的状态,只有内面的"看"和"想",缺乏行动实践性。而在《幸福的家庭》《肥皂》《高老夫子》《孤独者》等小说中,鲁迅更是将批判对象从乡民庸众转换为坠入庸常的新知识分子,他们猥琐苟安,早已忘记了自己的先驱启蒙身份。

这种自我批判随着《新青年》的分裂和新文化运动的落潮,在《野草》中得到了进一步深化。在《秋夜》《影的告别》《求乞者》《狗的驳诘》《墓碣文》等文章中,此前的启蒙价值判断开始颠倒,转为黑夜审视白昼,影子痛斥肉身,求乞者压倒布施者,人怕狗,死亡超越活着。"彷徨于无地"的先驱者,陷入"黑暗与虚空"①,所以此时的鲁迅才会说"我自己总觉得我的灵魂里有毒气和鬼气","我很憎恶我自己"②。虽然他在 20 世纪 20 年代中期试图重启思想革命,继续做一名举着投枪的"这样的战士",但显然并没有摆脱"两间余一卒,荷戟独彷徨"的状态。

也正因此,厦门鲁迅的"旧事重提"无疑就有着黑格尔辩证法的"正反合"逻辑。在国民革命的鼓舞激发下,鲁迅形成了新的自我意识,他摆脱了启蒙叙事里的自我质疑和民众批判,一定程度上复归了早期对于故乡、民众和自我的正面看法,但这个复性寻根之旅,既未完全否定启蒙的劣根性,又未完全肯定传统的本根性,而是兼容扬弃了"正"与"反",实现了更高程度的"合",因而在"旧事重提"系列散文中,鲁迅对过去的经历表现出批判和肯定兼有的态度。在新的"革命人"自我意识下,鲁迅创作了历史小说《铸剑》,他将复仇的目标从民众转向了强权,以眉间尺和黑衣人联合的方式,隐喻了"同路人"的继续革命之路。

二、民众与"地母"

与鲁迅的自我意识类似,他的民众观也有一个"正反合"的演变过程,"旧事重提"系列散文的态度浓缩在"仁厚黑暗的地母呵,愿在你怀里永安她的魂灵"③这句话中,阿长这类底层民众作为"地母",兼有"仁厚"和"黑暗"的正反双重品质。

鲁迅早年对于民众的态度,主要表现在他南京求学时以"戛剑生"为别号所作的思乡诗文中:

---

① 鲁迅:《影的告别》,《语丝》第 4 期,1924 年 12 月 8 日。
② 鲁迅:《240924 致李秉中》,载《鲁迅全集(第十一卷)》,第 453、452 页。
③ 鲁迅:《阿长与山海经》,《莽原》半月刊第 6 期,1926 年 3 月 25 日。

行人于斜日将堕之时,暝色逼人,四顾满目非故乡之人,细聆满耳皆异乡之语,一念及家乡万里,老亲弱弟必时时相语,谓可当至某处矣,此时真觉柔肠欲断,涕不可仰。故予有句云:日暮客愁集,烟深人语喧。皆所身历,非托诸空言也。①

嗟乎!登楼陨涕,英雄未必忘家;执手消魂,兄弟竟居异地!深秋明月,照游子而更明;寒夜怨笳,遇羁人而增怨。此情此景,盖未有不悄然以悲者矣。②

不难看出,"老亲弱弟"是鲁迅游学时的重要精神羁绊和情感寄托,他自觉地以长子长兄的宗法伦理来看待他们,时时不忘自己的身份责任,而作为新学传播地的南京,此时反倒只是一个与"故乡"相对的"异乡"。

东渡日本之初,鲁迅提出"故苟欲弥今日译界之缺点,导中国人群以进行,必自科学小说始"③,这个看法显然是受到了梁启超的"小说新民"观念的影响,但又有所不同:一是鲁迅从"言情谈故刺时志怪"转向了"科学小说",二是他此时并不认同梁启超认为国民具有"奴隶根性"④的说法。在给蒋抑卮的信中,鲁迅认为"近数日间,深入彼学生社会间,略一相度,敢决言其思想行为决不居我震旦青年上,惟社交活泼,则彼辈为长。以乐观的思之,黄帝之灵或当不馁欤"⑤,不难看出,他认为中国虽然在科技上落后于西方和日本,但来自"黄帝之灵"的"思想行为"并不差。此时的鲁迅深受民族主义和种族革命的影响,觉得"夫中国虽以弱著,吾侪固犹是中国之主人,结合大群起而兴业"⑥,正是这种对国族根性的信奉,鲁迅才会在断发接受现代文明之时,仍旧表示"灵台无计逃神矢,风雨如磐暗故园。寄意寒星荃不察,我以我血荐轩辕"⑦。

即便是在经历了屈辱刺激之后,决定弃医从文的鲁迅仍旧希望"国民精神之发扬",在他看来,"朴素之民,厥心纯白",因而"古民神思,接天然之閟宫,冥契万有,与之灵会,道其能道,爰为诗歌"。⑧ 但是随着时间的延长,"顾民生多艰,是性日薄,泊夫今,乃仅能见诸古人之记录,与气禀未失之农

---

① 戛剑生(鲁迅):《戛剑生杂记》,载《鲁迅全集(第八卷)》,第527页。
② 戛剑生(鲁迅):《和仲弟送别元韵并跋》,载《鲁迅全集(第八卷)》,第536页。
③ 鲁迅:《〈月界旅行〉辨言》,载《鲁迅全集(第十卷)》,第164页。
④ 梁启超:《论正统》,《新民丛报》第11号,1902年7月5日。
⑤ 鲁迅:《041008 致蒋抑卮》,载《鲁迅全集(第十一卷)》,第329页。
⑥ 索子(鲁迅):《中国地质略论》,《浙江潮》第8期,1903年10月。
⑦ 鲁迅:《自题小像》,载《鲁迅全集(第七卷)》,第447页。
⑧ 令飞(鲁迅):《摩罗诗力说》,《河南》第2号,1908年2月。

人",最终"本根剥丧,神气旁皇",中国陷入"寂漠为政,天地闭矣"的状态。① 在这种情况下,鲁迅认为"人必发挥自性,而脱观念世界之执持",这个复性去蔽之路,需要"置古事不道,别求新声于异邦,而其因即动于怀古。新声之别,不可究详;至力足以振人,且语之较有深趣者,实莫如摩罗诗派"②。也就是说,一方面需要"一二士寻其本"③,"任个人而排众数",另一方面需要以文学移性情撄人心,从而实现"声发自心,朕归于我,而人始自有己,人各有己,而群之大觉近矣"的目标。

但是,"国民本根性"最终随着鲁迅加入新文化运动而转向了"国民劣根性",鲁迅开始接受梁启超的"奴隶根性"和陈独秀的"奴隶之道德"观念,他批评"这节烈救世说,是多数国民的意思;主张的人,只是喉舌"④,这显然逆转了之前"墟社稷毁家庙者,征之历史,正多无信仰之士人,而乡曲小民无与"⑤的看法。鲁迅开始将批判的矛头指向"无主名无意识的杀人团","要除去制造并赏玩别人苦痛的昏迷和强暴"⑥,因而他倡导"个人的自大""对庸众宣战",反对"合群的爱国的自大",认为"民族根性造成之后,无论好坏,改变都不容易的"⑦。

也正因此,鲁迅在其五四时期的小说中塑造了"看客"的群像,他们头脑中存留着各种封建礼教观念,麻木苟安又欺软怕硬,赏鉴咀嚼别人的痛苦,而国民劣根性的代表就是阿 Q 及其精神胜利法。《阿 Q 正传》发表后,沈雁冰强调"总觉得阿 Q 这人很是面熟,是呵,他是中国人品性的结晶呀"⑧,周作人也认为"阿 Q 却是一个民族的类型","实在是一幅中国人品性的'混合照相'"⑨,而这正是从小说创作伊始,鲁迅就被视为"改造国人的思想生活道德的先锋"⑩的根源。在此认识下,鲁迅将这些小说结集出版,并创作了《〈呐喊〉自序》,建构出了一个"弃医从文"的启蒙叙事,而"幻灯片事件"中"赏鉴这示众的盛举的人们",则充当了触发转折的丑陋他者角色:

---

① 迅行(鲁迅):《破恶声论》,《河南》第 8 号,1908 年 12 月。
② 令飞(鲁迅):《摩罗诗力说》,《河南》第 2 号,1908 年 2 月。
③ 令飞(鲁迅):《科学史教篇》,《河南》第 5 号,1908 年 6 月。
④ 唐俟(鲁迅):《我之节烈观》,《新青年》第 5 卷第 2 号,1918 年 8 月 15 日。
⑤ 迅行(鲁迅):《破恶声论》,《河南》第 8 号,1908 年 12 月。
⑥ 唐俟(鲁迅):《我之节烈观》,《新青年》第 5 卷第 2 号,1918 年 8 月 15 日。
⑦ 迅(鲁迅):《随感录 三十八》,《新青年》第 5 卷第 5 号,1918 年 11 月 15 日。
⑧ 记者(沈雁冰):《通信》,《小说月报》第 13 卷第 2 号,1922 年 2 月 10 日。
⑨ 仲密(周作人):《〈阿 Q 正传〉》,《晨报副镌》,1922 年 3 月 19 日。
⑩ 记者(傅斯年):《新青年杂志》,《新潮》第 1 卷第 2 号,1919 年 2 月 1 日。

这一学年没有完毕,我已经到了东京了,因为从那一回以后,我便觉得医学并非一件紧要事,凡是愚弱的国民,即使体格如何健全,如何苗壮,也只能做毫无意义的示众的材料和看客,病死多少是不必以为不幸的。所以我们的第一要著,是在改变他们的精神,而善于改变精神的是,我那时以为当然要推文艺,于是想提倡文艺运动了。①

甚至直到五四落潮之后,鲁迅开始在《野草》中质疑启蒙主体自身时,他对民众仍旧持有强烈的批判态度。在青年必读书调查、"咬文嚼字"系列、溥仪出宫等事件的刺激下,鲁迅创作了《复仇》《复仇(其二)》,表达了先驱者以无聊来向看客们进行的复仇,他意识到"最初的革命是排满,容易做到的,其次的改革是要国民改革自己的坏根性,于是就不肯了。所以此后最要紧的是改革国民性,否则,无论是专制,是共和,是什么什么,招牌虽换,货色照旧,全不行的"②。也正是在这种认识下,鲁迅才试图在 1925 年重启思想革命,继续改造国民劣根性,即便是在五卅运动之时,他也仍旧批判"民气论",认为"国民倘没有智,没有勇,而单靠一种所谓'气',实在是非常危险的"③。

但是,国民革命的大潮终究是不可逆的,尤其是北京革命的街头政治性质,更是赋予了民众以主体的地位。这种评价体系的改变,实际也影响到了对《呐喊》乃至鲁迅的评价,俄国的王希礼开始认为鲁迅"不只是一个中国的作家,他是一个世界的作家",原因就是"读了鲁迅先生的呐喊以后,我很佩服你们中国的这一位很大真诚的'国民作家'!他是社会心灵的照相师,是民众生活的记录者"④。显然,此时关于"国民"和"国民作家"的认识,因为国民革命的出现,国民性正从劣根性转向革命性,从而使鲁迅在 1926 年开始创作"旧事重提"系列时,对故乡民众的态度发生了变化,因为随着其国民革命的参与和街头政治认识的转变,鲁迅开始在一定程度上复归了自己早年对于民众的认识。

在《阿长与山海经》中,鲁迅既呈现了保姆阿长令人讨厌的地方,又讲了她的真诚感人,"这又使我发生新的敬意了,别人不肯做,或不能做的事她却能够做成功。她确有伟大的神力。谋害隐鼠的怨恨,从此完全消灭了"⑤。

---

① 鲁迅:《呐喊自序》,《晨报附刊·文学旬刊》,1923 年 8 月 21 日。
② 鲁迅:《250331 致许广平》,载鲁迅、景宋《两地书全编》,第 405 页。
③ 鲁迅:《杂忆》,《莽原》第 9 期,1925 年 6 月 19 日。
④ 〔俄〕王希礼:《一个俄国的中国文学研究者对于〈呐喊〉的观察》,《民众文艺》第 24 号,1925 年 6 月 16 日。
⑤ 鲁迅:《阿长与山海经》,《莽原》半月刊第 6 期,1926 年 3 月 25 日。

这种无名者的重要性,在《无常》中得到了进一步的翻转,无常"爽直,爱发议论,有人情,——要寻真实的朋友,倒还是他妥当","我至今还确凿记得,在故乡时候,和'下等人'一同,常常这样高兴地正视过这鬼而人,理而情,可怖而可爱的无常;而且欣赏他脸上的哭或笑,口头的硬语与谐谈……"①

在伊藤虎丸看来,"使民族再生,不是靠知识分子的'启蒙',而是靠'鬼'、'迷信'(其实,这些'迷信'跟古民的'神思'(幻想力)和农民的'白心'分不开)",因而他认为"对鲁迅而言,剥夺一切高论,正论以及公论的权威,揭露虚伪的终末论式的观点,并非来自跟西欧式的至高无上的超越者相遇,恰恰相反,而应该说是通过跟构成亚洲历史社会最底下的'深暗地层'的民众的死以及还活着的彷徨着的孤魂幽鬼'对坐'而获得的"。② 对此汪晖也持有类似看法,他认为"鲁迅的世界里的确存在着一种超越性的视角——但与基督教向上超越不同,鲁迅向下——即向'鬼'的方向——超越","'鬼'是一个能动的、积极的、包含着巨大潜能的存在,没有它的存在,黑暗世界之黑暗就无以呈现。正是在这个意义上,'鬼'黑暗而又明亮"。③

"鬼"和"向下超越"的提出,虽然呈现了底层民众的正面力量,但并不完全符合厦门鲁迅的态度。实际上,"旧事重提"系列里的民众观,既有向下超越的一面,又有向上超越的一面。鲁迅在国民革命的影响下,在"正反合"的意义上,复归了自己早年对于国民本根性的肯定,但也仍然保留了启蒙主义的国民劣根性的批判一面,因而"仁厚黑暗的地母",才是中国底层"不知道她的姓名"的民众的隐喻。

三、文明与"人国"

在自我意识和民众观复归和扬弃之时,厦门鲁迅的文明传统论也出现了返本开新的现象。鲁迅早年接受的是传统教育,意在科举应考,不过"他读'正经书'——准备考八股出题目用的四书五经读得很快,可是因为有反感,不曾发生什么影响","他就用余暇来看别的古书,这在正经用功赶考的人说来是'杂览',最是妨碍正业,要不得的。鲁迅看了许多正史以外的野史,子部杂家的笔记"。④ 这个从其早年留下来的不多的诗文题目,如《戛剑生杂记》《别诸弟》《莲蓬人》《庚子送灶即事》《祭书神文》《和仲弟送别元

① 鲁迅:《无常》,《莽原》半月刊第 13 期,1926 年 7 月 10 日。
② 〔日〕伊藤虎丸:《鲁迅的"生命"与"鬼"——鲁迅之生命论与终末论》,《文学评论》2000年第 1 期。
③ 汪晖:《鲁迅与向下超越——〈反抗绝望〉跋》,《中国文化》2008 年第 1 期。
④ 周作人:《鲁迅的青年时代》,载周作人著,止庵编《关于鲁迅》,第 435 页。

韵》《莳花杂志》等等就可以明显看出来,的确都是周作人所言的"杂览",它们构成了早年鲁迅的精神资源。

这种对中国文化边缘传统的看重,并未因为鲁迅接受新式教育而被否定,相反却因为西方的入侵和民族国家观念的引入,而得到了进一步强化,升格为近代民族主义观念。日本留学时期的鲁迅,反复在文章当中提及"中国"概念,它一方面指的是与西方"外族"相对的"国族",譬如"中国者,中国人之中国,可容外族之研究,不容外族之探险,可容外族之赞叹,不容外族之觊觎者也",另一方面又是"古文明"的代表,譬如"吾广漠美丽最可爱之中国兮! 而实世界之天府,文明之鼻祖也",此时他虽然认识到中国"弱水四环,锁户孤立,犹将汰于天行,以日退化",但也担心"冀获微资,引盗入室,巨资既虏,还焚其家,是诚我汉族之大敌也"。① 也正因此,鲁迅对中国的传统文明和民族根性保留了相当的肯定,反倒批评了西方的现代物质文明。

鲁迅指出"近世人士,稍稍耳新学之语,则亦引以为愧,翻然思变,言非同西方之理弗道,事非合西方之术弗行,掊击旧物,惟恐不力,曰将以革前缪而图富强也",在他看来,"文明无不根旧迹而演来,亦以矫往事而生偏至",而强调"物质"和"众数"的 19 世纪文明实际是陷入了"偏至"的状态,"人惟客观之物质世界是趋,而主观之内面精神,乃舍置不之一省",所以鲁迅主张"二十世纪之文明,当必沉邃庄严,至与十九世纪之文明异趣",而其核心则是:

> 外之既不后于世界之思潮,内之仍弗失固有之血脉,取今复古,别立新宗,人生意,致之深邃,则国人之自觉至,个性张,沙聚之邦,由是转为人国。人国既建,乃始雄厉无前,屹然独见于天下,更何有于肤浅凡庸之事物哉? 顾今者翻然思变,历岁已多,青年之所思惟,大都归罪恶于古之文物,甚或斥言文为蛮野,鄙思想为简陋,风发浡起,皇皇焉欲进欧西之物而代之,而于适所言十九世纪末之思潮,乃漠然不一措意。②

在此情况下,鲁迅一方面"取今",借鉴"十九世纪末之重个人",认为"人必发挥自性","即立我性为绝对之自由者也"③,另一方面"复古",认为

---

① 索子(鲁迅):《中国地质略论》,《浙江潮》第 8 期,1903 年 10 月。
② 迅行(鲁迅):《文化偏至论》,《河南》第 7 号,1908 年 8 月。
③ 迅行(鲁迅):《文化偏至论》,《河南》第 7 号,1908 年 8 月。

"尼佉不恶野人,谓中有新力,言亦确凿不可移。盖文明之朕,固孕于蛮荒,野人狉獉其形,而隐曜即伏于内。文明如华,蛮野如蕾,文明如实,蛮野如华,上征在是,希望亦在是"①。显然,在从"天下帝国"向"民族国家"、"古民"向"国民"转移的过程中,鲁迅既吸纳了现代国家和国民观念,又保留了"天下"传统中的"文明"论,它以"自性""个性"为根基,形成了"人—国—天下"的渐次放大的独特"人国"理想。

辛亥革命成功以后,鲁迅最初欢呼雀跃,认为"共和之治,人仔于肩,同为主人,有殊台隶","国民"可以"纾自由之言议,尽个人之天权,促共和之进行,尺政治之得失,发社会之蒙覆,振勇毅之精神"。② 不难看出,鲁迅是在"民国"身上看到了"人国"的影子,因而"爱护中华民国,焦唇敝舌,恐其衰微"③。但是,随着袁世凯复辟和张勋复辟的反复发生,鲁迅"这才翻然改变过来,觉得中国很有'思想革命'之必要,光只是'文学革命'实在不够"④,他意识到不仅中国文化本身有问题,而且国民劣根性也是存在的,他先后创作了《狂人日记》和《阿Q正传》,一方面批判"吃人"的"仁义道德"礼教文化,另一方面指出了"精神胜利法"的存在。

由于"悟中国人尚是食人民族"⑤,所以鲁迅激烈地批判"主张复古"和"保存国粹"的说法,他认为"中国古书,叶叶害人","少年可读之书,中国绝少",因而"汉文终当废去"⑥。此时的鲁迅一改之前对于中国文明传统的看法,开始觉得"昏乱的祖先,养出昏乱的子孙;正是遗传的定理。民族根性造成之后,无论好坏;改变都不容易",而"医治思想上的病","这药原来也已发明,就是'科学'一味"。⑦ 这种思想的极端表达,就是鲁迅在《青年必读书》中提出的"要少——或者竟不——看中国书,多看外国书",他批评"幸存的古国,恃着固有而陈旧的文明,害得一切硬化,终于要走到灭亡的路"⑧,因而想去做"辣手的文明批评家"。最终,鲁迅表达了自己对"民国的来源,实在已经失传了"的失望,他说:"我觉得仿佛久没有所谓中华民国。我觉得革命以前,我是做奴隶;革命以后不久,就受了奴隶的骗,变成他们的

① 令飞(鲁迅):《摩罗诗力说》,《河南》第2号,1908年2月。
② 黄棘(鲁迅):《〈越铎〉出世辞》,载《鲁迅全集(第八卷)》,第41、42页。
③ 鲁迅:《因太炎先生而想起的二三事》,载《鲁迅全集(第六卷)》,第576页。
④ 周作人:《知堂回想录(下)》,第383页。
⑤ 鲁迅:《180820 致许寿裳》,载《鲁迅全集(第十一卷)》,第365页。
⑥ 鲁迅:《190116 致许寿裳》,载《鲁迅全集(第十一卷)》,第369页。
⑦ 迅(鲁迅):《随感录 三十八》,《新青年》第5卷第5号,1918年11月15日。
⑧ 鲁迅:《〈出了象牙塔〉译本后记》,《语丝》第57期,1925年12月14日。

奴隶了。我觉得有许多民国国民而是民国的敌人。"①

　　基于"什么都要从新做过"的认识，鲁迅开始将希望从思想革命和知识阶级投向了国民革命和国民党，他意识到"改革最快的还是火与剑，孙中山奔波一世，而中国还是如此者，最大原因还在他没有党军，因此不能不迁就有武力的别人"②。在鲁迅心目中，孙中山是"创造民国的战士"③，后来人需要继承其"永远的革命"的精神，去再造一个新的民国，尤其是三一八惨案的爆发，让他在"民国以来最黑暗的一天"中，丧失了自己对于民国的最后期待。鲁迅开始认真阅读和翻译苏俄文艺，批评"我们的武人以他们的武人为祖师，我们的文人却毫不学他们文人的榜样"，而他"眼见，身历了革命了，知道这里面有破坏，有流血，有矛盾，但也并非无创造，所以他决没有绝望之心。这正是革命时代的活着的人的心"④。

　　在这种情况下，厦门时期的鲁迅肯定了新政党政治、阶级革命和暴力革命的意义，他支持党军北伐和党化教育，反对国民党对异党宽容大量，因为他从"第二辛亥革命"中看到了一个新民国正在出现。不仅如此，国民革命的民族民主性质，也让鲁迅重新审视文明传统和底层民众的价值，他重新看待《山海经》、五猖会、鬼神崇拜、乡土民俗的意义。但是，这个新民国是一个"党国"，其中的先锋队是革命党，主体阶级是无产阶级，其核心目的是颠覆19世纪以来的资本主义文明，创造全新的社会主义文明，而厦门时期的鲁迅显然并未完全接受这种阶级纯化论和彻底革命论，他持有的是一种悖论的态度，正如鲁迅自言，"时时上征，时时反顾，时时进光明之长途，时时念辉煌之旧有，故其新者日新，而其古亦不死"⑤。

　　鲁迅的文明理想是一个"人国"，"外之既不后于世界之思潮，内之仍弗失固有之血脉"，它既不等同于"民国"，也不等同于"党国"。实际上，鲁迅有着自己对革命的理解，他既未完全否定启蒙，又未完全肯定传统，在"早年经历—启蒙重叙—革命重叙"的链条上，他是在"合"的更高意义上兼容扬弃了"正"与"反"。这是一场"复性革命"，鲁迅通过重新激活历史和传统，重置了自我、民众和文明的本性，以"正反合"的逻辑建构起一种辩证法和延续性，从而既能够保持批判和介入的双重态度，又能够兼容传统、启蒙、革

---

① 鲁迅：《忽然想到（三）》，《京报副刊》，1925 年 2 月 14 日。
② 鲁迅：《250408 致许广平》，载鲁迅、景宋《两地书全编》，第 411 页。
③ 鲁迅：《中山先生逝世后一周年》，《国民新报·孙中山先生逝世周年纪念特刊》，1926 年 3 月 12 日。
④ 鲁迅：《马上日记之二》，《世界日报副刊》，1926 年 7 月 19 日。
⑤ 令飞（鲁迅）：《摩罗诗力说》，《河南》第 2 号，1908 年 2 月。

命,实现文明的"通三统"诉求,在"人—国—天下"的链条上,以"立人"为根本,以民族国家为中介,以天下文明为目的,取今复古别立新宗。更重要的是,鲁迅通过明心复性和寻根溯源,将革命从外因转化为自因,而且内圣开外王,重塑了民众观和文明传统论,暗含着不同于国民革命的自身革命理念,开始形成独属于鲁迅的"革命人"新主体。

第五章 "时代的战士"与广州 "在朝革命"的困境

离开厦门的鲁迅"沉静而大胆,颓唐的气息全没有了","预料着广州这地方已进入光明、解放和自由的建设时代,不晓得怀着怎样的梦想和多大的希望来到这里"①。但是他在充满希望的同时,却也充满了矛盾。一方面,鲁迅"对于此后的方针,实在很有些徘徊不决,就是:做文章呢,还是教书?因为这两件事,是势不两立的",他最初更倾向文艺运动,想"做些有益于目前的文章,至于研究,则于余暇时做"②,但随着中大对他的看重,他又反过来打算"或者研究一两年,将文学史编好,此后教书无须豫备,则有余暇,再从事于创作之类也可以"③。另一方面,鲁迅又为"教书与办别事实在不能并行"④而苦恼,他起初表示"至于主任,我想不做,只要教教书就够了"⑤,但随着他在厦大风潮中展示出的强大影响力,他又表示"中大的职务,我似乎并不轻,我倒想再暂时肩着'名人'的招牌,好好的做一做试试看。如果文科办得还像样,我的目的就达了"⑥。而关于这些游移摇摆的根源,鲁迅对许广平自剖说:

> 你大概早知道我有两种矛盾思想,一是要给社会上做点事,一是要自己玩玩。所以议论即如此灰色。折衷起来,是为社会上做点事而于自己也无害,但我自己就不能实行,这四五年来,毁损身心不少。⑦

鲁迅最终将此归结为"为人"和"为己"的矛盾,认为"(一)为己,是还

---

① 〔日〕山上正义:《谈鲁迅》,李芒译,载鲁迅研究室编《鲁迅研究资料 2》。
② 鲁迅:《261101 致许广平》,载鲁迅、景宋《两地书全编》,第 522 页。
③ 鲁迅:《261203 致许广平》,载鲁迅、景宋《两地书全编》,第 568 页。
④ 鲁迅:《261202 致许广平》,载鲁迅、景宋《两地书全编》,第 565 页。
⑤ 鲁迅:《261223 致许广平》,载鲁迅、景宋《两地书全编》,第 589 页。
⑥ 鲁迅:《270105 致许广平》,载鲁迅、景宋《两地书全编》,第 602 页。
⑦ 鲁迅:《261118 致许广平》,载鲁迅、景宋《两地书全编》,第 549 页。

念及生计问题;(二) 为人,是可以暂以我为偶象,而作改革运动",他试图"兢兢业业,专为这两事牺牲"。① 然而,实际情况却是"不能'以自己定夺'的事,往往有之","譬如挤在戏台面前,想不看而退出,是不甚容易的"②,这个切身体验在鲁迅赴粤之后迅速得到了验证,国民革命的洪流和政党政治的斗争,让其陷入"为人"和"为己"、"主动革命"和"被动革命"的矛盾纠葛,广州的政治形势逼迫他去充当新的角色。

第一节 "战士的招牌"与"奉旨革命"的难题

一、国民党:左派青年团与"时代的战士"

1927 年 1 月 18 日鲁迅抵达广州,随即陷入被包围的状态,"访问的,研究的,谈文学的,侦探思想的,要做序,题签的,请演说的,闹得个不亦乐乎"③。其中作为官方的国民党一方,来的主要是甘乃光的"左派青年团"成员,甘乃光当时是国民党中央青年部长,还兼任《广州民国日报》和《国民新闻》社长以及中山大学政治训育部副主任,"他是当地岭南大学出身,原为廖仲恺活着时候所提拔的青年干部(国民党广东省党部委员兼部长),他当时政治上已经右倾但仍伪装进步,自称左派。他成立了一个团体叫 L.Y.('左派青年'),表面上好像要区别于国民党内极右的'树的党',其实却是与共产党所领导的 C.Y.(共产主义青年团)争夺青年群众,藉以达到个人的政治野心",正是基于这个原因,甘乃光"为了他们派系的政治目的,企图争取和利用鲁迅,以提高他们报纸的声价"。④

除了本人亲自拜访鲁迅外,甘乃光还将《国民新闻》副刊《国花》的编辑梁式"指派为打听鲁迅消息的专员"⑤,"甚至要记者采访鲁迅消息,邀请鲁迅为《国民新闻》写稿"⑥。《国民新闻》是当时国民党广东省党部的机关报,而梁式同甘乃光是岭南大学的同学,他还是国民党广州市党部职员,在

① 鲁迅:《270111 致许广平》,载鲁迅、景宋《两地书全编》,第 605 页。
② 鲁迅:《261115 致许广平》,载鲁迅、景宋《两地书全编》,第 542 页。
③ 鲁迅:《通信》,《语丝》第 151 期,1927 年 10 月 1 日。
④ 钟敬文:《新发现的鲁迅佚文的一个问题》,载钟敬文著、译,王得后编《寻找鲁迅·鲁迅印象》,北京出版社,2002 年,第 27、28 页。
⑤ 尸一(梁式):《可记的旧事》,载薛绥之主编《鲁迅生平史料汇编(第四辑)》,第 279 页。
⑥ 唐弢:《关于甘乃光和"树的党"的通讯》,载钟敬文著、译,王得后编《寻找鲁迅·鲁迅印象》,第 36 页。

黄埔军校和广州省立女师兼课,所以和许广平也是同事。鲁迅刚到广州不久,钟敬文就约梁式 22 日拜访鲁迅。此时的钟敬文倾心国民革命,"1926年 10 月初,钟敬文、刘谦初、杨成志等岭南大学同事邀约了挚友董秋斯、蔡咏棠等发起建立了革命文学团体'倾盖社',创办了《倾盖周刊》,由敬文任主编,主要是汇集社员作品在广州市党部国民党左派所主办的《国民新闻》报副刊栏内刊出"①,而关于找鲁迅的原因,他指出:

> 为什末要找他,这很明白,一方面,想代表广东青年,对于这位思想界的先驱者,时代的战士,(我觉得他之所以值得我们的佩服,与其说在文艺上,毋宁说在激进的思想和不屈的态度上,至少,我个人是这样想)表示诚意的欢迎,一方面,瞻仰丰采,以释数年来倾仰的私怀。②

两人拜访鲁迅后,"我们请他今后常为《国民新闻》的副刊写文字",但鲁迅对这些来访者态度谨慎,表示"怕找不到说话的材料,原因是(一) 没有什末可闹的事,就不会引起多写文章的机会,(二) 因新到和语言的关系,对于地方的事情太隔膜,要说话也无从说起",当他们离开时,"恰巧在门口碰见甘乃光先生,我们把见鲁迅先生和请他替副刊做文章的事告诉他。他很满意的笑说道:不错,把文艺复兴起来。《国花》的名,也可以改一改"。③最终,《国花》因为鲁迅的到来而改名《新时代》,梁式指出"这新名是我定的,也曾问过鲁迅,他说很好","《新时代》第一期第一篇文字是姜仇的《拆穿象牙之塔》,甚至有人误为鲁迅所写的"④。

不仅如此,左派青年团负责人李秀然还以中大学生会主席的名义,在 1 月 24 日拜访鲁迅,邀请他参加学生会召开的欢迎鲁迅大会:

> 我到中山大学的本意,原不过是教书,然而有些青年大开其欢迎会。我知道不妙,所以首先第一回演说,就声明我不是什么"战士","革命家"。倘若是的,就应该在北京,厦门奋斗;但我躲到"革命后方"的广州来了,这就是并非"战士"的证据。
>
> 不料主席的某先生——他那时是委员——接着演说,说这是我太谦虚,就我过去的事实看来,确是一个战斗者,革命者。于是礼堂上劈

---

① 杨哲:《风雨世纪行·钟敬文传》,华东师范大学出版社,1999 年,第 63 页。
② 钟敬文:《记找鲁迅先生》,载钟敬文编《鲁迅在广东》,北新书局,1927 年,第 5、6 页。
③ 钟敬文:《记找鲁迅先生》,载钟敬文编《鲁迅在广东》,第 10 页。
④ 尸一(梁式):《可记的旧事》,载薛绥之主编《鲁迅生平史料汇编(第四辑)》,第 281 页。

劈拍拍一阵拍手,我的"战士"便做定了。拍手之后,大家都已走散,再向谁去推辞?我只好咬着牙关,背了"战士"的招牌走进房里去,想到敝同乡秋瑾姑娘,就是被这种劈劈拍拍的拍手拍死的。我莫非也非"阵亡"不可么?

没有法子,姑且由它去罢。①

鲁迅演讲之后,甘乃光任社长的两大党报纷纷表示欢迎,《广州民国日报》副刊《现代青年》在 1 月 27 日登出欢迎鲁迅专号,不但收录了林霖记录的鲁迅中大欢迎会演讲稿,主编余鸣銮还专门写了《欢迎鲁迅先生》,强调:

中国思想界的权威,时代的战士,青年叛徒的领袖鲁迅先生应中大之聘,已于两日前由厦门跑到我们赤色的广州来了! 这个消息传到一般青年的耳鼓里,想没有一个不竭诚地表示热烈的欢迎的罢!

……

鲁迅先生之所以值得我们向往,值得我们崇拜,实不徒在文艺上头,如果我们徒以其文艺之高强,而称他为什么"学者""文学家",一方面我们未免小视先生,一方面便无异给他老人家以"精神枷锁"了! 然而,他老人家真值得我们崇拜,值得我们向往的是什么? 我以为还是在他那种斗争奋进的精神和那种刚毅不挠的态度。……

……我们很希望鲁迅先生能多做些作品惠与我们,给我们以艺术精神上的安慰。同时,希望先生继续历年所担负的"思想革命"的工作,引导我们一齐到"思想革命"的战线上去!②

而《国民新闻》副刊《新时代》上,也发表了张迂庐的《欢迎鲁迅先生来广州》和钟敬文的《记找鲁迅先生》,采用了同样的定位,认为他是"中国'思想界的权威者','青年叛徒的领袖'","在这里的鲁迅先生,是以战士身而显现了"③,"他之所以值得我们的佩服,与其说在文艺上,毋宁说在激进的思想和不屈的态度上"④。如此一致的看法,不难推测都是甘乃光一方事先商定的结果。

---

① 鲁迅:《通信》,《语丝》第 151 期,1927 年 10 月 1 日。
② 鸣銮(余鸣銮):《欢迎鲁迅先生》,《广州民国日报·现代青年》第 26 期,1927 年 1 月 27 日。
③ 张迂庐:《欢迎鲁迅先生来广州》,载钟敬文编《鲁迅在广东》,第 1、2 页。
④ 钟敬文:《记找鲁迅先生》,载钟敬文编《鲁迅在广东》,第 6 页。

　　然而梁式发现，"再过些时间，《新时代》总没有鲁迅投稿，关心的人，旁观久了。先来一个好意的忠告，说我去拉拢鲁迅是白费力的，鲁迅正有许多人包围着，男的还有女的，他怎肯向我们的党机关报投稿"①。在这种情况下，梁式就和在黄埔军校政治部工作的宋云彬合演了一出双簧戏，宋云彬"想用'激将法'激他一下，就写了一篇短文，叫《鲁迅先生往那里躲》，登载《新时代》上"②，他在文中这样说：

　　　　到了广东，真的没有话可说了吗？鲁迅先生！你不会想想你的故乡正在乱离之中，你也不曾看看未铲除尽的封建社会的旧势力所造成的痛苦。
　　　　我知道鲁迅先生没有和他的故乡失掉了关系，但他不曾在城市上（至少是广州）把生活固定。鲁迅先生！你莫厌恶异乡的新年爆竹声；你莫尽自在大学教授室里编你的讲义。你更莫仅叫青年们尽情地喊，尽量地写，自己却默然无语，跳出了现代的社会。
　　　　鲁迅先生！广州来没有什么"纸冠"给你戴，只希望你不愿做"旁观者"，继续"呐喊"，喊破了沉寂的广州青年界的空气。这也许便是你的使命。如此社会，如此环境，你不负担起你的使命来，你将往那里去躲？③

　　收到此文后，梁式"略经考虑，就发表在《新时代》。这一来，鲁迅就不能不发表文章了，几天之后，鲁迅答复的稿子到了"④。答复稿子是鲁迅委托许广平写的，文章先强调鲁迅南来是因遭受反动压迫而奔赴广州革命，一方面"要多谢北京社会的黑暗，阴谋家的多方陷害"，以及"厦门大学校长林文庆，和他意见不合"，另一方面"恰好中大重新改组，叫他来做教师"，于是"带着好多位在厦门奋斗过的青年投向中大来了"，接着指出不写文章的原因，是因为广州"已经早已革命过的了，所以没有压迫"，由于缺少"刺戟"再加上"怕羞"、扭伤了脚、中大教务繁忙等因素，因此暂时写不出东西来，但鲁迅表示一定会"有文章可作"的。⑤ 梁式则在随后的文章里，总结了国民革命策源地赋予鲁迅的"时代的战士"的多重任务，而其核心就是走出"牛角

---

　　① 尸一（梁式）：《可记的旧事》，载薛绥之主编《鲁迅生平史料汇编（第四辑）》，第 281 页。
　　② 宋云彬：《回忆鲁迅在广州》，载薛绥之主编《鲁迅生平史料汇编（第四辑）》，第 375 页。
　　③ 宋云彬：《鲁迅先生往那里躲》，载钟敬文编《鲁迅在广东》，第 48、49 页。
　　④ 尸一（梁式）：《可记的旧事》，载薛绥之主编《鲁迅生平史料汇编（第四辑）》，第 283 页。
　　⑤ 景宋（许广平）：《鲁迅先生往那些地方躲》，载钟敬文编《鲁迅在广东》，第 51、52、53 页。

尖"，"走到十字街头恣意徘徊"：

> "好，这里需要你，需要你来当文科主任，需要你来当教务主任，需要你来教这一科，那一科，需要你来看半尺厚的训育部的征文，需要你来在这个会那个会演说……"
>
> 青年们又有种种的希望，希望他能和他们谈天，说笑话，演讲，骂，呐喊，做文章，进象牙之塔，到十字街头，入研究室，上群众大会场的高台等等。①

正是在这种催逼的情况下，鲁迅不得不出来参加各种公开活动，并将自己在香港青年会的演讲《老调子已经唱完》发表在《新时代》上，而他 4 月 10 日所做的《庆祝沪宁克复的那一边》，"这篇文章，肯定是鲁迅答应了当时《国民新闻》，根据编辑的约稿而写的"②。

二、共产党："部署工作"与"团结包围"

在国民党左派青年对鲁迅"拉，捧，打"③的同时，共产党一方也想"用鲁迅的威望发动中大学生，进一步开展斗争"④。

鲁迅赴粤之前，"整个广东的形势很好，国民党的中央党部也大都是共产党人掌握工作，左派势力很大"，而中山大学"由于左派学生的积极斗争，代理校长顾孟余、陈公博等不敢不支持，郭沫若还是当了文学院院长，创造社的成仿吾、郁达夫等人也来了。医学院、农学院也来了不少左派教授"⑤。但是随着中大改制和国民政府宣布北迁武汉，"名义上的革命首都仍旧是广州，但情形显然已较冷落，这里主要变成为革命的大后方，成为一个补给站了。政治上，这里的实权已落在李济深手里，那时他和蒋介石接近，属于国民党的右派。不过左派势力当然还很雄厚；省港总罢工尚在进行，总工会仍可与政府机关分庭抗礼"⑥。为了维护左派在广州尤其是中大的控制，中共

---

① 尸一（梁式）：《还要谈及鲁迅》，载钟敬文编《鲁迅在广东》，第 64、65 页。
② 钟敬文：《新发现的鲁迅佚文的一个问题》，载钟敬文著、译，王得后编《寻找鲁迅·鲁迅印象》，第 26 页。
③ 尸一（梁式）：《可记的旧事》，载薛绥之主编《鲁迅生平史料汇编（第四辑）》，第 281 页。
④ 徐彬如：《回忆鲁迅一九二七年在广州的情况》，载鲁迅研究资料编辑部编《鲁迅研究资料 1》，文物出版社，1976 年。
⑤ 徐彬如：《回忆鲁迅一九二七年在广州的情况》，载鲁迅研究资料编辑部编《鲁迅研究资料 1》。按，郭沫若实际是文科学长。
⑥ 王凡西：《双山回忆录》，第 23 页。

广东区委采取了一些办法,其中利用鲁迅就是其中的 个重要举措,因为此时郭沫若要求加入共产党,"陈延年和恽代英商量让郭再参加一下实际工作锻炼","遂决定郭沫若到邓演达为主任的政治部去当宣传科长。郭去后,文学院院长就暂时空缺了",在这种情况下需要找到合适的替代人选,由于"这时鲁迅正在厦门,我们提出要请鲁迅来中大当文学院长。我们与戴季陶谈判了两三次,提出许多条件,聘请鲁迅便是其中一条"。①

之所以选中鲁迅,是因为陈延年觉得"鲁迅是'自由人'(就是知识分子的意思),但不是一般的'自由人',而是彻底反封建的知识分子,应该好好地做工作,团结他,同右派斗争",因而当"鲁迅在厦门接到中大的聘书,决定到广州来了。我们听到消息,陈延年就立即部署工作"。② 具体来说,主要做了如下准备:

> 一是决定由党总支指派毕磊、徐文雅两同志、团组织指派陈辅国同志负专责与鲁迅先生直接联系,做好工作;二是决定搞好对鲁迅先生欢迎的筹备工作。第一步是当鲁迅到达后,由负专责的同志着重帮助鲁迅先生了解当时广州的政治情况;第二步是使他了解当时广州青年的真实思想情况。同时要把党团所领导的或受党团影响的定期或不定期刊物经常送给鲁迅阅读,有的可以请他指教,有的还可以争取他写文章。③

这三人当时都是中山大学学生,但实际身份是中共党团员,其中毕磊是共青团广东区委学生运动委员会副书记,徐文雅(徐彬如)是中共中山大学总支书记兼文科支部书记,而陈辅国则是共青团员。鲁迅抵达广州之后,"毕磊和陈辅国几乎每天都和他见面","他们俩人是以学生领袖的身份同鲁迅接触的",徐文雅前后到鲁迅那里"去过十多次","第一次是毕磊带我去的。鲁迅好像事先已知道我的身份,对我非常诚恳、热情","毕磊经常同鲁迅去'陆园茶室'吃茶,我有时也去"。④ 显然,这三个人都认真执行了组织赋予自己的任务。

---

① 徐彬如:《回忆鲁迅一九二七年在广州的情况》,载鲁迅研究资料编辑部编《鲁迅研究资料 1》。按,应为"文学系主任"。
② 徐彬如:《回忆鲁迅一九二七年在广州的情况》,载鲁迅研究资料编辑部编《鲁迅研究资料 1》。
③ 黄英博:《血腥的斗争和伟大的跃进——记鲁迅先生应聘来穗》,载薛绥之主编《鲁迅生平史料汇编(第四辑)》,第386页。
④ 徐彬如:《回忆鲁迅一九二七年在广州的情况》,载鲁迅研究资料编辑部编《鲁迅研究资料 1》。

鲁迅到来后，国民党左派青年团为了拉拢鲁迅，主动召开欢迎大会，据徐彬如回忆，"最初他说不必了，后来支部几次派人去和他谈，他才同意了。欢迎会是以学生会名义开的，朱家骅却跑去主持。我和毕磊还有一位'杂务公社'的校工等人都上了台"①。中共方面也积极召开欢迎鲁迅的活动，"在中共广东区委的领导下，共青团中大总支决定由团的外围组织——'社会科学研究会'和其他几个进步团体出面，召开一个欢迎大会"，"当时领导这个研究会的，实际上是毕磊"，鲁迅 1 月 27 日赴会演讲，后来还在 3 月 31 日、4 月 13 日两次为社会科学研究会捐款，"鲁迅不但捐钱给'社会科学研究会'，而且对于一些生活困难的穷同学，也酌量给予救济"。②

欢迎会后，毕磊以"坚如"为笔名发表《欢迎了鲁迅以后》，呼吁青年们响应鲁迅的号召，"喊出来"，"负起我们文艺的使命来"，打破广州文坛的寂静，文末还特别提出了"广州'撒拉哈'的文艺骆驼们联合起来！"的口号。③而在看到甘乃光方面的欢迎文章后，"广州地委为了反击国民党右派对鲁迅的抢夺"，"指定当日在宣传部工作的刘一声同志执笔写过一篇题为《第三样世界的创造——我们应当欢迎的鲁迅》一文"。④

刘一声在文章一开头，就批评了国民党"胡乱把'思想界的权威者''时代的前驱'……大帽子给他戴，因为这些正是他所鄙弃的"，指出"我们觉得鲁迅之所以值得我们青年的欢迎，是他在'思想革命'这项工作上努力"，其实此文最重要的地方，是提出了"我们应该站在革命的观点上来观察一切，批评一切"的新原则，也就是从中共阶级革命的角度，全面重释了鲁迅的思想创作：首先是从"作品对于革命的文化运动上的贡献"出发，认为鲁迅的"论文实在比小说来得大"，因为"在论文里，我们的作者便前进了一步。他的小说表现的是他对于现在的悲观，而论文所表现的却是他对于现在的不满和对于将来的希望"，所以，"鲁迅的论文之所以对于革命的文化运动有裨益，有帮助，就在这种对于复古的文化的彻底攻击，就是他自己说的'思想革命'"；其次，指出了鲁迅之于革命的意义和问题，认为"除了以推翻整个的旧制度为专业的共产主义者而外，在中国的思想界中，像鲁迅一般的坚决彻

① 徐彬如：《回忆鲁迅一九二七年在广州的情况》，载鲁迅研究资料编辑部编《鲁迅研究资料 1》。

② 许涤新：《鲁迅战斗在广州》，载薛绥之主编《鲁迅生平史料汇编（第四辑）》，第331、332、334 页。

③ 坚如（毕磊）：《欢迎了鲁迅以后》，载钟敬文编《鲁迅在广东》，第 22、23 页。

④ 黄英博：《血腥的斗争和伟大的跃进——记鲁迅先生应聘来穗》，载薛绥之主编《鲁迅生平史料汇编（第四辑）》，第 388、389 页。

底反抗封建文化的理论,是很少的。因此,他比资产阶级的思想更进了一步","然而鲁迅使用的武器,只是短棒,不是机关枪。他所攻打的也不是封建社会的统治者——军阀,而是军阀的哈巴狗——章士钊,陈源,杨荫榆。他的攻击法是独战的,不是群众的,所以他不高喊冲锋陷阵的口号只是冷笑,呐喊。这便是他自己在中大演说中声明不是战斗者的原故罢"。①

不难看出,共产党关于鲁迅的定位和国民党左派同中有异,他们都重视鲁迅的思想革命及其在青年学生中的影响力,但国民党将其视为国民革命时代的代表,即"时代的战士",但共产党则认为鲁迅的重要性低于真正的革命战士,并非真正的"战斗者"。尽管如此,"陈延年非常注意做团结鲁迅的工作,指示我们把党主办的刊物经常给鲁迅送去",徐文雅每次"到鲁迅那里去,主要就是送刊物,记得送过《人民周刊》、《少年先锋》、《做什么》等"②,同时毕磊也经常送刊物给鲁迅,并陪同他座谈访问、讲演游览。"清党"之后据鲁迅回忆:

> 现在还记得《做什么》出版后,曾经送给我五本。我觉得这团体是共产青年主持的,因为其中有"坚如""三石"等署名,该是毕磊,通信处也是他。他还曾将十来本《少年先锋》送给我,而这刊物里面则分明是共产青年所作的东西。③

此事的真实性,也可在沈鹏年整理的《鲁迅在广州时期的若干史实》一文中得到印证:

> 关于党派毕磊去和鲁迅取得联系的史实,除了在鲁迅自己的文章中、日记中曾经多次提到以外,在当时中共中山大学部油印出版的内部刊物《支部生活》周刊第五期第 2 页上也有这样一条记载:
> "666 地委检《少年先锋》十二期,使毕磊持往与鲁迅接洽。"④

共产党一方对鲁迅的这些努力取得了预期的效果,"由于毕磊不断向他

---

① 一声(刘一声):《第三样世界的创造——我们应当欢迎的鲁迅》,载钟敬文编《鲁迅在广东》,第 56、57、58、59 页。
② 徐彬如:《回忆鲁迅一九二七年在广州的情况》,载鲁迅研究资料编辑部编《鲁迅研究资料 1》。
③ 鲁迅:《怎么写——夜记之一》,《莽原》半月刊第 2 卷第 18、19 期合刊,1927 年 10 月 10 日。
④ 沈鹏年:《行云流水记往二记——电影〈鲁迅传〉筹拍亲历记》,第 456 页。

介绍党内情况,他对我们党的了解也逐渐加深,有了深厚的感情","他对代表共青团和他接近的青年特别热情",也正因此,虽然"'左派青年团'的人也去找鲁迅,开头鲁迅对他们也很热情,因为都是青年,后来知道这伙人不好,对他们就冷淡了,而对我们则一直很好的"①,以至于梁式和宋云彬不得不通过双簧戏来逼鲁迅投稿。鲁迅对共产党一方的亲近,尤其表现在他和陈延年的见面上。据徐彬如回忆:

> 有一回,鲁迅和我谈起党的事情,问陈延年是否负责广东党的工作,还说陈延年是他的"老仁侄",人很聪明。这件事我向陈延年谈了,陈延年也说鲁迅是他的父执。不久,鲁迅向毕磊表示希望与陈延年见面,陈延年听到毕磊的反映,立即同意了,后来鲁迅和陈延年就作了一次秘密会见。②

陈延年在见面之后,"他已经改变了过去认为鲁迅是'自由人'的看法,谈到他和鲁迅见面的情况,认为鲁迅思想发展得很好,已经是我们的人了",后来在离开广州参加五大之前,还专门找到徐文雅和毕磊,"指示如何继续做鲁迅的工作"。③ 徐彬如的这些回忆不无夸大的成分,但考察鲁迅这一时期的言论,他和共产党有过密切接触并且不断左倾显然是事实,而这也正是他在"清党"后遭遇"亲共"流言的根源。

三、怎么写:"命题作文"与力做"革命人"

鲁迅后来指出,自己起初之所以"到了广州,投稿也很少",不愿公开撰文批评的原因,不仅是"忙于事务",而且是因为各个政治派系的热情和包围,让其"看不清那里的情形"④,他逐渐意识到南北革命的不同和自己身份的错位。

实际上,虽然国共两党都认可鲁迅的贡献,希望他领导广州青年继续"思想革命","把文艺复兴起来",这看起来和他想在广州继续做文艺运动的目标趋同,但双方"思想革命"的内容有着本质的差别。广州革命青年

---

① 徐彬如:《回忆鲁迅一九二七年在广州的情况》,载鲁迅研究资料编辑部编《鲁迅研究资料 1》。
② 徐彬如:《回忆鲁迅一九二七年在广州的情况》,载鲁迅研究资料编辑部编《鲁迅研究资料 1》。
③ 徐彬如:《回忆鲁迅一九二七年在广州的情况》,载鲁迅研究资料编辑部编《鲁迅研究资料 1》。
④ 鲁迅:《我和〈语丝〉的始终》,载《鲁迅全集(第四卷)》,第173页。

"唯一的希望,是待着他对于我们和我们的现社会有什么批评,有什么纠正,有什么改革的企图"①,进而铲尽广东的"封建社会的旧势力所造成的痛苦"②,但是他们又特别强调鲁迅"不但在消极方面反对旧时代,同时在积极方面希望着一个新时代"③。由于只能反旧而不能批新,所以此时鲁迅和革命青年的矛盾也有所凸显。据山上正义回忆:

> 那是正逢逐渐开始听到青年们对鲁迅失望和不满的呼声之时,我见到鲁迅,也正是鲁迅也逐渐对广州、特别是广州的学生和青年开始感到幻灭之时。
> 学生和青年们为什么对鲁迅感到失望了呢?
> 青年学生们所期待于鲁迅的,是要他作一个同他们一起走上街头,大声地议论革命与文学、革命与恋爱,有时又和群众一起摇晃红旗的实际运动的领导者。
> 出现在他们跟前的鲁迅,却是位有了北京十五年的经验,因而立刻就发现了在这高唱三民主义的广州,存在着产生新军阀的萌芽的严峻的人。他是一个既如饥如渴地追求着光明,又在那光明和学生们轻率的鼓噪当中预感到未来的黑暗和压迫的怀疑家。他是一个既不叫又不跳,不得不冷静地观察,发出轻轻叹息的悲观论者。④

究其根源,是因为革命党在广州建立了自己的政权,并实施了政治经济文化的一体化控制,他们对"思想革命"的理解和鲁迅在北京时大不相同,已经从五四国民性批判变成了反帝反封建的阶级斗争,高度政治化、意识形态化了。鲁迅很快发现了双方诉求的错位,意识到自己已经从北方"思想界的权威者"变成了一个南方"革命的战士",由此遭遇了"怎么写"的难题。

鲁迅最初是以"还未熟悉本地的情形,而且已经革命,觉得无甚可以攻击之处"为理由躲了起来,他后来直言"其实呢,我的话一半是真的。我何尝不想了解广州,批评广州呢","至于我说无甚可以攻击之处的话,那可的确是虚言"。⑤ 实际上,"住了两月,我就骇然,原来往日所闻,全是谣言,这地

① 锦明(黎锦明):《鲁迅先生》,载钟敬文编《鲁迅在广东》,第 33 页。
② 宋云彬:《鲁迅先生往那里躲》,载钟敬文编《鲁迅在广东》,第 48 页。
③ 一声(刘一声):《第三样世界的创造——我们应当欢迎的鲁迅》,载钟敬文编《鲁迅在广东》,第 60 页。
④ 〔日〕山上正义:《谈鲁迅》,李芒译,载鲁迅研究室编《鲁迅研究资料　2》。
⑤ 鲁迅:《在钟楼上——夜记之二》,《语丝》第 4 卷第 1 期,1927 年 12 月 17 日。

方,却正是军人和商人所主宰的国土"①。鲁迅私下里对山上正义说·"广州的学生和青年都把革命游戏化了,正受着过分的娇宠,使人感觉不到真挚和严肃","在广州,尽管有绝叫,有怒吼,但是没有思索"。② 不过,一个革命者在革命中心不发言只会被视为不革命,正如梁式指出的:

> 　　然而鲁迅在此时此地,对政治绝无一点表示,好像超然事外,不蓝不赤,便被人称为灰色,这又难怪宋云彬问他哪里躲了,我想鲁迅先生,精神上的痛苦,以在广州几个月中为最甚。他在清党前虽然不停地为自己辩护,但以一个刚从对旧势力作战的战场退回到后方大本营所在地,便放下武器,已经是不合时宜;一到内部发生这样大的变动的时间,别人都不是归于杨则归于墨的,而他只住在钟楼上,这确是时代所不许可的。③

　　在此情况下,鲁迅只能露面参加各种活动,"咬着牙关"去完成"战士"角色赋予自己的使命,而"在革命时期,一个地位稍高的人,整天忙的不外三件事:开会,演说,作文"④,所以鲁迅一方面积极参与中山大学的各种校务工作,忙着"点头开会,排时间表,发通知书,秘藏题目,分配卷子"⑤,另一方面参加了很多以推行党化教育为主旨的革命纪念活动,做了多次演讲:

> 　　2月18、19日,赴香港青年会演讲,分别为《无声的中国》(《中央日报》1927年3月23日)和《老调子已经唱完》(《国民新闻·新时代》1927年3月);
> 　　3月1日,参加中山大学开学典礼并演讲,题为《读书与革命》(《国立中山大学开学纪念册》1927年3月);
> 　　3月11日,参加中山先生逝世二周年纪念会并演讲;
> 　　3月12日,参加中山先生逝世二周年纪念典礼;
> 　　3月24日,作《黄花节的杂感》(中大政治训育部编:《政治训育》第7期"黄花节特号",1927年3月29日);
> 　　3月29日,参加岭南大学黄花节纪念会并演讲,强调革命尚未成

---

① 鲁迅:《通信(复Y先生)》,《语丝》第4卷第17期,1928年4月23日。
② 〔日〕山上正义:《谈鲁迅》,李芒译,载鲁迅研究室编《鲁迅研究资料 2》。
③ 尸一(梁式):《可记的旧事》,载薛绥之主编《鲁迅生平史料汇编(第四辑)》,第287页。
④ 尸一(梁式):《可记的旧事》,载薛绥之主编《鲁迅生平史料汇编(第四辑)》,第283页。
⑤ 鲁迅:《在钟楼上——夜记之二》,《语丝》第4卷第1期,1927年12月17日。

功,继承先烈遗志;

4月8日,赴黄埔军校演讲,题为《革命时代的文学》(《黄埔生活》第4期,1927年6月12日);

4月10日,做《庆祝沪宁克复的那一边》(《国民新闻·新出路》第11号,1927年5月5日)。

不难看出,这些活动多数都是官方革命活动,其中"总理纪念会"和"黄花节纪念"都是学校推行党化教育中最重要的革命纪念活动,它们有着固定的程序,譬如鲁迅参加的黄花节纪念,"秩序如下:(一)奏军乐。(二)向国旗行三鞠躬礼。(三)宣读总理遗嘱。(四)孔庸之先生和周树人演说。略谓先烈的牺牲,是为革命奋斗,为中国全体人民谋幸福。但最怕先烈苦心,后继无人。现在革命还未成功,所以我们要继续他们的志向,努力奋斗。(五)唱国歌。(六)学生代表(每班代表六人)齐集怀士堂前,列队往祭黄花岗"①。这些庆典集会意在革命纪念和民众动员,像中山大学举办的总理逝世二周年纪念会"高呼口号而散,全场革命空气异常紧张"②,口号为"孙总理精神不死主义长在""孙总理是世界被压迫民族的革命导师""一切权力属于国民党""孙总理领导下的国民革命成功万岁"③等。

这些集会中的"名流演讲会",尤其充当着"以广宣传""以引起民众之观感"④的重要作用,它们通常由党政要员和文化名人组成,内容也多是政治性、革命性的宣传动员。譬如3月1日的中山大学开学典礼上,在教务主任鲁迅讲话之前,先后演讲的是当时的中大校务委员朱家骅、广州政治分会代表胡春林、国民政府实业部长孔祥熙、国民政府教育行政委员钟荣光、教育厅厅长许崇清、黄埔军校政治代表姜长林、中大政治训育部主任何思源,他们纷纷强调中山大学需要继承总理遗志、实施党化教育、建成党国最高学府。⑤ 所以只有在这种背景下,我们才能明白鲁迅演讲的内容为何是"读书不忘革命,革命不忘读书"以及"革命尚未成功,同志仍需努力",因为它们正是中山大学的校训和办学方针。

显然,对鲁迅在"清党"前的讲演和活动的理解,不能脱离党化教育和国民革命的大背景,总体看主要有三个主题:首先是批评广州的"奉旨革命"

---

① 《纪念黄花节的经过情形》,载薛绥之主编《鲁迅生平史料汇编(第四辑)》,第203页。
② 《中大游艺场开会盛况》,《广州民国日报》,1927年3月17日。
③ 《纪念总理二周年之宣传方法》,《广州民国日报》,1927年3月11日。
④ 《纪念总理二周年之宣传方法》,《广州民国日报》,1927年3月11日。
⑤ 《中山大学举行开学典礼纪》,《广州民国日报》,1927年3月2日。

和"革命精神已经浮滑","但对于一切旧制度,宗法社会的旧习惯,封建社会的旧思想,还没有人向他们开火"①,因而革命策源地有成为"后方"的"危机"②;其次是鼓动青年"喊出来","将中国变成一个有声的中国。大胆地说话,勇敢地进行"③,同时呼吁"青年们要读书不忘革命","青年应该放责任在自己身上,向前走,把革命的伟力扩大!"④最后是强调文学无力论,认为革命重于文学、"革命人"重于文学家,"文学文学,是最不中用的,没有力量的人讲的","为革命起见,要有'革命人','革命文学'倒无须急急,革命人做出东西来,才是革命文学"⑤。

可以看出,此时在公共空间露面的鲁迅表现出了激进跃升的现象,其思想革命开始主动呼应国民革命的诉求,自觉以"时代的战士"的角色进行言说。鲁迅不断援引孙中山和列宁的永远革命的精神,批判广州的革命不彻底性,并且接受了托洛茨基的无产阶级文化否定论,否定革命阶段文学和文学家存在的意义,转而强调革命和"革命人"的重要。不难看出,广州时期的鲁迅摆脱了北京时期的身份困境——当时他的政府体制官员和公共知识分子的错位,导致其只能采用"在野革命"的方式,而到广州后他的"体制人"和革命人身份合一,实现了革命目标和革命实践一致的"在朝革命"。这些"中间项"的参与,无疑是"鲁迅渴望不仅竖起终极目标,而且真正带有足以实际推动中国现实的具体行动和力量的思想的一种表现"⑥。

但是,这个"主动革命"的鲁迅实际是内因与外因混合的产物,它让我们看到了知识分子与革命的复杂关系,鲁迅一方面有主动革命的愿望和行动,另一方面这个"战士的招牌"不以个人意志为转移,而要服从革命宣传动员的需要:

> 我尤其怕的是演说,因为它有指定的时候,不听拖延。临时到来一班青年,连劝带逼,将你绑了出去。而所说的话是大概有一定的题目的。命题作文,我最不擅长。否则,我在清朝不早进了秀才了么? 然而

① 鲁迅(林霖记):《读书与革命——中山大学开学演说词》,载钟敬文编《鲁迅在广东》,第122页。
② 鲁迅:《庆祝沪宁克复的那一边》,载《鲁迅全集(第八卷)》,第198页。
③ 鲁迅:《无声的中国》,载马蹄疾《鲁迅讲演考》,黑龙江人民出版社,1981年,第153页。
④ 鲁迅(林霖记):《读书与革命——中山大学开学演说词》,载钟敬文编《鲁迅在广东》,第122页。
⑤ 鲁迅:《革命时代的文学》,载《鲁迅全集(第三卷)》,第436页。
⑥ 〔日〕丸山升:《"革命文学论战"中的鲁迅》,载氏著《鲁迅·革命·历史——丸山升现代中国文学论集》,王俊文译,第62页。

不得已,也只好起承转合,上台去说几句。但我自有定例:至多以十分钟为限。可是心里还是不舒服,事前事后,我常常对熟人叹息说:不料我竟到"革命的策源地"来做洋八股。①

第二节　"血的游戏"与国民革命梦想的破灭

一、"鼻来我走"与广州"清党"的"恐怖"

正当鲁迅背着"战士的招牌",努力"暂以我为偶像,而作改革运动"之时,"有一天,傅孟真(其时为文学院长)来谈,说及顾某可来任教,鲁迅听了就勃然大怒,说道:'他来,我就走',态度异常坚决"②。此前鲁迅先于顾颉刚来中大后,"即谓'顾某与林文庆交情好,他是不肯来的',一面又使章廷谦在厦大内宣传:'鲁迅是主张党同伐异的,看顾颉刚去得成去不成。'"基于"鲁迅已到粤,彼既视我为大敌"这种情况,顾颉刚决定"不欲重投此矛盾重重之漩涡,故去函辞谢"。③ 但是,随着厦大国学院的停办以及傅斯年的不断催促,顾颉刚最终还是在 4 月 18 日来到了广州,得知这个消息后,鲁迅在给李霁野的信中表示:

> 此辈的阴险性质是不会改变的,自然不久还是排挤,营私。我在此的教务,功课,已经够多的了,那可以再加上防暗箭,淘闲气。所以我决计于二三日内辞去一切职务,离开中大。④

4 月 21 日顾颉刚路遇江绍原,告其聘书被孙伏园吞没一事,"绍原以告鲁迅,鲁迅遂以诘骝先、孟真。盖他们对鲁迅均说予有聘书在手者",于是"鲁迅向学生方面说辞职,而向学校方面只请假两天,盖欲鼓动学生风潮,且使委员会可不辞退彼也",同时"鲁迅有匿名揭帖,说我为研究系,要人签名反对,但无一签名者"。⑤ 傅斯年也在 4 月 21 日辞职,以示坚决不退让,"学

---

① 鲁迅:《通信》,《语丝》第 151 期,1927 年 10 月 1 日。
② 许寿裳:《亡友鲁迅印象记》,载鲁迅博物馆、鲁迅研究室、《鲁迅研究月刊》选编《鲁迅回忆录(专著)上》,第 271 页。
③ 顾颉刚:《顾颉刚日记 第一卷(1913—1926)》,第 833 页。
④ 鲁迅:《270420 致李霁野》,载《鲁迅全集(第十二卷)》,第 30 页。
⑤ 顾颉刚:《顾颉刚日记 第二卷(1927—1932)》,第 39 页。按,"骝先、孟真"指朱家骅和傅斯年。

生挽留,贴出大字报,傅斯年亦贴大字报,云:'如不让顾某入校,我亦辞职。'两方均为校中重要负责人,鲁为教务主任兼中文系主任,傅为文学院长,学生汹汹,停课数天。朱家骅出作调人,一方面许鲁迅等请假离校,一方面派我到江浙一带为校中图书馆购书"①。

在鲁迅看来,这些做法无疑是国民革命正在变质的一种反映,由于深受女师大风潮和三一八惨案的影响,鲁迅对联合战线的理解明显比革命党严格,他在给孙伏园的信中指出:

> 我真想不到,在厦门那么反对民党,使兼士愤愤的顾颉刚,竟到这里来做教授了。那么,这里的情形,难免要变成厦大,硬直者逐,改革者开除。而且据我看来,或者会比不上厦大,这是我新得的感觉。我已于上星期四辞去一切职务,脱离中大了。我住在上月租定的屋里,想整理一点译稿,大约暂时不能离开这里。前几天也颇有流言,正如去年夏天我在北京一样。哈哈,真是天下老鸦一般黑哉!

远在武汉的孙伏园收到信后,将其登载在 5 月 11 日的《中央副刊》上,并且在按语中强调,"顾颉刚先生真是荒谬得可以。从鲁迅先生这新得的感觉里,可以看出广东的反动势力已经侵入中山大学了。而不幸傅斯年顾颉刚二先生都变了反动势力的生力军"②。由于鲁迅辞职时正值广州"清党",因而当时就出现了他因"亲共"而"逃走"的流言,对此他这样解释:

> 不过事太凑巧,当红鼻到粤之时,正清党发生之际,所以也许有人疑我之滚,和政治有关,实则我之"鼻来我走"(与鼻不两立,大似梅毒菌,真是倒楣之至)之宣言,远在四月初上也。然而顾傅为攻击我起见,当有说我关于政治而走之宣传,闻香港《工商报》,即曾说我因"亲共"而逃避云云,兄所闻之流言,或亦此类也欤。然而"管他妈的"可也。③

不仅鲁迅从中山大学辞职和广州"清党"没有直接关系,而且他最初也没有意识到"清党"的可怕,因为当时政治斗争频繁上演,以致大家见怪不

---

① 顾颉刚:《顾颉刚日记 第一卷(1913—1926)》,第 834 页。
② 伏园(孙伏园):《鲁迅先生脱离广东中大》,载薛绥之主编《鲁迅生平史料汇编(第四辑)》,第 236、237 页。
③ 鲁迅:《270530 致章廷谦》,载《鲁迅全集(第十二卷)》,第 34 页。

怪,同时"详细的事实,报章上是不大见的,只有些风闻"①,这些消息封锁让他们既不了解上海"清党"的惨烈,又不了解广州"清党"的情况,实际上广州总计逮捕 2100 人,其中共产党员 600 余人,工人占了多数,其次是学生,中大被捕去了 40 多人,他们"关在南关戏院,被关的学生还在那里演戏"②。

据许广平回忆:"4 月 15 日清晨,我的老家人'阿斗'跑到白云楼来,惊慌失措地说:'不好了,中山大学贴满标语,'叫老周(鲁迅)快逃走吧!'"③但此时不了解情况的鲁迅,不仅没有逃走,当天还"赴中大各主任紧急会议",一方面在会上质疑"被捕的学生究竟违背了孙中山总理的三大政策的哪一条",另一方面以五四时期营救学生的"北大精神"来感召与会者,但朱家骅坚持"我们要听政治分会的,党有党纪,我们要服从","在那样的情形下,公开支持鲁迅的人不多,会议没收到预期的效果"。④ 鲁迅在营救无果的情况下,第二天"捐慰问被捕学生泉十",在此后给朋友们的信中,他多次表示事情并没有很糟糕:

> 这里现亦大讨其赤,中大学生被捕者有四十余人,别处我不知道,报上亦不大纪载。其实这里本来一点不赤,商人之势力颇大,或者远在北京之上。被捕者盖大抵想赤之人而已。也有冤枉的,这几天放了几个。⑤

> 广东也没有什么事,先前戒严,常听到捕人等事。现在似乎戒[解]严了,我不大出门,所以不知其详。⑥

但是,鲁迅慢慢感受到了"清党"对自己的影响,社会上开始出现关于他亲共逃走的"流言",以致外地朋友都来信询问,他一方面回信解释这是"凑巧"和论敌的手段,另一方面,"鲁迅懂得,如果这个时候他离开广州,反动派就会说他'逃走',给他扣上一顶'捣乱派'的帽子,不但会有'缧绁之忧',还会有生命危险,所以他决定在广州待下来,不走"⑦。然而留下的结果,却是

---

① 鲁迅:《通信(复 Y 先生)》,《语丝》第 4 卷第 17 期,1928 年 4 月 23 日。
② 何思源:《回忆鲁迅在中山大学情况》,载薛绥之主编《鲁迅生平史料汇编(第四辑)》,第 365 页。
③ 许广平著,周海婴主编:《鲁迅回忆录(手稿本)》,第 81 页。
④ 何思源:《回忆鲁迅在中山大学情况》,载薛绥之主编《鲁迅生平史料汇编(第四辑)》,第 366 页。
⑤ 鲁迅:《270420 致李霁野》,载《鲁迅全集(第十二卷)》,第 30 页。
⑥ 鲁迅:《270515 致章廷谦》,载《鲁迅全集(第十二卷)》,第 33 页。
⑦ 宋云彬:《回忆鲁迅在广州》,载薛绥之主编《鲁迅生平史料汇编(第四辑)》,第 378 页。

逐渐体会到广州"虽然沉默的都市,而时有侦查的眼光,或扮演的函件,或京式的流言,来扰耳目"①。

鲁迅先是发现自己被监控,往来通信"不但已经检查,并且曾用水浸过而又晒干,寄信如此费事,则失落之多可想"②,接着发现流言越来越多,香港的《循环日报》说鲁迅"原是'《晨报副刊》特约撰述员',现在则'到了汉口'","意在说我先是研究系的好友,现是共产党的同道,虽不至于'枪终路寝',益处大概总不会有的,晦气点还可以因此被关起来"③。然后,鲁迅发现学生也开始受到"鲁迅派"流言的牵连,以致他从厦门带来的学生"至今还找不到学校进,还在颠沛流离",甚至"有一个,曾得到他的同乡的忠告道:'你以后不要再说你是鲁迅的学生了罢。'"④。此时的鲁迅,发现自己陷入了走投无路的困境:

> 一,"战斗"和"革命",先前几乎有修改为"捣乱"的趋势,现在大约可以免了。但旧衔似乎已经革去。
>
> 二,要我做序的书,已经托故取回;期刊上的我的题签,已经撤换。
>
> 三,报上说我已经逃走;或者说我到汉口去了。写信去更正,就没收。
>
> 四,有一种报上,竭力不使它有"鲁迅"两字出现,这是由比较两种报上的同一记事而知道的。
>
> 五,一种报上,已给我另定了一种头衔,曰:杂感家。评论是"特长即在他的尖锐的笔调,此外别无可称。"……
>
> 六,一个学者,已经说是我的文字损害了他,要将我送官了,先给我一个命令道:"暂勿离粤,以俟开审"!⑤

这些还仅仅是言论和行动的不自由,真正让鲁迅感到"恐怖"的是"清党"中的杀戮:首先是青年的被杀,鲁迅发现常常来谈天的毕磊如今不来了,然后意识到"毕磊君大约确是共产党","他一定早已不在这世上了"⑥;

---

① 鲁迅:《〈小约翰〉序》,《语丝》第137期,1927年6月26日。
② 鲁迅:《270707 致章廷谦》,载《鲁迅全集(第十二卷)》,第45页。
③ 鲁迅:《略谈香港》,《语丝》第144期,1927年8月13日。
④ 鲁迅:《通信》,《语丝》第151期,1927年10月1日。
⑤ 鲁迅:《通信》,《语丝》第151期,1927年10月1日。
⑥ 鲁迅:《怎么写——夜记之一》,《莽原》第2卷第18、19期合刊,1927年10月10日。

其次是青年的相互残杀,"血的游戏已经开头,而角色又是青年,并且有得意之色。我现在已经看不见这出戏的收场"①;最后是杀戮的随意性和广泛性,"只消以一语包括之,曰:可恶罪","要说他是 CP 或 CY,没有证据,则可以指为'亲共派'。那么,清党委员会自然会说他'反革命',有罪。再不得已,则只好寻些别的事由,诉诸法律了"②,此外则是"瓜蔓抄","常听到因为捕甲,从甲这里看见乙的信,于是捕乙,又从乙家搜得丙的信,于是连丙也捕去了,都不知道下落"③。

身处恐怖和监控之下的鲁迅,一方面"被血吓得目瞪口呆"④,另一方面内心极为愤怒,"他写信向广州市公安局长报告他的住址,表示随时听候逮捕,虽然公安局长回信安慰他,又有些有力者保证他的安全,而他似乎仍不免有点愤闷,烦躁"⑤。这无疑重新唤起了鲁迅对"无物之阵"的感受:

> 我又仿佛感到有一个团体,是自以为正统,而喜欢监督思想的。我似乎也就在被监督之列,有时遇见盘问式的访问者,我往往疑心就是他们。但是否的确如此,也到底摸不清,即使真的,我也说不出名目,因为那些名目,多是我所没有听到过的。⑥

在这种情况下,鲁迅为了消弭流言、躲避危险,开始采取一些行动重构自己的公共形象,他一方面不再参加公开的革命活动,不再公开演讲撰文,而是"看看绿叶,编编旧稿"⑦,有意将自己塑造成一个杜门著述的纯粹学者,另一方面又选择性地参加了一些学术活动,譬如 7 月 16 日在知用中学演讲《读书杂谈》,7 月 23 日开始暑期演讲《魏晋风度及文章与药及酒之关系》,既是证明自己并未逃走,还可自由活动,又向公众表明自己是一个不涉政治的隐士,也就是他后来所言的,"弟在广州之谈魏晋事,盖实有慨而言。'志大才疏',哀北海之终不免也"⑧。

---

① 鲁迅:《答有恒先生》,《北新》第 1 卷第 49、50 期合刊,1927 年 10 月 1 日。
② 鲁迅:《可恶罪》,《语丝》第 154 期,1927 年 10 月 22 日。
③ 鲁迅:《两地书·序言》,载《鲁迅全集(第十一卷)》,第 3 页。
④ 鲁迅:《三闲集·序言》,载《鲁迅全集(第四卷)》,第 4 页。
⑤ 尸一(梁式):《可记的旧事》,载薛绥之主编《鲁迅生平史料汇编(第四辑)》,第 285、286 页。
⑥ 鲁迅:《通信》,《语丝》第 151 期,1927 年 10 月 1 日。
⑦ 鲁迅:《〈朝花夕拾〉小引》,《莽原》半月刊第 2 卷第 10 期,1927 年 5 月 25 日。
⑧ 鲁迅:《281230 致陈潜》,载《鲁迅全集(第十二卷)》,第 143 页。

这些策略最终取得了成效,鲁迅知道"倘我一出中山大学即离广州,我想,是要被排进去的。但我不走,所以报上'逃走了''到汉口去了'的闹了一通之后,倒也没有事了"①。但是,在为"终于没有被做成为共产党"而侥幸的同时,鲁迅感觉自己对国民革命的"幻梦醒了不少,现在是胡胡涂涂"②。

二、国民革命批判与"做这醉虾的帮手"

广州"清党"对鲁迅的影响和三一八惨案有着很大不同,后者发生在一天之内,死的是自己的学生,他本人并未亲身经历流血屠杀,所以惨案反倒激起了他的复仇义愤和公开批判。然而,1927 年 4 月 15 日只是一个开始,此后鲁迅体会了长逾 5 个月的"从来没有经验过"的"恐怖",他只能"看看绿叶,编编旧稿,总算也在做一点事。做着这等事,真是虽生之日,犹死之年"③。而更关键的不同在于,这是由鲁迅热烈支持的革命党以"革命"名义施加的,所以他感受到的不只是恐怖,还有自责、茫然和幻灭。

首先,幻灭指向了"青年"这个革命主群体。鲁迅一直深受进化论的影响,认为前代是旧思想束缚的一代,自己是历史的"中间物"一代,青年则是"创造这中国历史上未曾有过的第三样时代"的新一代,然而"清党"的见闻让他哀叹:

> 我的一种妄想破灭了。我至今为止,时时有一种乐观,以为压迫,杀戮青年的,大概是老人。这种老人渐渐死去,中国总可比较地有生气。现在我知道不然了,杀戮青年的,似乎倒大概是青年,而且对于别个的不能再造的生命和青春,更无顾惜。④

实际上,李书城就曾对晚清的"青年崇拜"表示过担心,认为"二十世纪之中国,学生之中国也。其兴也惟学生兴之,其亡也惟学生亡之"⑤。从晚清开始,"青年者流,大张旗鼓,为过渡之先锋"⑥,他们身上寄托着国人"新

① 鲁迅:《答有恒先生》,《北新》第 1 卷第 49、50 期合刊,1927 年 10 月 1 日。
② 鲁迅:《270919 致翟永坤》,载《鲁迅全集(第十二卷)》,第 68 页。
③ 鲁迅:《〈朝花夕拾〉小引》,《莽原》半月刊第 2 卷第 10 期,1927 年 5 月 25 日。
④ 鲁迅:《答有恒先生》,《北新》第 1 卷第 49、50 期合刊,1927 年 10 月 1 日。
⑤ 李书城:《学生之竞争》,载张枬、王忍之编《辛亥革命前十年间时论选集(第一卷上册)》,第 454 页。
⑥ 梁启超:《过渡时代论》,载张枬、王忍之编《辛亥革命前十年间时论选集(第一卷上册)》,第 5 页。

民"的理想,因而成为新式政党竞相争夺的核心政治力量,尤其是 20 世纪 20 年代革命再起之后,知识青年入党成了一个普遍现象。而改组后的国民党有历史、有实力、有主义,自然成了中小知识青年群趋加入的对象,在北方舆论看来,"南方政府大可算是青年政府,南方军队大可算是学生军队,所以学生们在南方,可说是时髦之至。宣传主义用学生,侦探军情用学生,图谋内应用学生,组织政府也用学生"①。

但是,很多青年入党"固然不乏投身革命的热情和愿望,但也兼有谋生求职的个人动机"②,许广平就曾自言"对于国民党,我也不过承认为比较的,非绝对的,而且即便是要我献身于党,效死于党,现在尚非其时,我之入党,也有几分预备无聊时消遣自身,而现在则绝对不是时候"③。据王凡西回忆,"那时广州是'人浮于事'的。革命重心业已北移,但真诚的和投机的青年(也有中年)却继续不断地涌来。工作并非没有,只是人们大多想做'比较好的',而好的却已为人捷足先得了"④。正是这些人的存在,让"清党"变成了一场借词诬害的大清洗运动,鲁迅也因在广东"目睹了同是青年,而分成两大阵营,或则投书告密,或则助官捕人的事实"后,"思路因此轰毁,后来便时常用了怀疑的眼光去看青年,不再无条件的敬畏了"⑤。

其次,鲁迅的幻灭指向了包括自己在内的知识阶级的左中右各派。鲁迅先是批判了南下投机革命的现代评论派,讽刺他们"都舍弃了公理正义的栈房的东吉祥胡同,到青天白日旗下来'服务'了"⑥,"我想,只要青天白日旗插远去,恐怕'孤桐先生'也会来革命的。不成问题了,都革命了,浩浩荡荡"⑦,所以,"革命被头挂退的事是很少有的,革命的完结,大概只由于投机者的潜入。也就是内里蛀空"⑧。接着鲁迅将矛头直指吴稚晖,本来他是鲁迅尊敬的前辈,但是随着他倡议"清党",鲁迅毫不客气地讽刺吴稚晖不但"逐渐变成昏庸,有近乎傀儡的趋势"⑨,而且他让大家意识到"世间大抵只知道指挥刀所以指挥武士,而不想到也可以指挥文人"⑩,这种知识阶级的

---

① 《学生界有幸有不幸》,《现代评论》第 5 卷第 105 期,1926 年 12 月 11 日。
② 王奇生:《国共合作与国民革命(1924—1927)》,第 420 页。
③ 许广平:《261227 致鲁迅》,载鲁迅、景宋《两地书全编》,第 593 页。
④ 王凡西:《双山回忆录》,第 25 页。
⑤ 鲁迅:《三闲集·序言》,载《鲁迅全集(第四卷)》,第 5 页。
⑥ 鲁迅:《通信》,《语丝》第 151 期,1927 年 10 月 1 日。
⑦ 鲁迅:《答有恒先生》,《北新》第 1 卷第 49、50 期合刊,1927 年 10 月 1 日。
⑧ 鲁迅:《铲共大观》,《语丝》第 4 卷第 18 期,1928 年 4 月 30 日。
⑨ 鲁迅:《扣丝杂感》,《语丝》第 154 期,1927 年 10 月 22 日。
⑩ 鲁迅:《小杂感》,《语丝》第 4 卷第 1 期,1927 年 12 月 17 日。

政客化让鲁迅深恶痛绝。但更犀利的批判则指向了自己,鲁迅从青年人的惨死中"发见了,我自己也帮助着排筵宴",他痛苦地自责说:

> 中国的筵席上有一种"醉虾",虾越鲜活,吃的人便越高兴,越畅快。我就是做这醉虾的帮手,弄清了老实而不幸的青年的脑子和弄敏了他的感觉,使他万一遭灾时来尝加倍的苦痛,同时给憎恶他的人们赏玩这较灵的苦痛,得到格外的享乐。①
>
> 我疑心吃苦的人们中,或不免有看了我的文章,受了刺戟,于是挺身出而革命的青年,所以实在很苦痛。②

的确,鲁迅从 1925 年开始就有大量"煽动青年冒险"的言行,尤其是赴粤后他不断鼓励学生读书不忘革命。正是因为"时代的战士"如今成了"做这醉虾的帮手",痛责之下的鲁迅"立意要不讲演,不教书,不发议论,使我的名字从社会上死去,算是我的赎罪的"③。

再次,鲁迅将批判的矛头指向了领导革命的国民党。他感觉自己被欺骗了,朱家骅曾在欢迎大会上公开宣称"我带领诸君往左走",然而"清党"中被杀的正是这些往左走的青年人,甚至鲁迅本人也因"思想的过激"和"亲共"受到了威胁。据增田涉回忆:

> 有一次,鲁迅跟我这么说:
>
> "国民党把有为的青年推进了陷阱。最初他们说,共产党是火车头,国民党是列车;由于共产党带着国民党,革命才会成功。还说共产党是革命的恩人,要学生们一齐在鲍罗廷的面前行最敬礼。所以青年们都很感动,当了共产党。而现在又突然因为是共产党的缘故,把他们统统杀掉了。在这一点上,旧式军阀为人还老实点,他们一开始就不容共产党,始终坚守他们的主义。他们的主义是不招人喜欢的,所以只要你不靠近它、反抗它就行了。而国民党所采取的办法简直是欺骗;杀人的方法更加狠毒。"④

山上正义也曾回忆,"清党"后的鲁迅望着走过的工会纠察队,说"真是

---

① 鲁迅:《答有恒先生》,《北新》第 1 卷第 49、50 期合刊,1927 年 10 月 1 日。
② 鲁迅:《通信(复 Y 先生)》,《语丝》第 4 卷第 17 期,1928 年 4 月 23 日。
③ 鲁迅:《通信(复 Y 先生)》,《语丝》第 4 卷第 17 期,1928 年 4 月 23 日。
④ 〔日〕增田涉:《鲁迅传》,卞立强译,载鲁迅研究室编《鲁迅研究资料 2》。

无耻之徒！直到昨天还高喊共产主义万岁，今天就到处去搜索共产主义系统的工人了"，"从鲁迅的评语中，只能感到一种近乎冷峻、阴暗和绝望的东西"。① 也正是觉得国民党的手段和残忍更甚于旧军阀，鲁迅才"常叹新官僚不比旧官僚好，旧者如破落户，新者如暴发户，倘若我们去当听差，一定是破落户子弟容易侍候，若遇暴发户子弟，则贱相未脱而遽大摆其架子，其蠢臭何可向迩哉"②。

最后，鲁迅批判的核心指向了国民革命本身。亲身体验的恐怖，让鲁迅感到南北政府在本质上是一样的："逃掉了五色旗下的'铁窗斧钺风味'，而在青天白日之下又有'缧绁之忧'了"③，"以为在五色旗下，在青天白日旗下，一样是华盖罩命，晦气临头罢"④。甚至广州"言论界之暗，实在过于北京"⑤，由于检查邮电，"《语丝》的一四一，二两期，终于没有收到，大概没收了。这里的一部分青年已将郁达夫看作危险人物，大奇。广西禁《洪水》与《独秀文存》。汕头之创造社被封"⑥。所以，如果说北方是"专制使人们变成冷嘲"，那么南方则是"共和使人们变成沉默"⑦，不过鲁迅无法保持沉默，他以"小杂感"和"拟预言"的夸诞方式进行了冷嘲："恐怕有一天总要不准穿破布衫，否则便是共产党""凡为当局所'诛'者皆有'罪'"⑧，"谣传有男女青年四万一千九百二十六人失踪"，"赤贼完全消灭，安那其主义将于四百九十八年后实行"⑨。

在鲁迅看来，国民革命不过是"受机关枪拥护的仁义"⑩，这场革命只是"未曾阔气的要革新"，和"曾经阔气的要复古，正在阔气的要保持现状"⑪并无差别，他对增田涉说："打那以来，对于骗人做屠杀材料的国民党，我怎么也感到厌恶，总是觉得可恨。他们杀了我的许多学生。"⑫在此时的鲁迅心中，国民革命的正义性和进步性彻底丧失掉了，而其革命观也因此从进化论变为了循环论：

---

① 〔日〕山上正义：《谈鲁迅》，李芒译，载鲁迅研究室编《鲁迅研究资料　2》。
② 鲁迅：《270728 致章廷谦》，载《鲁迅全集（第十二卷）》，第 55 页。
③ 鲁迅：《通信》，《语丝》第 151 期，1927 年 10 月 1 日。
④ 鲁迅：《革"首领"》，《语丝》第 153 期，1927 年 10 月 15 日。
⑤ 鲁迅：《270612 致章廷谦》，载《鲁迅全集（第十二卷）》，第 38 页。
⑥ 鲁迅：《270919 致章廷谦》，载《鲁迅全集（第十二卷）》，第 70 页。
⑦ 鲁迅：《小杂感》，《语丝》第 4 卷第 1 期，1927 年 12 月 17 日。
⑧ 鲁迅：《小杂感》，《语丝》第 4 卷第 1 期，1927 年 12 月 17 日。
⑨ 楮冠（鲁迅）：《拟预言》，《语丝》第 4 卷第 7 期，1928 年 1 月 28 日。
⑩ 鲁迅：《〈尘影〉题辞》，载《鲁迅全集（第三卷）》，第 571 页。
⑪ 鲁迅：《小杂感》，《语丝》第 4 卷第 1 期，1927 年 12 月 17 日。
⑫ 〔日〕增田涉：《鲁迅传》，卞立强译，载鲁迅研究室编《鲁迅研究资料　2》。

革命,反革命,不革命。

革命的被杀于反革命的。反革命的被杀于革命的。不革命的或当作革命的而被杀于反革命的,或当作反革命的而被杀于革命的,或并不当作什么而被杀于革命的或反革命的。

革命,革革命,革革革命,革革……。①

看不见"血的游戏"何时收场的鲁迅,"终于觉得无话可说",他在公开信中绝望地表示:

总而言之,现在倘再发那些四平八稳的"救救孩子"似的议论,连我自己听去,也觉得空空洞洞了。

还有,我先前的攻击社会,其实也是无聊的。社会没有知道我在攻击,倘一知道,我早已死无葬身之所了。……

我觉得我也许从此不再有什么话要说,恐怖一去,来的是什么呢,我还不得而知,恐怕不见得是好东西罢。但我也在救助我自己,还是老法子;一是麻痹,二是忘却。一面挣扎着,还想从以后淡下去的"淡淡的血痕中"看见一点东西,誊在纸片上。②

三、"革人之命文学"与"革命人文学"

鲁迅不仅批判了国民党和国民革命,也彻底否定了以"革命文学社"和吴稚晖为代表的"国民革命文学"存在的意义,其批评是从"清党"之后检查邮电并扣留《语丝》开始的,他讽刺说:"现在在南边,只剩了一条'革命文学'的独木小桥,所以外来的许多刊物,便通不过,扑通,扑通!都掉下去了","现在是要画一个少年军人拿旗骑在马上,里面'严办!严办!'这才庶几免于罪戾"。③ 这份少年骑马的刊物,指的就是当时革命文学社创办的《这样做》。

革命文学社于1927年年初在广州创立,主要成员是孔圣裔等"一班从前退出 C. P."的国民党党员,其章程称"本社集合纯粹中国国民党党员,提倡革命文学",由于共青团广东区委在2月7日创刊了《做什么?》,孔圣裔等

---

① 鲁迅:《小杂感》,《语丝》第4卷第1期,1927年12月17日。
② 鲁迅:《答有恒先生》,《北新》第1卷第49、50期合刊,1927年10月1日。
③ 鲁迅:《扣丝杂感》,《语丝》第154期,1927年10月22日。

人于是在 3 月 27 日创办《这样做》来唱对台戏,公开宣称"以'努力革命文学的宣传'相标榜;'从事本党的革命运动'为职志"。① 而为了造势,广州的国民党党报公开宣称"自鲁迅先生南来后,一扫广州文学之寂寞,先后创办者有《做什么》《这样做》两刊物。闻《这样做》为革命文学社定期出版物之一,内容注重革命文艺及本党主义之宣传",当时"全不知情"的鲁迅看到消息后非常吃惊,于是"将日报剪存,大概是想调查一下的",等到 9 月初,他在丁卜书店看到了《这样做》,"便买了一本七八合册和第五期",然后就看到上面宣称"严办"共产党,以及一篇批评郁达夫反动的《郁达夫先生休矣》,对此鲁迅表示:

> 我一向有一种偏见,凡书面上画着这样的兵士和手捏铁锄的农工的刊物,是不大去涉略的,因为我总疑心它是宣传品。发抒自己的意见,结果弄成带些宣传气味了的伊孛生等辈的作品,我看了倒并不发烦。但对于先有了"宣传"两个大字的题目,然后发出议论来的文艺作品,却总有些格格不入,怎不能直吞下去的模样,就和雒诵教训文学的时候相同。②

在鲁迅看来,这都是一些"直截痛快的革命训练弄惯了,将所有革命精神提起,如油的浮在水面一般,然而顾不及增加营养"的文字,"但自从'清党'以后,这'直截痛快'以外,却又增添了一种神经过敏",最终"这直捷痛快和神经过敏的状态"生成了"视指挥刀的指挥而转移"的"革"人之"命"的文学。③ 由此革命就"侵入文艺界里",随之"革命文学便莫名其妙了",所以鲁迅讽刺说:

> 世间往往误以两种文学为革命文学:一是在一方的指挥刀的掩护之下,斥骂他的敌手的;一是纸面上写着许多"打,打","杀,杀",或"血,血"的。
> 如果这是"革命文学",则做"革命文学家",实在是最痛快而安全的事。④

---

① 《这样做》,载薛绥之主编《鲁迅生平史料汇编(第四辑)》,第 432 页。
② 鲁迅:《怎么写——夜记之一》,《莽原》半月刊第 2 卷第 18、19 合刊,1927 年 10 月 10 日。
③ 鲁迅:《扣丝杂感》,《语丝》第 154 期,1927 年 10 月 22 日。
④ 鲁迅:《革命文学》,上海《民众旬刊》第 5 期,1927 年 10 月 21 日。

正是因此,鲁迅将批判的矛头直指吴稚晖这个被指挥刀指挥的,高喊"打倒……打倒……严办……严办……"的"革命文学的师法"。吴稚晖晚清时期即开始从事革命,是著名的无政府主义者和同盟会元老,曾因和驻日公使蔡钧大战而声名大震,他是少有的能让《现代评论》和《语丝》都接受的人物,譬如林语堂就强调"我渐渐越发相信吴稚晖的野蛮文学论"①,罗家伦和陈西滢也都纷纷称赞吴稚晖是"中国希有的文学天才"②,而其"野蛮文学论""废汉文"和"不看中国书"的主张,也对鲁迅产生了很大的影响。总的来看,"清党"之前的吴稚晖声驰学界,1926年年初《京报副刊》发起"新中国之柱石"的评选,他高居前列,张申府在选票中称吴稚晖"使我景仰之心,不觉油然而生"③,朱岳峙更是在选票中认为吴稚晖"不但是中国学术界的泰斗,并且是咱们这个地球上人类的导师"④。

但是随着吴稚晖积极倡议"清党",以政客面目示人,思想界对其展开了激烈的批评,像周作人就直言:"吴稚晖在南方不但鼓吹杀人,还要摇鼓他的毒舌,侮辱死者,此种残忍行为盖与漆骷髅为饮器无甚差异。"⑤鲁迅因为身处广州无法直言,但他在文章里多次对其人其行暗加讽刺:

> 即如目前的事,吴稚晖先生不也有一种主义的么?而他不但不被普天同愤,且可以大呼"打倒……严办"者,即因为赤党要实行共产主义于二十年之后,而他的主义却须数百年之后或者才行,由此观之,近于废话故也。⑥

> 从指挥刀下骂出去,从裁判席上骂下去,从官营的报上骂开去,真是伟哉一世之雄,妙在被骂者不敢开口。⑦

> 有革命文学家将马克思学说推翻这只用一句,云:"什么马克斯牛克斯"。全世界敬服,犹太人大惭。⑧

鲁迅不只是批判了"革命文学"和"革命文学家"蜕变为杀人工具,更从

---

① 语堂(林语堂):《插论语丝的文体——稳健、骂人、及费厄泼赖》,《语丝》第57期,1925年12月14日。
② 罗家伦:《吴稚晖与王尔德》,《现代评论》第1卷第20期,1925年4月25日。
③ 张申府:《终于投一票》,《京报副刊》,1926年2月10日。
④ 朱岳峙:《他为什么选他们》,《京报副刊》,1926年2月21日。
⑤ 岂明(周作人):《偶感之四》,《语丝》第149期,1927年9月17日。
⑥ 鲁迅:《答有恒先生》,《北新》第1卷49、50期合刊,1927年10月1日。
⑦ 鲁迅:《革命文学》,上海《民众旬刊》第5期,1927年10月21日。
⑧ 楮冠(鲁迅):《拟预言》,《语丝》第4卷第7期,1928年1月28日。

根本上否定了"革命文学"存在的合法性,在他看来,"革命并不能和文学连在一块儿,虽然文学中也有文学革命。但做文学的人总得闲定一点,正在革命中,那有功夫做文学。"①鲁迅的这个看法,主要依据托洛茨基在《文学与革命》中的理论,他在 1925 年 8 月 26 日购买了茂森唯士的日译本,并从中转译了第三章《亚历山大·勃洛克》,1926 年 2 月 23 日又购买了托洛茨基的《无产者文化论》的日译本,1927 年 9 月 11 日购买了《文学与革命》的英译本——正是在此书中,托洛茨基提出了无产阶级文化否定论,其理论基点来自"无产阶级将自己的专政设想为一个短暂的过渡时代"这个判断,所以"根本不会有无产阶级的文化和无产阶级的艺术,因为无产阶级制度只是暂时的、过渡的"②,只有让渡文化领导权给予资产阶级文学家。鲁迅据此提出了自己的"革命时代的文学"三阶段论:

（一）大革命之前,所有的文学,大抵是对于种种社会状态,觉得不平,觉得痛苦,就叫苦,鸣不平,在世界文学中关于这类的文学颇不少。但这些叫苦鸣不平的文学对于革命没有什么影响……

（二）到了大革命的时代,文学没有了,没有声音了,因为大家受革命潮流的鼓荡,大家由呼喊而转入行动,大家忙着革命,没有闲空谈文学了……

（三）等到大革命成功后,社会底状态缓和了,大家底生活有余裕了,这时候就又产生文学。③

正是基于"大革命的时代没有文学"这个判定,鲁迅因而否定了革命文学社和吴稚晖倡导的"革命文学"的合法性,他指出"以革命文学自命的,一定不是革命文学,世间那有满意现状的革命文学? 除了吃麻醉药!"④而广州所谓的"革命文学"的存在,又反过来证明了这是一场"假革命",所以鲁迅强调"革命文学家风起云涌的所在,其实是并没有革命的"⑤,"有人恭维革命,有人颂扬革命,这已不是革命文学。他们恭维革命颂扬革命,就是颂扬有权力者,和革命有什么关系?"⑥

---

① 鲁迅:《文艺与政治的歧途》,载《鲁迅全集(第七卷)》,第 119 页。
② 〔苏〕托洛茨基:《文学与革命》,刘文飞、王景生、季耶译,外国文学出版社,1992 年,第 172、5 页。
③ 鲁迅:《革命时代的文学》,载《鲁迅全集(第三卷)》,第 438、439 页。
④ 鲁迅:《文艺与政治的歧途》,载《鲁迅全集(第七卷)》,第 121 页。
⑤ 鲁迅:《革命文学》,上海《民众旬刊》第 5 期,1927 年 10 月 21 日。
⑥ 鲁迅:《文艺与政治的歧途》,载《鲁迅全集(第七卷)》,第 120 页。

但是,在否定了"国民革命文学"的合法性之后,随之而来的问题必然是真正的革命文学是什么? 鲁迅指出:

> 我以为根本问题是在作者可是一个"革命人",倘是的,则无论写的是什么事件,用的是什么材料,即都是"革命文学"。从喷泉里出来的都是水,从血管里出来的都是血。"赋得革命,五言八韵",是只能骗骗盲试官的。①

"革命人"的提法,"其概念、用词都来源于茂森唯士翻译的托洛茨基的日文版的《文学与革命》"②,鲁迅之所以接受托洛茨基的理论,是因为后者让鲁迅认识到了"文学"与"革命"的关系,而"革命人"是一个关键的衡量标准。所以,早在1926年所作的《中山先生逝世后一周年》中,鲁迅就强调"托洛斯基曾经说明过什么是革命艺术。是: 即使主题不谈革命,而有从革命所发生的新事物藏在里面的意识一贯着者是;否则,即使以革命为主题,也不是革命艺术"③,1927年他又在《革命时代的文学》的演讲中,强调"为革命起见,要有'革命人','革命文学'倒无须急急,革命人做出东西来,才是革命文学"④。

显然,鲁迅一直都是用"革命人"的标准,来判断真正的"革命"和"革命文学"。但需要注意的是,鲁、托两者所指的"革命人"有很大的差异,托洛茨基指的是参与实际行动的"革命家",鲁迅更偏重"有革命精神的人",这坚持了他一贯从"思想革命"看问题的视角,强调了真正的革命意识更重于阶级身份和创作题材这些外在的标准。也正因此,"革命人"理论的提出,实际赋予了鲁迅文学在革命时代存在的合法性,本来按照他自己的三阶段论,革命时代并没有文学和文学家的位置。

但是,"革命人"的定位也有其局限性,虽然它提供了鲁迅这类文学家存在的空间,却是以"革命"消弭"文学"主体性为代价的。不仅如此,何谓真正"革命人"的判定,也深受现实政治权力和各种理论的影响。这正如此前鲁迅听到革命家说"写长信,就是反革命的"时的困惑:

> 但同时也记起了苏俄曾经有名的诗人,《十二个》的作者勃洛克的

---

① 鲁迅:《革命文学》,上海《民众旬刊》第5期,1927年10月21日。
② 〔日〕长堀祐造:《鲁迅"革命人"的提出》,《鲁迅研究月刊》2002年第10期。
③ 鲁迅:《中山先生逝世后一周年》,《国民新报·孙中山先生逝世周年纪念特刊》,1926年3月12日。
④ 鲁迅:《革命时代的文学》,载《鲁迅全集(第三卷)》,第437页。

话来：——

　　"共产党不妨碍做诗，但于觉得自己是大作家的事却有妨碍。大作家者，是感觉自己一切创作的核心，在自己里面保持着规律的。"

　　共产党和诗，革命和长信，真有这样地不相容么？我想。①

　　正是在这种情况下，鲁迅需要重新思考文学和文学家在政治革命时代存在的基础。

第三节　有限革命与"国民革命鲁迅"的解构

一、"国民革命鲁迅"形象的文本建构

　　虽然"清党"让鲁迅的梦幻破灭，由此开始了对国民革命的激烈批判，但让他吃惊的是，钟敬文此时竟然编纂了《鲁迅在广东》，建构起了一个主动革命的"国民革命鲁迅"形象。1927 年 7 月此书由上海北新书局出版，广告是"本书乃收集鲁迅在广东时，那里的一般青年访他，诵扬他，批评他，希望他的文字而成。后附鲁迅先生在广东的言论和演说，皆极有价值之作。实价三角"②。具体来说，《鲁迅在广东》收录了 12 篇时评，附录了鲁迅杂文《黄花节的杂感》和他在中山大学学生会欢迎会、香港青年会、中山大学开学时的三篇演讲。

　　从编选体例来看，《鲁迅在广东》模仿了台静农 1926 年编选出版的《关于鲁迅及其著作》，该书作为第一本鲁迅时评收集，塑造了"新文学第一个开拓者""思想界的权威者""青年叛徒的首领"③的鲁迅形象，显然这是一个未名社同人关于"思想革命鲁迅"形象的有意建构。但钟敬文的目的与此不同，他的重心已经从"鲁迅先生的创作成绩"转向了"战斗精神"④，其编选不但有着鲜明的甘乃光"左派青年团"的背景，更是基于广州"清党"之后的斗争需要：

　　　　因为我编辑这个集子，是在那一年的四五月间。当时正是白色恐

---

① 鲁迅：《在钟楼上——夜记之二》，《语丝》第 4 卷第 1 期，1927 年 12 月 17 日。
② 《鲁迅在广东》（书刊介绍），《北新》第 1 卷第 47、48 期合刊，1927 年 9 月 16 日。
③ 台静农编：《关于鲁迅及其著作》，开明书店，1926 年，第 25、38 页。
④ 钟敬文：《对〈读书与革命〉的处理问题》，载钟敬文著、译，王得后编《寻找鲁迅·鲁迅印象》，第 21 页。

怖弥漫全国的时候,而文集里所收的有些文章,那刊载处是被认为"违禁"的(如《少年先锋》、《做什么?》等),为了使那个集子能够安然出版和流传,我就把刊载处一律去掉了。①

此时的《国民新闻》"由于国民党反动派政治上的需要,由于他们内部的权力争夺,报社社长由甘乃光换为极右的曾养甫,《新时代》编者梁式换了共产党叛徒孔某,连《新时代》这个名称,也被改换成《新出路》了。它完全变成国民党极右派反革命的传声筒了"②。也正因此,钟敬文编选的《鲁迅在广东》就成了一本"应时的书",甚至梁式"劝他不要出版得那么早,他却不管,剪贴一完,便付排印"③,由此可以看出钟敬文试图借助鲁迅来表达其左派政治倾向的急切心情。

具体来说,《鲁迅在广东》收录的 16 篇文章中,有将近一半发表在《新时代》上,它们分别是张迁庐的《欢迎鲁迅先生来广州》、钟敬文的《记找鲁迅先生》、尸一(梁式)的《鲁迅先生在茶楼上》、宋云彬的《鲁迅先生往那里躲》、景宋女士(许广平)的《鲁迅先生往那些地方躲》、尸一(梁式)的《还要谈及鲁迅》、鲁迅的《老调子已经唱完》等。由于甘乃光同时也是《广州民国日报》的社长,因而在其正刊和副刊上也发表了很多关于鲁迅的消息、演讲和评论,尤其是副刊《现代青年》曾在 1927 年 1 月 27 日出版过一期欢迎鲁迅专号,其中陈寂的《鲁迅的胡须》和林霖所记的《鲁迅先生的演说——在中山大学学生会欢迎会席上》被钟敬文收入《鲁迅在广东》。此外甘乃光还兼任中山大学政治训育部副主任,其下属的《政治训育》"黄花节特号"曾发表过鲁迅的《黄花节的杂感》,此文也被收入。不仅如此,钟敬文还收录了林霖所记的鲁迅在中山大学开学时的演讲《读书与革命》,此文发表在国民党广东省执行委员会青年部出版的《广东青年》上。同时由于钟敬文和毕磊很熟,经常在《少年先锋》发表文章,因而《鲁迅在广东》也收录了毕磊的《欢迎了鲁迅以后》和一声(刘一声)的《第三样世界的创造》这些中共方面的文章。

显然,钟敬文在"清党"的白色恐怖情况下,还坚持选择本派刊物以及共产党方面的文章,明显反映了他坚持的是"清党之前"的那个"广东"和那个

① 钟敬文:《对〈读书与革命〉的处理问题》,载钟敬文著、译,王得后编《寻找鲁迅·鲁迅印象》,第 22 页。

② 钟敬文:《新发现的鲁迅佚文的一个问题》,载钟敬文著、译,王得后编《寻找鲁迅·鲁迅印象》,第 29 页。

③ 尸一(梁式):《可记的旧事》,载薛绥之主编《鲁迅生平史料汇编(第四辑)》,第 287 页。

"鲁迅"所代表的国共合作的"国民革命"理念。而在搞清了《鲁迅在广东》编选背后的国民党左派背景后,我们需要进入其文本内部,来看钟敬文是如何通过文章选择来贯彻其政治意图,进而建构出一个全新的"国民革命鲁迅"形象的。总体来看,《鲁迅在广东》主要对鲁迅进行了三个方面的改造:

(一)形象定位:从"文学家"到"时代的战士"

鲁迅初到时的报道并不少,像《广州民国日报》最初称其为"著名文学家"[1],《国立中山大学校报》则记载了作为"文科教授"和"教务主任"的鲁迅行迹。但钟敬文并不看重这些身份,相反,他突出了"思想界的权威者""青年叛徒的领袖""时代的战士"[2]这三个核心定位,并且强调"我们也不以他曾被称为中国'思想界的权威者','青年叛徒的领袖'而才表示欢迎","在这里的鲁迅先生,是以战士身而显现了"[3]。为此,《鲁迅在广东》中特意选录了一批广东青年拜访鲁迅的访问记,譬如钟敬文的《记找鲁迅先生》、尸一(梁式)的《鲁迅先生在茶楼上》、陈寂的《鲁迅的胡须》等,通过这些"朝圣"记录来体现革命阵营对"时代的战士"的看重。

同时,钟敬文也选录了宋云彬的《鲁迅先生往那里躲》和许广平的《鲁迅先生往那些地方躲》,讲述了一个南方革命阵营对"灰色"鲁迅的"拉,捧,打"的改造过程,进而由梁式在《还要谈及鲁迅》中,提出了鲁迅必须与青年们"谈天,说笑话,演讲,骂,呐喊,做文章,进象牙之塔,到十字街头,入研究室,上群众大会场的高台等等"的"战士"任务。而《鲁迅在广东》特别增加的鲁迅作文演讲的"附录",正是他作为"战士"为国民革命"呐喊"的明证,在这些文章里,鲁迅号召广东青年"抛弃了老调子"(《老调子已经唱完》),"有声的发声,有力的出力"(《鲁迅先生的演说》),强调"革命无止境"(《黄花节的杂感》),"青年们要读书不忘革命"(《读书与革命》)。

(二)思想革命:从"反对旧时代"到"希望新时代"

在广东左派看来,"鲁迅之所以值得我们青年的欢迎,是他在'思想革命'这项工作上努力"[4],他们希望鲁迅痛砭广州的问题,为此钟敬文挑选了鲁迅的4篇文章,其中他批评了"广东是旧的"(《鲁迅先生的演说》),"老调子将中国唱完"(《老调子已经唱完》),而革命则"被人们忘却"(《黄花节的

① 《中大聘鲁迅担任教授》,《广州民国日报》,1926 年 11 月 15 日。
② 譬如张迂庐的《欢迎鲁迅先生来广州》、钟敬文的《记找鲁迅先生》、一声(刘一声)的《第三世界的创造》、黎锦明的《鲁迅先生》、招文远的《乱谈一阵》等。
③ 张迂庐:《欢迎鲁迅先生来广州》,载钟敬文编《鲁迅在广东》,第 1、2 页。
④ 一声(刘一声):《第三样世界的创造——我们应当欢迎的鲁迅》,载钟敬文编《鲁迅在广东》,第 55 页。

杂感》),"对于一切旧制度,宗法社会的旧习惯,封建社会的旧思想,还没有人向他们开火!"(《读书与革命》)。但在广东这个国民革命大本营,仅仅是反封建的思想革命还不够,"有人拿他自己的尺去量鲁迅,说他没有喊过什么口号,没有发表过板起脸孔的政治论文,就说他不革命"①,事实上,一声就批评鲁迅只打"军阀的哈巴狗","只是冷笑,呐喊",因而"不是战斗者"②。

为此革命者一方面重新解释何谓"革命",认为"革命本身就是艺术,并不是一夫夜呼的揭竿起义,也不是仅仅板起脸来做长篇大文或喊破喉咙叫打倒帝国主义,就算尽革命之能事"③;另一方面重新解释鲁迅的属性,强调"鲁迅终是向前的。他和我们一样,是廿世纪时代的人。他不但在卢骚孟德斯鸠之后,并且在马克思列宁之后;不但在法国革命之后,并且在俄国革命之后。在这个新时代的巨潮中,他自己是受着震荡的。所以他不但在消极方面反对旧时代,同时在积极方面希望着一个新时代"④。正是在这一点上,鲁迅期待的"第三样时代"和两广青年期待的"新时代"合而为一了。

(三)新时代文艺:从"小说"到"论文"

广州青年努力沟通鲁迅文学和国民革命,强调"革命的本身也是一种艺术"⑤。所以,"一个站在新时代的文艺作家和革命的实践者领导者要一样的受我们的尊敬",他们从革命角度重新解释了鲁迅此前的创作,认为"他不像人道主义者。他同情被压迫阶级,同情无产阶级",基于这种阶级视角,阿Q就具有了潜在的革命性,"他因为恨毒中国的上流社会,恨毒极了,时常有愚弄他们的暗示"。⑥

但是"革命的观点"推到极致,也就颠倒了鲁迅小说和杂文的关系。在南方革命者看来,"作者由《呐喊》时代到《彷徨》时代",出现了"艺术,进步与热情的衰退的痕迹"⑦,而"使我们最难忘的"实则是《热风》和《华盖集》中的"杂感短文"⑧。一声对此做了具体分析,他认为鲁迅的小说是"失望的,冷的","他没有叫农民起来反抗他们的命运,也没有叫青年回到农村去改造农村。他只是很冷然地去刻划,去描写",因而小说"或许是鲁迅的创作

---

① 宋云彬:《鲁迅先生往那里躲》,载钟敬文编《鲁迅在广东》,第45页。
② 一声(刘一声):《第三样世界的创造——我们应当欢迎的鲁迅》,载钟敬文编《鲁迅在广东》,第59页。
③ 宋云彬:《鲁迅先生往那里躲》,载钟敬文编《鲁迅在广东》,第46页。
④ 一声(刘一声):《第三样世界的创造——我们应当欢迎的鲁迅》,载钟敬文编《鲁迅在广东》,第60页。
⑤ 宋云彬:《鲁迅先生往那里躲》,载钟敬文编《鲁迅在广东》,第45页。
⑥ 锦明(黎锦明):《鲁迅先生》,载钟敬文编《鲁迅在广东》,第32、31页。
⑦ 任叔:《鲁迅的彷徨》,载钟敬文编《鲁迅在广东》,第78页。
⑧ 张迂庐:《欢迎鲁迅先生来广州》,载钟敬文编《鲁迅在广东》,第2页。

对于革命的消极的贡献罢",但他"用泼皮(华盖集 21 页)打狗(莽原半月刊第一期)的态度去写论文","变成泼皮,拿起短棒,去和他们相殴相打",所以"他的作品对于革命的文化运动上的贡献,我们可以说,论文实在比小说来得大"。①

不难看出,《鲁迅在广东》虽然涉及鲁迅初到广州的演讲、访问记和评论,看起来是非常全面的实录,但其实都是钟敬文精心挑选的结果——他通过有意识的文章选择和体例编排,将鲁迅从一个北京时期的著名新文学家,成功建构成代表广东新时代文艺的"国民革命鲁迅"形象。这并非是钟敬文和广州国民党左派的一厢情愿的意识形态建构,实际既有着北京时的鲁迅又有着广州时的鲁迅的国民革命参与支撑,由此就将一个知识阶级的特殊利益代表升格为国民革命的全民利益代表,从而激发出鲁迅的新资源和新形象。

二、"被动革命"与重叙"鲁迅在广东"

《鲁迅在广东》出版后,"这书的销量相当好"②,九月初鲁迅看见其广告后,立即写信给出版商李小峰表示抗议:

> 还有一层,我凡有东西发表,无论讲义,演说,是必须自己看过的。但那时太忙,有时不但稿子没有看,连印出了之后也没有看。这回变成书了,我也今天才知道,而终于不明白究竟是怎么一回事,里面是怎样的东西。现在我也不想拿什么费话来捣乱,但以我们多年的交情,希望你最好允许我实行下列三样:——
> 一,将书中的我的演说,文章等都删去。
> 二,将广告上的著者的署名改正。
> 三,将这信在《语丝》上发表。
> 这样一来,就只剩了别人所编的别人的文章,我当然心安理得,无话可说了。但是,还有一层,看了《鲁迅在广东》,是不足以很知道鲁迅之在广东的。我想,要后面再加上几十页白纸,才可以称为"鲁迅在广东"。③

---

① 一声(刘一声):《第三样世界的创造——我们应当欢迎的鲁迅》,载钟敬文编《鲁迅在广东》,第 56、57、58 页。
② 尸一(梁式):《可记的旧事》,载薛绥之主编《鲁迅生平史料汇编(第四辑)》,第 287 页。
③ 鲁迅:《通信》,《语丝》第 151 期,1927 年 10 月 1 日。

9月19日,鲁迅又分别致信翟永坤和章廷谦说:"《鲁迅在广东》我没有见过,不知道是怎样的东西,大约是集些报上的议论罢。但这些议论是一时的,彼一时,此一时,现在很两样"①,"北新出了一本《鲁迅在广东》,好些人向我来要,而我一向不知道"②。

可以看出,鲁迅对《鲁迅在广东》很不满,但"稿子没有看"并不符合事实:首先他后来承认"《老调子……》原是自己改过的"③;其次《读书与革命》发表时,"编者附识"指出"由林霖同志笔记,鲁迅先生又亲自校阅过"④;最后,在《鲁迅先生的演说》"记者附志"中,林霖强调该文因为编辑催稿,"不得已,只得向鲁迅先生和读者告罪,把这篇稿子发了"⑤,但"清水"在1936年的回忆中也提及了本次演讲⑥,马蹄疾比对后认为与林霖记的大同"小异":"这篇讲稿的内容,当然与鲁迅的讲演有'漏落,错误'的地方,但其基本观点与鲁迅的原意大致是一致的,其中谈到的一些问题的观点,是符合当时鲁迅的思想的,我们可以从鲁迅当时的其他文字里找到类似的观点。"⑦

真实的原因,其实在于鲁迅说的另外两句话:"要后面再加上几十页白纸,才可以称为'鲁迅在广东'","这些议论是一时的,彼一时,此一时,现在很两样"。显然,鲁迅认为存在着"两个鲁迅"形象,并且因为"清党"的出现,他前后的看法已经大变。然而此时却有读者来信,指出"鲁迅先生的'思想革命! 救救孩子!'的精神,都不见于文字中了",希望"在现在的国民革命正沸腾的时候","我们还得要请求于鲁迅先生来亲自出马,对现社会下攻击"⑧,鲁迅意识到需要公开声明自己对于"清党"的态度,重新解释自己来广东的目的和言行,以消弭《鲁迅在广东》中的那个单一的积极的"国民革命鲁迅"形象。为此鲁迅做了两个方面的工作:第一,公开撰文批判国民党和国民革命;第二,撰写了一系列文章,追溯自己初到广州的历史,重新建构出一个"咬着牙关,背了'战士'的招牌"的"被动革命鲁迅"形象,他在"全不知

---

① 鲁迅:《270919致翟永坤》,载《鲁迅全集(第十二卷)》,第67、68页。

② 鲁迅:《270919致章廷谦》,载《鲁迅全集(第十二卷)》,第70页。

③ 鲁迅:《341219致杨霁云》,载《鲁迅全集(第十三卷)》,第306页。

④ "编者附识",《读书与革命——中山大学开学演说词》,《广东青年》第3期,1927年4月1日。参看《关于〈读书与革命〉的一点说明》,载《鲁迅在广州》,广东人民出版社,1976年,第21页。

⑤ "记者附志",《鲁迅先生的演说——在中山大学学生会欢迎会席上》,载钟敬文编《鲁迅在广东》,第95页。

⑥ 清水:《我忆念到鲁迅先生》,《西北风》第13期,1936年12月5日。

⑦ 马蹄疾:《鲁迅讲演考》,第132页。

⑧ 有恒(时有恒):《这时节》,《北新》第1卷第43、44期合刊,1927年8月16日。

情"的情况下被宣传利用,而自己的批评言论却"被删掉了"。其具体策略是:

(一)战士招牌:从主动革命到被动革命

关于鲁迅在中大学生会欢迎会上的演说,《鲁迅在广东》中是这样讲的:

> 我为什么要来呢?我听人家说,广东是很可怕的地方,并且赤化了!既然这样奇,这样可怕,我就要来看,看看究竟怎样——这样我便到此地来了。
>
> 现在不是客气的时候了,有声的发声,有力的出力,现在是可以动了,是活动的时候了。
>
> 我自己也一定不站在旁观地位来说话,其实在社会上是没有旁观地位可说的,除了你不说话。我年纪比较老一点,我站在后面叫几声,我是很愿意的,要我来开路,那实在无这种能力,至于要我帮忙,那或者有力可以做得到。①

从林霖所记的来看,鲁迅是因为支持革命而来的广州,他主动表态要出力发声,但在"清党"后致李小峰的信中,他讲述了一个被绑架的"被动革命"者:

> 我到中山大学的本意,原不过是教书,然而有些青年大开其欢迎会。我知道不妙,所以首先第一回演说,就声明我不是什么"战士","革命家"。倘若是的,就应该在北京,厦门奋斗;但我躲到"革命后方"的广州来了,这就是并非"战士"的证据。
>
> 不料主席的某先生——他那时是委员——接着演说,说这是我太谦虚,就我过去的事实看来,确是一个战斗者,革命者。于是礼堂上劈劈拍拍一阵拍手,我的"战士"便做定了。拍手之后,大家都已走散,再向谁去推辞?我只好咬着牙关,背了"战士"的招牌走进房里去,想到敝同乡秋瑾姑娘,就是被这种劈劈拍拍的拍手拍死的。我莫非也非"阵亡"不可么?
>
> 没有法子,姑且由它去罢。然而苦矣!访问的,研究的,谈文学的,侦探思想的,要做序,题签的,请演说的,闹得个不亦乐乎,我尤其怕的是演说,因为它有指定的时候,不听拖延。临时到来一班青年,连劝带逼,将你绑了出去。而所说的话是大概有一定的题目的。命题作文,我

---

① 鲁迅(林霖记):《鲁迅先生的演说》,载钟敬文编《鲁迅在广东》,第84、89、92页。

最不擅长。①

(二) 广州之旧:从永远革命到奉旨革命

关于初到广州的观感,《鲁迅在广东》中的演讲这样说:

> 据我二只眼睛所看见的,广东比起旧的社会,没有什么特别的情形,并不见得有两样。我只感觉着广东是旧的。②

> 要改革的地方很多:现在地方上的一切还是旧的,人们的思想还是旧的,这些都尚没有动手改革,我们看,对于军阀,已有黄埔军官学校同学去攻击他,打倒他了。但对于一切旧制度,宗法社会的旧习惯,封建社会的旧思想,还没有人向他们开火!③

可以看出,鲁迅的确一到广州就发现其"旧",但他视之为革命不彻底,所以学生和民众应该坚持孙中山的"永远革命"精神。然而"清党"之后,鲁迅却这样说:

> 我抱着梦幻而来,一遇实际,便被从梦境放逐了,不过剩下些索漠。我觉得广州究竟是中国的一部分,虽然奇异的花果,特别的语言,可以淆乱游子的耳目,但实际是和我所走过的别处都差不多的。……

> 到后来,却有些改变了,往往斗胆说几句坏话。然而有什么用呢?在一处演讲时,我说广州的人民并无力量,所以这里可以做"革命的策源地",也可以做反革命的策源地……当译成广东话时,我觉得这几句话似乎被删掉了。给一处做文章时,我说青天白日旗插远去,信徒一定加多。但有如大乘佛教一般,待到居士也算佛子的时候,往往戒律荡然,不知道是佛教的弘通,还是佛教的败坏? ……然而终于没有印出,不知所往了……。

> 但我初到广州的时候,有时确也感到一点小康。前几年在北方,常常看见迫压党人,看见捕杀青年,到那里可都看不见了。后来才悟到这不过是"奉旨革命"的现象,然而在梦中时是委实有些舒服的。④

---

① 鲁迅:《通信》,《语丝》第151期,1927年10月1日。
② 鲁迅(林霖记):《鲁迅先生的演说》,载钟敬文编《鲁迅在广东》,第85页。
③ 鲁迅(林霖记):《读书与革命——中山大学开学演说词》,载钟敬文编《鲁迅在广东》,第122、123页。
④ 鲁迅:《在钟楼上——夜记之二》,《语丝》第4卷第1期,1927年12月17日。

此时的鲁迅显然是强调南北政府没有不同,存在的只有"奉旨革命",实际上"反革命"正在潜伏,而不久后发生的"清党"就是明证。

（三）革命文学：从革命工具到政治工具

关于革命文学的认识,《鲁迅在广东》中强调：

> 文艺这个东西大不可少,究竟我们还有意思,有声音,有了这些,我们便要叫出来,我们有灵魂,得让他叫出来使大家知道。①
>
> 青年应该放责任在自己身上,向前走,把革命的伟力扩大!
>
> 要改革的地方很多：现在地方上的一切还是旧的,人们的思想还是旧的,这些都尚没有动手改革,我们看,对于军阀,已有黄埔军官学校同学去攻击他,打倒他了。但对于一切旧制度,宗法社会的旧习惯,封建社会的旧思想,还没有人向他们开火!②

从这些话来看,鲁迅其实在倡导一种广义的"革命文学",它的主要斗争对象是旧制度、旧习惯、旧思想,其最终目的是"把革命的伟力扩大"。但是"清党"之后,鲁迅却对"革命文学"进行了讽刺：

> 但对于先有了"宣传"两个大字的题目,然后发出议论来的文艺作品,却总有些格格不入,怎不能直吞下去的模样,就和雒诵教训文学的时候相同。③
>
> 世间往往误以两种文学为革命文学：一是在一方的指挥刀的掩护之下,斥骂他的敌手的；一是纸面上写着许多"打,打","杀,杀",或"血,血"的。……革命文学家风起云涌的所在,其实是并没有革命的。④
>
> 我在广东,曾经批评一个革命文学家——现在的广东,是非革命文学不能算做文学的,是非"打打打,杀杀杀,革革革,命命命",不能算做革命文学的——我以为革命并不能和文学连在一块儿,虽然文学中也有文学革命。但做文学的人总得闲定一点,正在革命中,那有

---

① 鲁迅（林霖记）：《鲁迅先生的演说》,载钟敬文编《鲁迅在广东》,第 88 页。
② 鲁迅（林霖记）：《读书与革命——中山大学开学演说词》,载钟敬文编《鲁迅在广东》,第 122 页。
③ 鲁迅：《怎么写——夜记之一》,《莽原》半月刊第 2 卷第 18、19 期合刊,1927 年 10 月 10 日。
④ 鲁迅：《革命文学》,上海《民众旬刊》第 5 期,1927 年 10 月 21 日。

功夫做文学。①

这些言论的核心是批判革命文学的政治宣传性和杀人工具性,并以这种假革命文学的存在,反证这是一场"假革命",因此就被那些试图剥离鲁迅与革命关系的学者,解读为他一贯的启蒙独立精神的体现。

实际上,"两个鲁迅"是内因与外因、主动与被动交相混合的产物,而鲁迅对自我历史的遮蔽重叙,反映出了知识阶级与国民革命的复杂关系,最终这种历史重叙和"被动革命"形象建构取得了很好的效果,像后来李长之的《鲁迅批判》在谈到广东鲁迅时,就明显接受了这些说法,共产党一方更是依托鲁迅的重叙,进一步解读为他对"红中夹白"的"清醒的认识",由此建构出了"共产革命鲁迅"和"党的鲁迅"形象②。

三、"有限革命"与"大革命"的悖论

国民革命长期以来被视为一场失败的革命,其根源也往往被归结为"两步走"革命战略的不彻底性,但从"国民革命鲁迅"形象的建构来看,恰恰是国民革命的这种不彻底性制造了很大的张力空间。

如果对比一下"思想革命鲁迅"和"共产革命鲁迅"形象,可以看出"国民革命鲁迅"的立场介于二者之间,其"时代的战士"定位有着内在的悖论:一方面将鲁迅降格为国民革命的一名"战士",但另一方面仍旧认为鲁迅代表着"新时代"。不难看出,"国民革命鲁迅"用政治革命改造了"思想革命鲁迅"的启蒙先驱定位,将其从一个北京时期的著名新文学家,建构为代表广东新时代文艺的革命战士,最早激发出了鲁迅思想和文学中的政治革命和实践参与的一面,去沟通文学与革命、知识阶级与政党政治,但又没有走到"共产革命鲁迅"那种极端的"党的一名小兵"③的程度,后者在1928年的革命文学论争中,明确指出"鲁迅终究不是这个时代的表现者"④,"只是社会变革期中的落伍者"⑤。实际上,国民革命时期像一声那样认为鲁迅"不是战斗者",其思想革命低于国民革命的作者,只是《鲁迅在广东》中的少数派,而且这是来自中共方面的看法,即便是在中共内部,毕磊和一声的看法

① 鲁迅:《文艺与政治的歧途》,载《鲁迅全集(第七卷)》,第119页。
② 徐彬如:《回忆鲁迅一九二七年在广州的情况》,载鲁迅研究资料编辑部编《鲁迅研究资料 1》。
③ 许广平著,周海婴主编:《鲁迅回忆录(手稿本)》,第155页。
④ 钱杏邨:《死去了的阿Q时代》,《太阳月刊》3月号,1928年3月1日。
⑤ 冯乃超:《艺术与社会生活》,《文化批判》创刊号,1928年1月15日。

也非常不同,毕磊就极为推崇鲁迅,认为广东"叫鲁迅先生失望",青年们需要鲁迅"帮助我们喊,指导我们喊,和我们一同喊"①。

也正是基于国民革命的"民主主义"和"联合战线"属性,鲁迅式激进知识阶级才能被视为与"工人和农民""手工业者"并列的三大革命力量之一②,因其"先锋和桥梁"的作用,而被建构为代表国民革命的"时代的战士":鲁迅代表着国民革命时代的新文艺,他比资产阶级思想进步,不仅是一名人道主义者,还同情被压迫的无产阶级;当然,他也被认为存在一些问题,譬如更多在消极方面反对旧时代,而非积极方面希望新时代,更多批判叭儿狗而非批判军阀,更多独战冷嘲而非群众性的冲锋陷阵等。正是因此,我们发现"国民革命鲁迅"形象虽然不是"广东鲁迅"乃至"中期鲁迅"的全部,但确实曾经短暂存在过,"存在"反映了鲁迅与国民革命有着趋同的一面,但"短暂"又反映出二者有着很大的差异。

但在共产革命的语境里,鲁迅的存在空间被大大压缩了,由于国民革命中一部分知识阶级的反动表现,中共内部出现了强烈的"打倒知识阶级"倾向,他们开始从阶级论和共产革命出发,不但认为知识阶级"是不成其为阶级的",而且认为"五卅后阶级分化急遽的过程里,他们都渐渐的'各有其主',而分属于各社会阶级了"③,如此一来,知识阶级就从源头上被肢解和分子化了,他们被当成了革命性犹疑的"小资产阶级"的"知识分子"。因而"共产革命鲁迅"理解的鲁迅加入左联,是从进化论到阶级论的飞跃重生,在这个"突变论"的鲁迅道路转向解释中,不但他的国民革命参与被遮蔽掉了,即便是其自身的革命传统,"现在已由鲁迅先生的自我批判把它扬弃了。我们现在都同达到了一个阶段,同立在了一个立场"④,所以"共产革命鲁迅"的形象,实际就是许广平所言的"党的一名小兵"。

鲁迅与国民革命的关系里,最值得分析的地方在于:既然国民革命提供了如此富有张力的生存空间,而共产革命更具一体化和彻底性,何以从鲁迅的发展道路看,他与国民革命的关系反而弱于共产革命呢?推究问题的根源,与国民革命的"有限革命"性有关——它本质上仍是一场偏于国家民族独立的上层政治革命,它以"打倒列强除军阀"的反帝建国为目

---

① 坚如(毕磊):《欢迎了鲁迅以后》,载钟敬文编《鲁迅在广东》,第 21 页。
② 《中共第四次全国大会宣言》,载中共中央书记处编《六大以前——党的历史材料》,第 235 页。
③ 瞿秋白:《中国革命中之争论问题》,载中共中央书记处编《六大以前——党的历史材料》,第 709 页。
④ 郭沫若:《"眼中钉"》,《拓荒者》第 4、5 期合刊,1930 年 5 月 10 日。

的,民众动员更多是革命的手段,因而它既不是真正的现代社会革命,又不是共产革命那种彻底的阶级革命,至于名义上领导这场革命的国民党,更是偏于精英上层的特殊利益集团,所以"清党"后鲁迅认为"这次的革命运动,也只是在三民主义——国民革命等言词的掩护下,肆无忌惮地实行超过军阀的残酷行为而告终"①,由此他和国民党的趋近和分离也就不难理解了。

在鲁迅看来,"革命是并非教人死而是教人活的"②,它应以"创造这中国历史上未曾有过的第三样时代"为前提,因而鲁迅眼中的"革命"是一个以进化论为支撑的"解放议程",它既是一种历史意识,又是一种未来乌托邦,这实际是一种"大革命",不但具有思想革命、政治革命、社会革命的全面性和多元性,还追求彻底和持久的变革,其背后是一种"永远革命"的精神。而这也是五四阵营的一种普遍革命观,正如傅斯年指出的:"本来近代的革命不单是一种政治改变,而是一切政治的、思想的、社会的、文艺的相互改革,否则革命只等于中国史上之换朝代,试问有何近代意义呢?"③这种"近代意义上的革命"是"把革命用作广义的",相对之下,政治革命就成了"狭义"的革命,所以"制度革命思想不革命"是"绝不得谓为革命成功"。④ 从鲁迅对国民革命的批判来看,他确实始终从思想革命的角度来看政治革命,认为它虽变革了制度却失落了"革命精神",退变为一场"受机关枪拥护"的、虚伪投机的假革命。也正因此,丸山升认为"鲁迅作为一位个体在面对整个革命时的方式是精神式的、文学性的","光是政治革命救不了中国,需要精神的、或者说是人的革命",因而这是一个"将革命作为终极课题而生活着的鲁迅"无限生发出"文学者鲁迅"的运动。⑤

也正是基于这种"大革命"观,鲁迅的一生才能自由穿梭于反清革命、辛亥革命、文学革命、思想革命、国民革命和共产革命等不同的"革命"形式之间,这虽然给当时的人和后来的研究者带来了极大的困惑,但对其本人来说并不奇怪,因为作为解放议程和未来想象的"革命",自然存在各种现实可能形式。正如丸山升指出的,鲁迅"不把革命视为观念,而是将革命当作确实能开创现实的事业",所以他思想道路的变化只是"他对中国革命、变革的承

---

① 〔日〕山上正义:《谈鲁迅》,李芒译,载鲁迅研究室编《鲁迅研究资料 2》。
② 鲁迅:《上海文艺之一瞥》,载《鲁迅全集(第四卷)》,第304页。
③ 傅斯年:《陈独秀案》,载傅斯年《现实政治》,陕西人民出版社,2012年,第106页。
④ 高一涵:《非"君师主义"》,《新青年》第5卷第6号,1918年12月15日。
⑤ 〔日〕丸山升:《辛亥革命与其挫折》,载氏著《鲁迅·革命·历史——丸山升现代中国文学论集》,王俊文译,第37、30页。

担者和实现过程的认识的变化"①,对鲁迅而言,辛亥革命、国民革命乃至共产革命不过是变革的承担者和实现方式的变化,一旦它们不能实现他期待的彻底变革,那他会继续期待新的政治革命。所以鲁迅在对国民革命失望之后,并未"被头挂退",反而在"革命尚未成功,同志仍须努力"的理念下选择了"继续革命",把共产革命作为新的联合对象。这不仅仅是因为共产革命是一场"在野革命",更是因为它同样坚持"大革命"的精神。

纵观鲁迅一生,他一直在努力追求真正的"革命"和"革命人",其关注重心并非如何接受或者拒绝某种特定的革命方式和革命理论,所以他对现实中各种政治革命的贴近和支持,不是无条件的、绝对的,更多是以它们对现实的变革作用为基础的。也正因此,对鲁迅而言,"马克思主义也不是终点;只是因为它多少能给当时中国的现实带来改变的途径,因此逐渐地引起鲁迅的注目"②,而双方的疏离早在 1925 年高长虹就体会到了:"鲁迅那时的政治思想还没有确定,凡是革命的,进步的,他都赞成。我曾问他对于马克思主义有什么意见,他说:'怕是对的吧!'不过,他对于那时的青年共产主义者却很表示不满,常说他们是皇太子主义,以为明天的天下一定是他们的。"③

---

① 〔日〕丸山升:《"革命文学论战"中的鲁迅》,载氏著《鲁迅·革命·历史——丸山升现代中国文学论集》,王俊文译,第 49、42 页。
② 〔日〕丸山升:《作为问题的 1930 年代》,载氏著《鲁迅·革命·历史——丸山升现代中国文学论集》,王俊文译,第 202 页。
③ 高长虹:《一点回忆——关于鲁迅和我》,载山西省盂县《高长虹全集》编辑委员会编《高长虹全集(第四卷)》,第 362 页。

结语　"文学政治"与"鲁迅 革命传统"的创造

　　"清党"之后的鲁迅,这样评价自己的南下经历:"回想起我这一年的境遇来,有时实在觉得有味。在厦门,是到时静悄悄,后来大热闹;在广东,是到时大热闹,后来静悄悄。肚大两头尖,像一个橄榄。"这话如果放大看,其实也是"中期鲁迅与国民革命"的关系写照,双方经历了一个相遇(静悄悄)—合作(大热闹)—分离(静悄悄)的过程,鲁迅也在此过程中从一个"文人变为国家的首要政治家",然而"清党"之后他又跌下神坛,"'战士'与'革命'"的"旧衔似乎已经革去",他开始被称为"杂感家",除了"尖锐的笔调,此外别无可称"。①

　　反过来,自然是鲁迅对国民革命的失望,他本来在内心里将其视为"第二次辛亥革命",他因辛亥革命失败而沉寂的政治革命意识被重新激活,试图突破五四精英文化和资产阶级代议民主制,接受新政党政治和大众民族民主观念,努力抑制知识阶级和文学主体性,配合革命斗争做一个真正的"革命人",进而建构新革命文化来参与再造"新民国"的历史进程,然而最终发现所谓第二次辛亥革命比第一次的下场还悲惨,"在辛亥革命的幻梦中,阿Q'砰'的一声被枪杀了。但是,现在,鲁迅似曾怀疑,在这个广州,在广州革命的幻影中,是否'阿Q'的作者本身,也将被当作'阿Q''砰'的一声被枪杀掉"②。

　　事实上,此时的国民革命不但要消灭封建落伍者,还要"打倒智识阶级,再利害一点甚至于要杀智识阶级了"③,即便鲁迅在《革命时代的文学》中极力表示"文学是最不中用的","文学家"不如真正的"革命的战士"重要,但仍被黄埔军校的学生质问其存在的意义:

---

① 鲁迅:《通信》,《语丝》第151期,1927年10月1日。
② 〔日〕林守仁(山上正义):《鲁迅的死和广州的回忆》,李芒译,载鲁迅研究室编《鲁迅研究资料　2》。
③ 鲁迅:《关于智识阶级》,《国立劳动大学周刊》第5期,1927年11月13日。

　　你不愿意从事文学革命；你又不去做武装者的革命；那末你处在今日的中国，又是置身教育界，更拿着一种什么革命的东西在领导着一般青年？……你既主张用大炮去打孙传芳，何以你在北京时不弄个手枪来，请张胡子尝尝滋味？①

　　作为"同白话文学运动的潮流一起而且是踏着浪尖走过来的人。鲁迅个人过去十五年的历史，即是新文学运动十五年的历史"，然而"清党"后的结果，是鲁迅"以其亲身的经历象征着民国十六年末的新文学运动的现状——徒以空洞的喧噪在国民革命运动的呼声中消形敛迹而处在有无之中"②。正如这名黄埔军校学生的质问，如果既不愿走文学之路，又不愿走武装革命之路，那么革命时代的文学激进知识分子该怎么办？是否还存在其他的第三条道路？显然，此时的鲁迅需要寻找新的理论资源和现实资源，来回答这个如何"继续革命"的难题。

第一节　联合战线："革命同路人"与
"介入知识分子"

　　最初身陷恐怖和自责的鲁迅找不到答案，一度"立意要不讲演，不教书，不发议论，使我的名字从社会上死去"，但等到他退往上海全面反思了"知识阶级"和"文艺与政治"的问题后，找到新出路的鲁迅在 1928 年表示"今年倒心里轻松了，又有些想活动"。③

　　鲁迅先在《关于智识阶级》中，全面回顾了 1922 年爱罗先珂提出"智识阶级及其使命"之后，整个知识阶级在国民革命时期的悲剧命运，由于"真的智识阶级是不顾利害的"，"他们对于社会永不会满意的，所感受的永远是痛苦，所看到的永远是缺点"，导致"知识和强有力是冲突的，不能并立的"，由此鲁迅就提出了"革命的强力"时代"智识阶级能否存在"的命题。④ 经过认真的思考后，鲁迅在苏俄文学中找到了理论资源和现实依据：第一，鲁迅借鉴了托洛茨基的"同路人"理论，根据其"无产阶级文化否定论"，在社会主义建立之前的无产阶级专政阶段，由于无产阶级忙于革命以及专政期过短，

----

① 和雅典：《请教鲁迅先生》，《黄埔生活周刊》第 9 期，1927 年 7 月 17 日。
② 〔日〕山上正义：《谈鲁迅》，李芒译，载鲁迅研究室编《鲁迅研究资料　2》。
③ 鲁迅：《通信（复 Y 先生）》，《语丝》第 4 卷第 17 期，1928 年 4 月 23 日。
④ 鲁迅：《关于智识阶级》，《国立劳动大学周刊》第 5 期，1927 年 11 月 13 日。

只能让渡文化领导权给资产阶级文学家来建立"同路人"文学;第二,鲁迅发现了勃洛克、叶遂宁和梭波里这些"同路人"的现实榜样,他们"不是新兴的革命诗人"①,但秉持着"在一个最大的社会改变的时代,文学家不能做旁观者"②的信念,拒绝做"隔岸观火"的18世纪文艺,试图从事"连自己也烧在这里面""不满意于现状"③的革命时代的文学。

不过在托洛茨基这里,"同路人"的地位明显低于"革命人/革命家","他们不是无产阶级革命的艺术家","他们没有从整体上把握革命,对革命的共产主义目标也感到陌生","汇入革命,但又不溶解在革命之中","他们中的一些人,就有一种内在要求,想摆脱革命,保障其创作自由不受革命的社会要求的干扰"。④ 鲁迅后来也专门指出过托洛茨基理解的"同路人"定义:

> 讬罗茨基也是支持者之一,称之为"同路人"。同路人者,谓因革命中所含有的英雄主义而接受革命,一同前行,但并无彻底为革命而斗争,虽死不惜的信念,仅是一时同道的伴侣罢了。这名称,由那时一直使用到现在。⑤

但鲁迅并没有受缚于托洛茨基,而是进一步赋予了"同路人"较之"革命人/革命家"更重要的革命性,他南下广州的最大发现,就是革命家的"在野革命"一旦成功,就可能失掉"不断革命"的精神,退变成专制压迫的"在朝政治",因而他在《文艺与政治的歧途》中指出:

> 我每每觉到文艺和政治时时在冲突之中;文艺和革命原不是相反的,两者之间,倒有不安于现状的同一。惟政治是要维持现状,自然和不安于现状的文艺处在不同的方向。……这时,文艺也起来了,和政治不断地冲突;政治想维系现状使它统一,文艺催促社会进化使它渐渐分离;文艺虽使社会分裂,但是社会这样才进步起来。文艺既然是政治家的眼中钉,那就不免被挤出去。⑥

---

① 鲁迅:《〈十二个〉后记》,载《鲁迅全集(第七卷)》,第312页。
② 鲁迅:《在钟楼上——夜记之一》,《语丝》第4卷第1期,1927年12月17日。
③ 鲁迅:《文艺与政治的歧途》,载《鲁迅全集(第七卷)》,第120、121页。
④ 〔苏〕托洛茨基:《文学与革命》,刘文飞、王景生、季耶译,第42、77、55页。
⑤ 鲁迅:《〈竖琴〉前记》,载《鲁迅全集(第四卷)》,第445页。
⑥ 鲁迅:《文艺与政治的歧途》,载《鲁迅全集(第七卷)》,第115、116页。

　　由此,鲁迅提出了一个"文学/革命/政治"的三元论,其中"革命家"反倒有可能政治化为维持现状的保守派和反动派,但文学家却永远与革命同行,保持着"不安于现状"的政治批判精神,从而成为真正的"革命同路人"。这个"文学/革命/政治"的新三元论,突破了陈独秀在五四时提出的"文学/文化/政治"旧三元论:第一,不再是三合一的和谐推进,而是文学与革命同构而与政治对抗的关系,这是一种"永远革命"的"在野"批判精神——它不仅批判现实政府的政治压迫,还批判革命内部的政治压迫;第二,从文学工具论和文化本体论转向文学本体论,由此形成的文学才是真正的"革命文学"。

　　"革命同路人"的定位,反映了国民革命失败之后鲁迅对知识阶级和政治革命关系的全新思考,它首先意味着"知识阶级"作为整体在革命时代的消失,被迫放弃了充当主体阶级来领导社会变革的可能。晚清的"中等社会之革命"和民初的新文化运动都是这种努力的反映,但由于知识阶级在客观阶级结构和主观阶级认同之间存在严重的错位,这就导致其不断因文化认同而趋于分裂,最初是五四时期新旧知识阶级的分离,接着是国民革命时期英美派和法日派分裂,再之后《莽原》内部也趋于分裂,等到鲁迅南下梦破,他实际已经从一个"阶级"变为"阶层"再变为"分子"了。①

　　虽然已经分子化个体化,但鲁迅仍然表示"不要再爬进象牙之塔和智识阶级里去了"②,在这种情况下,联合新的革命政党,做一名"介入知识分子",就成了鲁迅的更新选择。"介入知识分子"不是国家政治路径中的改良知识分子和文化政治路径里的批判知识分子,也不是萨特直接行动式的介入和阿多诺艺术自律性的介入,它在革命年代表现为葛兰西等人所言的"'有机'的知识分子"即"有组织的知识分子"③。事实上,"有机知识分子如果没有某种形式的组织身份,也是软弱无力的"④,而"知识分子与农民和其他群众的关系的中介,是被当做'先锋队'的新型组织。没有这种中介组织,知识分子就没有群众基础,因此也就没有权力"⑤。也正因此,钱杏邨才

---

① 按,卡尔·曼海姆就认为"知识阶层并非一个阶级,也无法组成一个政党"(参看〔德〕卡尔·曼海姆:《卡尔·曼海姆精粹》,徐彬译,南京大学出版社,2005年,第130页)。

② 鲁迅:《关于智识阶级》,《国立劳动大学周刊》第5期,1927年11月13日。

③ 参看〔意〕安东尼奥·葛兰西:《狱中札记》,曹雷雨、姜丽、张跣译,河南大学出版社,2014年,第2页。〔英〕恩斯特·拉克劳:《我们时代革命的新反思》,孔明安、刘振怡译,黑龙江人民出版社,2006年,第233页。

④ 〔美〕卡尔·博格斯:《知识分子与现代性的危机》,李俊、蔡海榕译,江苏人民出版社,2002年,第73页。

⑤ 〔美〕艾尔文·古德纳:《知识分子的未来和新阶级的兴起》,顾晓辉、蔡嵘译,江苏人民出版社,2002年,第12页。

会在左联成立之后,认为"鲁迅的参加无产阶级文艺运动,完全不是谁个'拉拢'的问题,而是意识的结合的问题,而是他的主张在目前和革命的集团是一致的关系"①。

不过,"革命同路人"虽是有机性的"介入知识分子",但与革命组织形成的是以"联合战线"为基础的主体间性关系。从一开始,鲁迅关于"联合战线"的认识就与后者大不相同,所以"诚如鲁迅自己说:并没有转换过。是的,他何尝转换过? 他终是为革命文学而努力"②,在其眼中,即便马克思主义也只是"救正我——还因我而及于别人——的只信进化论的偏颇",实际"说了一大堆,还是纠缠不清的疑问"③,而自己后来参加左联的真实情况是"那些'革命文学家'支持不下去了,创,太二社的人们始改变战略,找我及其他先前为他们所反对的作家,组织左联"④。正是因此,鲁迅在组织内部不但反复谈及"联合战线"的问题,还特别强调自己在其中是"横站"⑤的位置。而究其根源,是因为鲁迅有着不同于革命组织的"大革命"哲学,所以瞿秋白才会说,"他是经历了辛亥革命以前直到现在的四分之一世纪的战斗,从痛苦的经验和深刻的观察之中,带着宝贵的革命传统到新的阵营里来的"⑥。

正是基于这个"鲁迅革命传统"形成的自我主体性,鲁迅才能既批判外部的敌对势力,又时刻批判革命内部的政治变质和权力压迫,同时打破革命组织的阶级决定论,联合更多不同的革命力量,建立起更为广泛的革命联合战线来对抗敌人,所以鲁迅联合的对象不仅有共产党,还有国民党左派以及其他革命左翼。而这也反映了革命同路人的"自由漂移"⑦性,基于其"永远

---

① 钱杏邨:《一个注脚》,《拓荒者》第 4、5 期合刊,1930 年 5 月 10 日。按,日本学者长堀祐造较早挑战了鲁迅与中共的关系,指出鲁迅是托派同路人(参看氏著《鲁迅与托洛茨基——〈文学与革命〉在中国》,人间出版社,2015 年),但杨姿认为他割裂了鲁迅与斯大林派的关系,应该辩证地看待鲁迅文学与共产革命的关系(参看氏著《"同路人"之上:鲁迅后期思想、文学与托洛茨基研究》,上海三联书店,2019 年),而赵歌东也认为鲁迅"不是严格意义上的革命者,而始终是革命的'同路人'",不过其思路未摆脱导师李新宇的"左翼自由派"定位,偏于启蒙与革命的对抗逻辑(参看氏著《启蒙与革命:鲁迅与 20 世纪中国文学的现代性》,中国社会科学出版社,2011 年)。

② 于因:《鲁迅的投降问题》,《转变后的鲁迅(中卷)》,东方书店,1931 年,第 17 页。

③ 鲁迅:《三闲集·序言》,载《鲁迅全集(第四卷)》,第 6 页。

④ 鲁迅:《331105 致姚克》,载《鲁迅全集(第十二卷)》,第 479 页。

⑤ 鲁迅:《341218 致杨霁云》,载《鲁迅全集(第十三卷)》,第 301 页。

⑥ 何凝(瞿秋白):《〈鲁迅杂感选集〉序言》,载中国社会科学院文学研究所鲁迅研究室编《1913—1983 鲁迅研究学术论著资料汇编(第一卷)》,第 828 页。

⑦ 〔德〕卡尔·曼海姆:《知识阶层问题:对其过去和现在角色的研究》,载氏著《卡尔·曼海姆精粹》,徐彬译,第 131 页。

革命"的精神,革命同路人不会受困于特定革命和特定组织,从而能以一身而穿梭于各种不同的现实革命形态之间。也正因此,丸山升才会认为马克思主义也不是鲁迅的终点,"我们说鲁迅'从进化论发展到阶级论',但这并不是意味着从进化到革命或者从非革命到革命的变化,而是就他对中国革命、变革的承担者和实现过程的认识的变化而言"①。

第二节　文学政治:"写作民主"与
"政治的文学化"

"革命同路人"的兼容性,走出了此前启蒙与革命的二元对立,不但为启蒙者参与革命又保持独立性提供了合法性支撑,也解决了五四文学"不谈政治"的难题,从而在国家政治、政党政治之外,创造了独属于文学激进知识分子的"革命政治学",即"文学政治"的参与模式。它包括两个维度:一是文学的政治化,它强调了文学的政治参与性、革命批判性和文学本体性,而其本质就是彻底否定的"永远革命"的精神;二是政治的文学化,文学"在这个现实社会之上,逐渐建造起一个虚构的社会","政治生活只能转入文学当中","转而进入由文人构建的理想世界中","因此,在文学的政治化的同时是政治的文学化,并转化为对决裂的期待和'理想国'之梦"②。显然,在"文学政治"的路径中,不再是文学从属于政治、政治决定文学,而是"文学"成了现代政治的"生成之场",做文学就是做政治。

鲁迅以自己在国民革命时代的实践参与,既创造性地回答了"文人何以变为国家的首要政治家"命题,又逆转了托克维尔对现代政治革命的否定,从而成为"文学政治"路径的先驱者。比较而言,西方学界直到近些年来,才开始出现"政治思想中的审美转向"③,这方面的主要代表是法国的朗西埃,他从理论层面探究了现代文学和现代政治的关系,认为"文学与政治的关联,不在于文学可以为政治提供新的再现架构,而在于引发热情,挑战既定的感知配置规则,创造新的感知经验"④。具体来说,现代文学通过对"感性

---

① 〔日〕丸山升:《"革命文学论战"中的鲁迅》,载氏著《鲁迅·革命·历史——丸山升现代中国文学论集》,王俊文译,第 42 页。

② 〔法〕罗杰·夏蒂埃:《法国大革命的文化起源》,洪庆明译,第 11、10、11 页。

③ 参看〔加〕尼古拉斯·康普雷迪斯编:《政治思想中的审美转向》,谢卓婷等译,东方出版中心,2020 年。

④ 〔法〕雅克·朗西埃:《歧义:政治与哲学》,刘纪蕙、林淑芬、陈克伦、薛熙平译,西北大学出版社,2015 年,第 56 页。

的分割进行了重新配置",从而"向公共事务的舞台引荐了新的客体和主体;它让不可见变得可见,让那些曾经仅仅被当做吼叫的动物成为可听的说话生灵",如此一来,文学就打破了权力等级制,"在写作的民主前面树立起一种新的诗学",进而成了"一种元政治"。①

其实早在朗西埃之前,日本的竹内好在研究鲁迅的文学和中国现代文学时,就提出了类似的看法,他在《中国文学的政治性》中指出:"民众的要求契合着日常生活,都是个别性的。他们恐怕连'民主'这个词都不知道吧。但是,当那些日常性的要求积累起来,被组织进政治要求中去的时候,赋予它以文学的表现就是文学家的责任。"②也正因此,竹内好才会认为"从思想史来看,鲁迅的位置在于把孙文媒介于毛泽东的关系中"③,甚至他认为"鲁迅和孙文并列,是中国新文化的象征,他们是民族的历史遗产","他的文学,显示了后进国具有的可能的极限类型,但就是那种原初状态联系着世界文学之场"④。显然,竹内好是将鲁迅放在了与孙中山和毛泽东同等重要的现代中国政治之父的位置,而究其根源就是鲁迅创造了与实体政治匹敌的"文学政治"。

如果从上述"写作民主"的角度来看鲁迅,就会发现其文学一直具有高度的政治性,而且这种文学政治性也迅速被读者感知到了。从其小说创作伊始,鲁迅就被视为"国民作家","是社会心灵的照相师,是民众生活的记录者"⑤,像《呐喊》"不但是好的文艺创作",还是"一本革命的宣传书"⑥,正是由于鲁迅文学"似把利刃刺穿了封建势力的腹心",所以时人认为"五四后青年学生之不断的作民众运动和参加实际的革命工作,在这一点上,鲁迅是有相当的功劳的"⑦。南下之后的鲁迅,更是被称为"文学上的大革命家"⑧,革命青年认为鲁迅作为"一个站在新时代的文艺作家和革命实践者

① 〔法〕雅克·朗西埃:《文学的政治》,张新木译,南京大学出版社,2014年,第4、28页。
② 参看孙歌:《我们为什么要谈东亚——状况中的政治与历史》,生活·读书·新知三联书店,2011年,第244页。
③ 〔日〕竹内好:《近代的超克》,李冬木、赵京华、孙歌译,第151页。
④ 〔日〕竹内好:《鲁迅传》,载氏著《从绝望开始》,靳丛林编译,生活·读书·新知三联书店,2013年,第209、210页。
⑤ 〔俄〕王希礼:《一个俄国的中国文学研究者对于〈呐喊〉的观察》,《民众文艺》第24号,1925年6月16日。
⑥ 谭正璧:《中国文学史大纲(节录)》,载中国社会科学院文学研究所鲁迅研究室编《1913—1983鲁迅研究学术论著资料汇编(第一卷)》,第247页。
⑦ 非白:《鲁迅与周作人》,《新晨报》,1930年6月11日。
⑧ 《新文学巨子鲁迅先生之公开演讲》,《广州民国日报》,1927年7月16日。

领导著要一样的受我们的尊敬。他们对于社会的革命精神是一样伟大的"①，而表现这种革命精神的鲁迅杂文，也因此被瞿秋白称为"战斗的'阜利通'"②，认为其"文艺性的论文"特征背后有着鲁迅自身的宝贵的革命传统。

也正是基于"鲁迅十数年来文化工作之主要意义，是反对压迫者，警醒民众的意识"，当时的舆论认为"我们细察青年之勇敢牺牲，实受鲁迅直接间接影响甚多，换言之，鲁迅之对国民革命，实有莫大之功也"③。显然，"写作民主"最终关涉的是现代政治主体的建构问题，随着大众民主社会的到来，现代政治已不仅是上层精英也是下层民众之事，但常态的现代政治学仍旧偏于"国家学"，重视探究政党政治、统治结构和国家政体的问题，没有意识到"只有当主体承担政治功能的时候，他才是政治主体，否则，他只是其他主体"，因而就需要把政治学从国家学的框架中解放出来，"转换成了对于国家理性的基础——社会系统和主体精神结构的追究"。④

这种政治学的主体论和认识论转向，因此就赋予了"文学"以极其重要的本源性意义。而鲁迅正是以自己的文学政治实践，解决了此前辛亥革命偏于国家上层制度改良和新文化运动偏于精英文化变革的单面困境，他在实体政治之外，经由文学创造了一个公共舆论平台，一方面向"民众"输出新的革命观念，以代言人的方式传达了他们的"普遍意志"，另一方面通过杂文批评和"骂之为战"，对民众进行政治动员和情感革命，将他们转化成了反抗不平等压迫的"公众"，从而经由"文学"的方式重塑了民众主体和社会精神。这也正如古德纳指出的，"只要大多数人未受到知识分子的政治动员，他们就不能协调起来，就不能使他们在全国范围内对旧政权的反抗合法化"⑤。究其根源，就是鲁迅将"政治"从国家制度和上层精英移向了日常生活和平民大众，进而将政治话语化和文本化，最终实现了"政治的文学化"。

如果从整个中国现代史看，更容易看到鲁迅这种"文学政治"路径创造的意义所在："知识阶级"从晚清到五四，就开始努力建构独立领导权，却一直因为"文化/政治"的分离而与现实政治脱节，正是鲁迅在引领思想革命、参与新政治革命的大潮中，先是沟通了"文化政治"，一度占据了革命联盟的

① 锦明(黎锦明)：《鲁迅先生》，载钟敬文编《鲁迅在广东》，第32页。
② 何凝(瞿秋白)：《〈鲁迅杂感选集〉序言》，载中国社会科学院文学研究所鲁迅研究室编《1913—1983鲁迅研究学术论著资料汇编(第一卷)》，第819页。
③ 玉棠女士：《鲁迅被捕的感想》，《大公报》，1931年1月30日。
④ 孙歌：《丸山真男政治学中的"政治"》，载氏著《我们为什么要谈东亚——状况中的政治与历史》，第221、225页。
⑤ 〔美〕艾尔文·古德纳：《知识分子的未来和新阶级的兴起》，顾晓辉、蔡嵘译，第12页。

文化领导权,后又在国民革命变质的情况下,创造了"革命同路人"的"文学政治"存在模式,这是一个既不同于五四思想革命又不同于国民革命和共产革命的"鲁迅革命传统"。由此我们也可以看到,启蒙在中国现代史上的命运,既不是"救亡压倒了启蒙",也不是"启蒙的自我瓦解",而是"启蒙分化论",其中鲁迅一支实现了"启蒙和革命的联姻",诞生了"文学政治"的新参与方式,为大革命失败后的文学激进知识分子反对国民党统治、转为共产革命同路人,进而在左翼内部保持独立提供了合法性支撑。

"文学政治"的新路径不但对中国现代史的发展产生了重大影响,而且从世界范围来看,也是一条远早于西方马克思主义的"文化政治"的新道路探索,它契合了大众民主社会的到来,将政治从国家精英转向普通大众,从制度结构转向社会精神,最终文学话语化。在这个从"政教"到"文教"的过程中,文学成为现代政治和现代国民的生成之场,而文学家也不再是实体政治的附庸,相反却是历史的主体,以自身的实践参与和想象建构,充当了引导者和表达者的角色。也正因此,20世纪不是"非文学的世纪"(政治的世纪)①,也不是"文学的世纪"②,而是"文学政治的世纪",而且这个进程还会继续。

所以本书提出"中期鲁迅",并非只是为了颠覆旧的两阶段论,简单增加一个新的研究阶段,其真正目的是想通过鲁迅在国民革命时代关于"知识阶级及其使命"的探索和反思,来建构一个以"革命同路人"和"文学政治"为中心的"鲁迅革命传统",从而走出启蒙主义范式、共产革命范式和内面主体范式关于鲁迅的定位,既为了重新解释鲁迅、现代文学和知识分子在20世纪的存在状态,也试图探究其在21世纪的意义作用。事实上,21世纪并未像福山的"历史终结论"所预言的那样发展,相反出现了柄谷行人所言的"历史的反复"现象,在这种情况下,"革命"这个"被压抑者的回归"就很有必要,但是他也指出了"旧左翼已经丧失威信"的困境。③ 正是因此,借鉴后马克思主义的多元主体论和传统的圣人革命论,重释"同路人"和"联合战线",激活另一维的知识分子革命主体性,实现后革命时代的领导权转移,从"革命鲁迅传统"到"鲁迅革命传统",从政治经济决定论到文学政治本体论,无疑就有着重要的意义。

这是一条更加契合鲁迅和文学经验、现代中国历史和当代中国发展的

① 朱晓进等:《非文学的世纪:20世纪中国文学与政治文化关系史论》,南京师范大学出版社,2004年,第11页。
② 汪卫东:《文学的五四、文学的世纪与"鲁迅文学"》,《中国现代文学研究丛刊》2013年第8期。
③ 〔日〕柄谷行人:《历史与反复》,王成译,中央编译出版社,2018年,第35、4页。

路径,通过建构一个"文学的世界",进行着批判旧政治与建构新政治、改造
现实政治与培育新主体的双重工作。而之所以鲁迅能成为这个创造者和先
行者,是因为他有着与众不同的"人国"理想,其主旨是"个性张,沙聚之邦,
由是转为人国。人国既建,乃始雄厉无前,屹然独见于天下"①,这是一个
"人—国—天下"的渐次放大的同心圆关系,它以"立人"为根本,最终指向
了"天下"这个超越民族国家的更高的善。也正是从这种应然的价值原则出
发,鲁迅才能在政治参与中保持其革命批判性,超越左右现实路径,追求历
史上未曾有过的"第三样时代"。

① 迅行(鲁迅):《文化偏至论》,《河南》第 7 号,1908 年 8 月。

主要参考书目

1. 〔英〕齐格蒙·鲍曼:《立法者与阐释者——论现代性、后现代性与知识分子》,洪涛译,上海人民出版社,2000年。

2. 北京师范大学中文系编:《文学论文集及鲁迅珍藏有关北师大史料》,北京师范大学出版社,1981年。

3. 〔日〕柄谷行人:《历史与反复》,王成译,中央编译出版社,2018年。

4. 蔡尚思主编:《中国现代思想史资料简编》,浙江人民出版社,1982—1983年。

5. 〔日〕长堀祐造:《鲁迅与托洛茨基——〈文学与革命〉在中国》,王俊文译,人间出版社,2015年。

6. 陈离:《在"我"与"世界"之间——语丝社研究》,东方出版中心,2006年。

7. 陈旭麓:《近代中国社会的新陈代谢(插图本)》,中国人民大学出版社,2012年。

8. 陈映芳:《"青年"与中国的社会变迁》,社会科学文献出版社,2007年。

9. 陈钊:《国民党党化教育制度研究(1924—1937)》,西北农林科技大学出版社,2014年。

10. 程凯:《革命的张力——"大革命"前后新文学知识分子的历史处境与思想探求(1924—1930)》,北京大学出版社,2014年。

11. 〔美〕阿里夫·德里克:《后革命氛围》,王宁等译,中国社会科学出版社,1999年。

12. 董大中:《鲁迅与高长虹》,河北人民出版社,1999年。

13. 〔澳〕费约翰:《唤醒中国:国民革命中的政治、文化与阶级》,李恭忠、李里峰等译,生活·读书·新知三联书店,2004年。

14. 〔美〕费正清编:《剑桥中华民国史 1912—1949年 上卷》,杨品泉等译,中国社会科学出版社,1998年。

15. 龚育之:《从新民主主义到社会主义初级阶段》,陕西人民出版社,1988年。

16.〔美〕艾尔文·古德纳:《知识分子的未来和新阶级的兴起》,顾晓辉、蔡嵘译,江苏人民出版社,2002 年。

17. 顾潮:《我的父亲顾颉刚》,人民文学出版社,2010 年。

18. 顾颉刚:《顾颉刚日记》,台湾联经出版事业股份有限公司,2007 年。

19.〔德〕哈贝马斯:《公共领域的结构转型》,曹卫东等译,学林出版社,1999 年。

20. 韩石山:《少不读鲁迅 老不读胡适》,中国友谊出版公司,2005 年。

21. 何玲华:《新教育·新女性:北京女高师研究(1919—1924)》,中国社会科学出版社,2007 年。

22.〔美〕塞缪尔·亨廷顿:《文明的冲突与世界秩序的重建(修订版)》,周琪、刘绯、张立平、王圆译,新华出版社,2010 年。

23. 胡适:《胡适全集》,安徽教育出版社,2003 年。

24. 黄宗实、郑文贞选编:《厦大校史资料(第一辑)》,厦门大学出版社,1987 年。

25. 江长仁编:《三一八惨案资料汇编》,北京出版社,1985 年。

26.〔英〕恩斯特·拉克劳、查特尔·墨菲:《领导权与社会主义的策略——走向激进民主政治》,尹树广、鉴传今译,黑龙江人民出版社,2003 年。

27.〔法〕雅克·朗西埃:《歧义:政治与哲学》,刘纪蕙、林淑芬、陈克伦、薛熙平译,西北大学出版社,2015 年。

28.〔法〕雅克·朗西埃:《文学的政治》,张新木译,南京大学出版社,2014 年。

29. 李剑农:《中国近百年政治史(1840—1926)》,复旦大学出版社,2002 年。

30. 李伟江:《鲁迅粤港时期史实考述》,岳麓书社,2007 年。

31. 刘小枫:《儒家革命精神源流考》,上海三联书店,2000 年。

32. 刘晔:《知识分子与中国革命——近代中国国家建设研究》,天津人民出版社,2004 年。

33.《鲁迅全集》,人民文学出版社,2005 年。

34. 鲁迅博物馆等编:《鲁迅年谱(增订本)》,人民文学出版社,2000 年。

35. 鲁迅、景宋:《两地书全编》,浙江文艺出版社,1998 年。

36. 罗志田:《激变时代的文化与政治——从新文化运动到北伐》,北京大学出版社,2006 年。

37. 罗志田:《近代读书人的思想世界与治学取向》,北京大学出版社,2009 年。

38. 吕芳上:《从学生运动到运动学生:民国八年至十八年》,台北“中央研究院”近代史研究所,1994 年。

39. 吕云章：《吕云章回忆录》，龙文出版社股份有限公司，1990年。

40. 马蹄疾：《鲁迅讲演考》，黑龙江人民出版社，1981年。

41. 彭鹏：《研究系与五四时期新文化运动——以1920年前后为中心》，中山大学出版社，2003年。

42. 任建树、张统模、吴信忠编：《陈独秀著作选》，上海人民出版社，1993年。

43. 《三一八运动资料》，人民出版社，1984年。

44. 〔美〕沙培德：《战争与革命交织的近代中国（1895—1949）》，高波译，中国人民大学出版社，2016年。

45. 山西省盂县《高长虹》编辑委员会编：《高长虹全集》，中央编译出版社，2010年。

46. 邵建：《胡适与鲁迅》，光明日报出版社，2008年。

47. 〔美〕舒衡哲：《中国的启蒙运动——知识分子与五四遗产》，刘京建译，新星出版社，2007年。

48. 孙歌：《我们为什么要谈东亚——状况中的政治与历史》，生活·读书·新知三联书店，2011年。

49. 唐沅等：《中国现代文学期刊目录汇编》，知识产权出版社，2010年。

50. 田晓青主编：《民国思潮读本》，作家出版社，2013年。

51. 〔法〕托克维尔：《旧制度与大革命》，冯棠译，商务印书馆，1992年。

52. 〔苏〕托洛茨基：《文学与革命》，刘文飞、王景生、季耶译，外国文学出版社，1992年。

53. 〔日〕丸山升：《鲁迅·革命·历史——丸山升现代中国文学论集》，王俊文译，北京大学出版社，2005年。

54. 王凡西：《双山回忆录》，东方出版社，2004年。

55. 汪晖：《反抗绝望：鲁迅及其文学世界》，生活·读书·新知三联书店，2008年。

56. 汪晖：《短二十世纪——中国革命与政治的逻辑》，牛津大学出版社，2015年。

57. 王奇生：《国共合作与国民革命（1924—1927）》，江苏人民出版社，2006年。

58. 王世家编：《青年必读书——一九二五年〈京报副刊〉"二大征求"资料汇编》，河南大学出版社，2006年。

59. 王世家、止庵编：《鲁迅著译编年全集》，人民出版社，2009年。

60. 王烨：《国民革命时期国民党的革命文艺运动（1919—1927）》，厦门大学出版社,2014 年。

61. 〔美〕魏定熙:《北京大学与中国政治文化(1898—1920)》,金安平、张毅译,北京大学出版社,1998 年。

62. 〔法〕罗杰·夏蒂埃:《法国大革命的文化起源》,洪庆明译,译林出版社,2015 年。

63. 许广平著,周海婴主编:《鲁迅回忆录(手稿本)》,长江文艺出版社,2010 年。

64. 许广平:《许广平文集》,江苏文艺出版社,1998 年。

65. 徐麟:《鲁迅中期思想研究》,湖南师范大学出版社,1997 年。

66. 薛绥之主编:《鲁迅生平史料汇编》,天津人民出版社,1981—1986 年。

67. 颜浩:《北京的舆论环境与文人团体:1920—1928》,北京大学出版社,2008 年。

68. 杨胜刚:《中国共产党的政治实践与左翼文学》,当代中国出版社,2016 年。

69. 杨小辉:《近代中国知识阶层的转型》,上海社会科学院出版社,2011 年。

70. 杨姿:《"同路人"之上:鲁迅后期思想、文学与托洛茨基研究》,上海三联书店,2019 年。

71. 〔日〕伊藤虎丸:《鲁迅与终末论》,李冬木译,生活·读书·新知三联书店,2008 年。

72. 章清:《学术与社会——近代中国"社会重心"的转移和读书人新的角色》,上海人民出版社,2012 年。

73. 章士钊:《章士钊全集》,文汇出版社,2000 年。

74. 张宁:《无数人们与无穷远方:鲁迅与左翼》,复旦大学出版社,2006 年。

75. 张枬、王忍之主编:《辛亥革命前十年间时论选集》,生活·读书·新知三联书店,1960 年。

76. 赵京华:《活在日本的鲁迅》,生活·读书·新知三联书店,2022 年。

77. 郑师渠:《近代知识阶级新论》,人民出版社,2018 年。

78. 止庵:《周作人传》,山东画报出版社,2009 年。

79. 钟诚:《进化、革命与复仇:"政治鲁迅"的诞生》,北京大学出版社,2018 年。

80. 中共北京市委党史研究室编:《北京青年运动史料(1919—1927)》,北京出版社,1990 年。

81. 中共北京市委党史研究室编:《第一次国共合作在北京》,北京出版社,1989 年。

82. 中国社会科学院近代史研究所中华民国史研究室编:《胡适来往书信选(上)》,中华书局,1979 年。

83. 中国社会科学院文学研究所鲁迅教研室编:《1913—1983 鲁迅研究学术论著资料汇编》,中国文联出版公司,1985—1989 年。

84. 中共中央书记处编:《六大以前——党的历史材料》,人民出版社,1980 年。

85. 钟敬文编:《鲁迅在广东》,北新书局,1927 年。

86. 钟敬文著、译,王得后编:《寻找鲁迅·鲁迅印象》,北京出版社,2002 年。

87. 钟叔河编订:《周作人散文全集》,广西师范大学出版社,2009 年。

88. 周凡:《后马克思主义导论》,中央编译出版社,2010 年。

89. 周海婴编,北京鲁迅博物馆鲁迅研究室注释:《鲁迅、许广平所藏书信选》,湖南文艺出版社,1987 年。

90. 周穗明、王玫等:《西方左翼论当代西方社会结构的演变》,江苏人民出版社,2008 年。

91. 周作人:《知堂回想录》,河北教育出版社,2002 年。

92. 朱崇科:《广州鲁迅》,中国社会科学出版社,2014 年。

93. 〔日〕竹内好:《近代的超克》,李冬木、赵京华、孙歌译,生活·读书·新知三联书店,2005 年。

94. 朱正:《一个人的呐喊:鲁迅 1881—1936》,北京十月文艺出版社,2007 年。

95. 庄森:《飞扬跋扈为谁雄——作为文学社团的新青年社研究》,东方出版中心,2006 年。

96. 邹鲁:《邹鲁回忆录》,东方出版社,2010 年。

人名索引

后　记

　　这是我的第一本书，不过用的时间有点长，从 2010 年年底写完博士论文初稿，到现在已经过去了 13 年。都说十年磨一剑，这明显超出不少了，以致后来我感觉自己快成哪吒的母亲了，所有人都盯着你的肚子，好奇里面到底孕育了一个什么宝胎。出去开会时，经常有人问我："你啥时出书啊?"每当这个时候，我总是回答："我也不知道，永远在路上，不要抱啥期待!"其实我自己也很担心，惊天动地，大山临盆，结果生出来一只耗子，或者像胡塞尔小时候磨刀——他总嫌自己的小刀不够锋利，于是就不停地磨，最后却发现越磨越小，更伤心了。

　　回想这个选题的动因，同所有的博士一样：因为毕业需要一个题目。由于我的硕士论文做的是学科命名考察，这类学术史做久了，会有一种"唱不了戏的人在评戏"的感觉，我觉得再这样下去自己就"废"了，博士论文必须得回到作家作品和史料基础上来，而鲁迅研究显然是一个不错的选择。于是我就开始大量买书，阅读鲁迅的各种资料，然后发现自己陷入资料的汪洋大海，似乎什么题目都有人研究过了。不过，在看了一些鲁迅的原始报刊史料后，我发现 1925—1926 年的鲁迅有些特殊，完全不是既往研究说得那么消极彷徨，他不但参与了国民革命，而且一度非常激进昂扬。只是没等我理出头绪，马上就到了开题时间，老师们对着我提交的《两间余一卒：1925、1926 年的鲁迅》一头雾水，有的老师说"你这看起来像个传记啊"，也有的老师说"南大历史上从未有人博论做过鲁迅"，我听了只好说"从我开始就有了"。好在开题很宽松，老师们最后的建议是"你自己回去继续琢磨吧"，于是我就继续琢磨。

　　很快到了博士三年级，虽然还没有完全想好，但看着同宿舍早已动笔的秀涛，我知道不能再拖了，于是就用了几个月，写成初稿《从思想革命到国民革命——1925、1926 年的鲁迅转向研究》，认为"鲁迅在转向共产党之前，实际有一个先左转向'国民革命'和国民党的时期"，试图挑战瞿秋白的"从进化论到阶级论"的两阶段说。然而预答辩的时候，有的老师认为鲁迅一生坚持思想革命,不但这个国民革命转向的判断不成立,而且即便他加入左联也是因政治上被蒙蔽了。我同意这个判断的前半部分,但对后半部分则持有异议,不过论文还是需要延期修改。最初肯定是毫无思路的,宿舍里只剩我一个,找不到人聊天,我在盯了几天天花板后,开始到校园里四处溜达,有一天在图书馆门口遇到导师吴俊,他安慰我说:"你是个有想法的人,一定会有修改思路的!"不久后我确实有了新想法,在重新翻阅丸山升的书时,我感觉他的"革命人"一说值得借鉴,于是就将思路从"变"调整为"不变",尝试探究鲁迅以一身穿越各种革命的"大革命"精神,最后答辩提交的题目是《国民革命时期的鲁迅》。

不过鲁迅能穿过去,我却不能,两种思路带来的混乱,让我在毕业后的很长一段时间里都不愿再看博士论文,一心想着另起炉灶,寻找其他研究话题,甚至拒绝了导师让我跟着他出版一套鲁迅研究丛书的建议。不过自己的脸很快被自己打肿了,因为在其他领域缺乏积累,我还是只能在博士论文里寻找研究思路,毕竟这个话题是下了很多工夫的,于是就继续写作,发表,申请项目,评职称,既为了学术,也为了生存。而随着挖掘的逐渐深入,我发现这个话题能有效带动我的阅读和思考,不断地往一个方向推进。既然一直有学术的收获,那又何必急着结束这个进程呢?所以,我对出书的事也就一直不怎么在意。

到了2018年,学院为了申请博士点,动员我破格评教授,我说评不了,没有国家项目。院长说你可以申请后期资助项目嘛,把博士论文改一改,不就行了?我想了想,似乎自己也确实没有其他选择了,于是就开始琢磨修改的事。其实,此前我经过几年的思考与研究,已经意识到博士论文存在的一些问题,初稿本质上是史学求真和学术史驳论思维,想通过历史还原来证明瞿秋白的两阶段论错了——他漏掉了中间的国民革命。但是瞿秋白作为重要的历史当事人,怎么可能不知道这段历史呢?显然他想重叙这段历史,证明共产革命才是五四正统和未来方向,所以,两阶段论是一个基于特定意识形态而进行的历史建构,它无关真假;复原了这段缺失的链条,也不代表就跳出了瞿秋白的逻辑。因为两阶段论最关键的不是分期,而是"从……到……"的进化逻辑,即便我加了一次转向,国民革命在这个瞿秋白建构的历史目的论链条上,地位还是低于共产革命,因而打捞历史上的失踪者,也只是丰富了历史,并没有真正颠覆其价值体系。

正是因此,我意识到自己需要进行研究思维的根本转换,"驳论"无法跳出对方的基本逻辑,想凸显自己研究的重要性就得采用"立论",我必须摆脱瞿秋白的最高点设定,证明"国民革命时期的鲁迅"才是波峰而非波谷。从这个思路出发,我就把题目改成了《"中期鲁迅"研究》,整个研究思路也从史学变成了经学,从讨论鲁迅的转向变成了讨论"中期鲁迅"的创造。的确,对后来的研究者来说,与其指出其他树存在的问题,不如为阐释的森林增加一棵新树,经由历史的还原,提炼对象经验以解决后来者感兴趣的当下问题,但这也意味着我要从一个学者变成一名思想者。这个时候我突然发现,自己对此缺乏充足的准备,甚至说不清想要主张啥,于是只得先将博士论文做了部分修改,提交了社科后期申请表。不久还真通过了,而正式修改也就提上了日程。

随着"中期鲁迅"从一个学术史问题变成了思想史问题,我就需要回答相对于前后两个阶段,它最重要的创造是什么。这真不是一件容易的事,经过长时间的研读与思考,我觉得答案应该在"国民革命"与"鲁迅"的合力中寻找。国民革命的资产阶级民族民主革命性质,需要一个"民主主义的联合战线",由此知识阶级就被视为三大革命力量之一,具有先锋和桥梁的作用。这种"有限革命"性为鲁迅提供了既参与革命又能保持独立的弹性空间,而他也在此过程中,解决了五四文学不谈政治的问题,形成了"文学政治"的新路径和"革命同路人"的新形象,建立了属于自己的独立的"鲁迅革命传统"。它成型于国民革命时期而非共产革命阶段,也正因此,深知这段历史的瞿秋白才会说"鲁迅是莱谟斯,是野兽的奶汁所喂养大的",他是"带着宝贵的革命传统到新的阵营里来的","他从他自己的道路回到了狼的怀抱"。

这个从"革命鲁迅传统"到"鲁迅革命传统"的新研究思路,既来自我个人的历史研读思考,又受到了后马克思主义的政治本体论和多元主体论、朗西埃的感性分配理论、传统儒学的圣人革命论的影响。不过,学界目前受日本鲁迅研究的影响,逐渐将鲁迅曾经的革命参与和"向上超越"视为亡灵,更重视他身上的"幽灵"和"向下超越"的一面,譬如鬼气、阴暗面、生命本能,试图挖掘那些被压抑的、欲望的、民间的、未成现实的潜能力量。这种用"现代性"和"非历史"来超越唯物史观和既成历史的努力,虽然打开了新的解读空间,但也有着无政府主义和民粹主义的倾向,"大拒绝"式的推倒重来未必适合中国现实。

其实,这些看法更多是学术内部的分歧,无论哪一种,看起来都像书斋里的"革命者"建构出的乌托邦愿景,其现实操作性是很难说的,至少我本人在谈这些构想时,经常有一种深深的无力感和自我犹疑。而在写作的过程中,我也时时体会到学者型研究的限度:虽然接受了完整的硕士和博士教育,学术功底和学术规范更高,但缺点也很明显,普遍是技术训练出来的,对世界的认知靠的是阅读和观察,而非经历和体验;同时活在物质充裕时代,对社会苦难缺乏亲身感受,这就不容易进入对象内部,与其产生共鸣。不过想想这也是没办法的事,学术总是戴着镣铐跳舞,研究者虽然缺乏参与者的亲身体验,但作为知道历史结果的后来人,也自有旁观者的优势,尤其是清醒,所以更重要的是每个学者都努力提供自己的认识和构想,在一个多元竞逐的研究场域中通过碰撞激发来呈现历史的丰富性和当下的创造性,至于如何选择和如何实践,则交给读者大众和社会时代吧。

具体到本书的写作来说,我采用了标准学位论文体的写法。很长一段时间以来,学界和民间都对学位论文体的机械呆板、可读性差等批评很多,作为深受孔飞力和黄仁宇影响的我,也一度想效仿《叫魂》和《万历十五年》,进行一种更为通俗易懂的新历史叙事主义写作,但我在做了一些尝试后,反倒发现了论文体有史有论的优点,然后意识到一代人有一代人之学术,学术规范时代的研究,以专家同行为主要阅读对象,好懂好看并不是头号诉求,关键在于是否解决了真问题。至少就鲁迅研究本身而言,更需要解决的是一直存在的史论割裂问题:一部分研究者紧跟时代变迁,重视理论建构,另一部分研究者则坚持史学求真,重视史料考辨。然而各执一端的后果,却是理论建构日渐空转,史学求真走向史料碎片化。正确的路径,也许是执两用中,在全面历史重建的基础上,由史入经,以经治史,进行一种"经史之间的鲁迅研究"。所以我在各章写作中进行了大量的历史还原,努力重建事件发展的始末,勾勒中期鲁迅演变的阶段谱系。然而自己的能力终究有限,所以这本书目前仍旧史多于论,只能叫《"中期鲁迅"研究》而非《"中期鲁迅"论》。也许再有几年的阅读思考时间,就能完成这个构想,只是课题既然已经结项,我也要能知止,否则永远在路上。至于进一步的宏观体系建构,可以在接下来的关于鲁迅传统的研究中去解决。

以上就是我这些年来研究的一点心路历程,卑之无甚高论。最后,感谢一直以来对我帮助和扶持的师友亲人,你们的关爱是我不断前行的动力,也让我时时体会到"无穷的远方,无数的人们,都和我有关"。

最后想补充一点:为保留史料原貌,本书所有引文中,凡与现代汉语规范用法不同的字词和标点,均不作改动;原文明显有误之处,加注说明。

邱焕星

2023 年 4 月